Der Cäcilienchor Frankfurt am Main 1818 bis 2018

Foto: Alexandra Vosding

»Die Leute singen mit so viel Feuer ...«

DER CÄCILIENCHOR FRANKFURT AM MAIN 1818 BIS 2018

Herausgegeben von Daniela Philippi
und Ralf-Olivier Schwarz
in Verbindung mit dem Cäcilien-Verein,
Frankfurt am Main

»Die Leute singen mit so viel Feuer und so zusammen, dass es eine Freude ist.«
Felix Mendelssohn Bartholdy 1832 über den Cäcilienchor

INHALT

VORWORT – 200 JAHRE!

Es wird ein besonderes Gefühl sein, dieses Buch in Händen zu halten: zwei Jahrhunderte Cäcilienchor auf 240 Seiten in Texten, Bildern und Dokumenten. Am 24. Juli 1818 fing alles an, als sich musikbegeisterte Frankfurter Bürgerinnen und Bürger in der Wohnung des Sängers und Gründers des Cäcilien-Vereins, Johann Nepomuk Schelble, zur ersten Probe trafen. Im Jahr 2018 stehen wir erstaunt und dankbar vor dem Phänomen, dass dieser Chor lebendig ist wie eh und je – so sehr sich Zusammensetzung, Motivation und Alltag der Sängerinnen und Sänger gewandelt haben. Das Jubiläum nehmen wir zum Anlass, uns selbst zu fragen: Woher kommen wir, wer sind wir, wie soll es weitergehen? Was ist zu bewahren, was neu in die Erinnerung zu holen – und: Wie lassen sich 200 Jahre einer Musikgeschichte erzählen, die noch längst nicht abgeschlossen ist?

Vielstimmig, aus dem Verein heraus, und mit musikwissenschaftlicher Unterstützung. So ist es das Ziel dieser Publikation, die Wurzeln, Triebkräfte und Traditionen des Chores genauer zu betrachten – im Kontext der Menschen, die ihn geprägt haben, und im kulturellen Umfeld der Stadt Frankfurt am Main. Mit Prof. Dr. Daniela Philippi von der Goethe-Universität Frankfurt und Dr. Ralf-Olivier Schwarz von der Hochschule für Musik und Darstellende Kunst Frankfurt haben wir zwei Herausgeber gefunden, die für die Zeit von 1818 bis 1945 Material und Erkenntnisse eingebracht haben, die so noch nirgends über den Cäcilienchor zu lesen waren. Auch die abgedruckten Noten samt Autografen aus dem Archiv des Cäcilien-Vereins kommen hier erstmals an die Öffentlichkeit. Für die Zeit von 1945 bis heute stellt sich die Frage nach der Musikhistorie freilich anders. Hier kann der Chor auf eigene erlebte Erinnerungen zurückgreifen, es gibt Berichte und Dokumente von Mitgliedern, die persönlich bekannt sind und auch noch befragt werden können.

Von der Gründung des Vereins Anfang des 19. Jahrhunderts sind wir ausgegangen, doch daraus ergaben sich weitere spannende Aspekte: die Rolle der Stadt Frankfurt als Musikstadt auch über ihre Grenzen hinaus; das Zusammenspiel von Chor, Bürgern und Stadt; die Entstehung und Entwicklung der Laienchorbewegung; die verschiedensten Musikerpersönlichkeiten, wie sie den Chor prägten und sein Bestehen sicherten; und insgesamt, wie der Chor sich öfter neu definieren musste und dabei nicht immer das erbauliche gemeinsame Singen im Vordergrund stand. Die Zeit des Nationalsozialismus, der im März 1933 auch in Frankfurt an die Macht kam, veränderte den Cäcilien-Verein und zerrüttete seine Gemeinschaft für lange Zeit. So sind 200 Jahre Jubiläum nicht zuletzt ein Anlass gewesen, trotz schwieriger Quellenlage auch an die als jüdisch verfolgten Chormitglieder zu erinnern, die Opfer des NS-Terrors wurden.

Der erst kürzlich verstorbene Enoch zu Guttenberg, von 1980 bis 1988 künstlerischer Leiter des Cäcilienchores, schrieb in seinem Glückwunschbrief zum Jubiläum, dass »das stolze Ensemble [...] aus seiner ehrwürdigen Tradition immer neue Inspirationsquellen« zieht. Inspiration aus Tradition – ein gutes Motto auch für die vorliegende Publikation. Der Blick zurück war allen, die daran mitgearbeitet haben, eine Quelle der Überraschungen und ganz sicher der Inspiration. Wir sind erstaunt, welche Schätze unsere Geschichte birgt, und wir empfinden es als großes Glück, ein Teil davon zu sein.

Ein Chor braucht viele Stimmen. So bedurfte es auch vieler Menschen, die zum 200-jährigen Jubiläum des Cäcilienchores und zum Gelingen dieses Buches beigetragen haben. Damit verbunden wird aus dem Chor heraus auch eine Ausstellung im Frankfurter »Haus am Dom« gestaltet. Nicht zuletzt gibt es in diesem Jahr, dirigiert von unserem künstlerischen Leiter Christian Kabitz, eine Reihe großer Konzerte, darunter Bachs *Matthäuspassion*, Felix Mendelssohn Bartholdys Oratorium *Paulus*, Giuseppe Verdis *Requiem*, Carl Orffs *Carmina burana* und von Mendelssohn für den Chor komponierte Stücke wie *Jube Domine*, *Frühzeitiger Frühling* und *Die Loreley*. All diese Aktivitäten sind getragen von dem Feuer, das bekanntlich in diesem Chor brennt, ihn immer wieder zusammenbringt und -hält. Allen Beteiligten an dieser Stelle ein großes Danke! Denn am Ende ist es so: Was man nicht weiß, daran kann man sich auch nicht erinnern.

Thomas Hohmann
Vorsitzender des Cäcilien-Vereins, im Sommer 2018

EINLEITUNG

Frankfurt hat viel zu bieten, nicht erst seit dem 21. Jahrhundert und nicht nur in wirtschaftlicher Hinsicht. Frankfurt hat ein reiches Kulturleben, das auf einer langen Tradition beruht und das insbesondere im 19. Jahrhundert stark aufblühte. Und Frankfurt ist nicht zuletzt eine Musikstadt – mit den großen Bühnen der symphonischen Musik und der Oper, mit dem hr-Sinfonieorchester weit ausstrahlend, einer Vielfalt von Musikinitiativen ganz unterschiedlicher Richtungen und mit seinem Chorwesen. Dies alles war uns natürlich bewusst, als der Vorstand des Cäcilien-Vereins mit dem Ansinnen an uns herantrat, ihn bei der Realisierung einer Ausstellung und Publikation anlässlich des 200-jährigen Jubiläums des Chores zu unterstützen.

Sehr beeindruckt waren wir von dem außerordentlichen Engagement, das die gar nicht so kleine Initiativgruppe aus Chormitgliedern mitbrachte. In zahlreichen Gesprächsrunden wurden Wünsche, Konzepte und Möglichkeiten sondiert. Wir, aus der Musikwissenschaft und Musikpädagogik kommend, sammelten Ideen, gaben Ratschläge und waren bald selbst tief in die Musikhistorie des Vereins involviert. Das Konzept des vorliegenden Bandes verdankt sich den intensiven Diskussionen dieser Gesprächsrunden. Und auch wenn wir als Herausgeber ab einem gewissen Punkt die Regie für die inhaltliche Umsetzung übernahmen, blieb der Kontakt mit einzelnen Chormitgliedern für den gesamten Zeitraum seiner Realisierung bestehen.

Die vorliegende Publikation dokumentiert die 200-jährige Geschichte des Frankfurter Cäcilienchores und seines Umfeldes schlaglichtartig, d.h. sie nimmt einzelne musik- und vereinshistorische Phasen genauer in den Blick. So haben wir auf die frühen Jahre des Cäcilienchores besonderen Wert gelegt, auf die ideellen Ziele seines Gründers Johann Nepomuk Schelble und die musikalischen Impulse, die der Chor Felix Mendelssohn Bartholdy verdankte. Unabdingbar ist zudem der historische Blick auf das musikpraktische und institutionelle Umfeld in Frankfurt, schon des 18. Jahrhunderts und dann selbstverständlich des 19. Jahrhunderts. Wichtig für das Verständnis der Bedeutung des Chorwesens im 19. Jahrhundert ist die Vielfalt der Entwicklungen des Laienchorwesens in den deutschsprachigen Ländern – was bislang kaum in wissenschaftlichen Kontexten berücksichtigt wird. Daher zeigt ein Beitrag seine enge Verzahnung mit politischen Strömungen auf, beginnend mit der nationalen und liberalen Bewegung im Vormärz. Diese Betrachtung reicht bis ans Ende der Weimarer Republik. Eng verwoben hiermit und doch zugleich in der Entwicklung der Musik selbst begründet sind die musikalischen Leistungen des Cäcilienchores, die er gemeinsam mit anderen Musikvereinigungen Frankfurts und anderer Städte sowie mit herausragenden Künstlern in den ersten Jahrzehnten des 20. Jahrhunderts vollbrachte. Die Veränderungen des Chores sowie seine Aktivitäten, die bis weit in die Zeit des Zweiten Weltkrieges hinein fortgesetzt wurden, zeigen, wie stark das Kulturleben von konkreten politischen Rahmenbedingungen abhängig ist, wie eben dieses Kulturleben aber zugleich etwas Unabhängigkeit und Beständigkeit bewahren kann. Nichtsdestoweniger schockiert aus heutiger Sicht manch Einzelschicksal in dieser dunklen Zeit.

Mit der vorliegenden Publikation wollen wir nicht nur historische Entwicklungen beleuchten, es ist uns wichtig, auch auf jene Zusammenhänge aufmerksam zu machen, die chorisches Singen und Konzertieren erst ermöglichen. So etwa, neben den bereits angesprochenen Aspekten, die Existenz von Proben- und Konzertsälen und natürlich auch die persönliche Motivation jedes einzelnen Chormitgliedes. Wie lebendig außerdem Erinnerungen sein können, seien sie weiter zurückliegend oder noch recht frisch, ist anhand von individuellen Schilderungen am deutlichsten nachvollziehbar. Deshalb enthält der vorliegende Band einen sehr persönlich geprägten Zeitzeugenbericht zu den musikalischen Aktivitäten des Cäcilienchores in den ersten Jahrzehnten nach dem Zweiten Weltkrieg sowie eine Betrachtung zum charakteristischen Cäcilienchor-Klang, der auf wundersame Weise seit fast vierzig Jahren gleich zu bleiben scheint.

Wie aus den angedeuteten Schwerpunkten erkennbar, sind die Autorinnen und Autoren der Beiträge nicht nur jeweils Spezialisten ihres Themas, sondern sie stehen auch für unterschiedliche Positionen. So vereint die Publikation musikwissenschaftliche, musikpädagogische und historische Sichtweisen und schließt darüber hinaus den Blick eines Dirigenten, eines Medienprofis sowie mehrerer Chorsängerinnen und -sänger ein.

Neben den umfangreichen Textbeiträgen enthält das Buch zahlreiche Abbildungen und Dokumente. Sie illustrieren das Konzertleben des Cäcilienchores, die Probenbedingungen, das Musizieren, die Spielorte, und sie zeigen die Akteure: Dirigenten, Solistinnen und Solisten, Chorsängerinnen und -sänger. Zugleich vervollständigen sie samt beigegebener Erläuterungen die darzustellende Geschichte des Cäcilienchores von seinen Anfängen bis heute. Eine kleine Chronik am Schluss des Bandes gibt zudem einen komprimierten Überblick. Betont sei an dieser Stelle schließlich, dass die Publikation in einem engen Verhältnis zur Ausstellung steht, die anlässlich des Chor-Jubiläums im Spätsommer 2018 gezeigt wird und für die dankenswerter Weise das Haus am Dom in Frankfurt seine Räumlichkeiten zur Verfügung gestellt hat.

Der Cäcilienchor zählt zu den traditionsreichen Vereinen der Stadt Frankfurt, unter denen vor allem die Museums-Gesellschaft ein wichtiger Kooperationspartner war und ist. Dies nicht zuletzt, da das vor allem gepflegte musikalische Repertoire des Chores symphonische Besetzungen fordert. Zeigt sich die Beständigkeit oder Überlebensfähigkeit des Cäcilien-Vereins in seinem Fortbestand, bildet das musikalische Repertoire des Chores eine Tradition aus. Ein Repertoire, das schon in der Gründungsphase des Cäcilienchores auf alte Musik, insbesondere solche von Johann Sebastian Bach gerichtet war, das im Verlauf des 19. Jahrhunderts durch neu entstehende oratorische Werke nach und nach anwuchs und das im 20. Jahrhundert weitergepflegt und durch einzelne kantatenhafte Werke ergänzt wurde. Somit trägt der Chor die Geschichte der Repertoirebildung in dem von ihm gepflegten Genre beispielhaft in sich. Es wird spannend sein, zu beobachten, wohin sich die künftige Werkauswahl entwickelt – werden es auch einmal wieder zeitgenössische Kompositionen sein, die sich der Chor erobert? Oder wird er sich in der Pflege des Repertoires aus dem 18. und 19. Jahrhundert den neueren Bestrebungen der historisch informierten Aufführungspraxis annähern? Der Rückblick zeigt, dass das gemeinsame Musizieren und die Freude daran die Basis des Cäcilienchores bilden, während seine Dirigenten entscheidend die musikalische Richtung sowie das Niveau prägten. In der Stadt Frankfurt fand und findet der Chor unabdingbare Voraussetzungen, Probenräume und mit dem Haus der Chöre sogar ein »Zuhause« für Proben, große Bühnen und zahlreiche Kirchen zur Durchführung von Konzerten, ein interessiertes Publikum und großzügige Förderer. Über die Rhein-Main-Region und sogar die Grenzen Deutschlands hinaus wirkte der Cäcilienchor als musikalischer Botschafter und konnte auf den seit den 1950er-Jahren durchgeführten Konzertreisen immer wieder sein musikalisches Können präsentieren. Wir wünschen dem Cäcilien-Verein eine fortwährende Lebendigkeit, die auch weiterhin musikalische Qualität und Sangesfreude miteinander verbindet.

So wie sich die Existenz eines Chores auf das Zusammenwirken von vielen Sängerinnen und Sängern gründet, so ist die vorliegende Publikation nur dank des Mitwirkens vieler Personen möglich geworden. An erster Stelle danken wir allen Autorinnen und Autoren für ihre Beiträge, mit denen sie auf unsere thematischen Wünsche eingegangen sind. Wir danken dem Vorstand des Cäcilien-Vereins für seine Unterstützung und der Initiativgruppe des Vereins für den anregenden Austausch. Für die Bereitstellung von Bildmaterial und Dokumenten haben wir mehreren Institutionen und Einrichtungen zu danken, hervorgehoben seien hier das Institut für Stadtgeschichte, und dort stellvertretend Herr Tobias Picard, und das Historische Museum Frankfurt am Main. Unser Dank gilt zudem besonders Frau Dr. Ann

Kersting-Meuleman, die sowohl bei der Erschließung von Quellenbeständen der Sammlung Musik, Theater, Film, der Frankfurter Universitätsbibliothek Johann Christian Senckenberg als auch des dort aufbewahrten Cäcilien-Archivs umsichtig half.

Die Vorbereitungen der Publikation wurden von fleißigen studentischen Hilfskräften, Ulrike Schädel und Melissa Williams, unterstützt, Silvia Bartholl begleitete den Werdegang des Buches von Anfang bis Ende und führte Teile des Lektorats durch, Max Bartholl übernahm die Gestaltung und Typographie, allen sei an dieser Stelle für ihren Einsatz gedankt. Last but not least sagen wir Frau Dr. Judith Wilke-Primavesi Dank für ihr Lektorat und ihre Bildredaktion sowie die professionelle Koordinierung in der finalen Phase der Buchrealisierung.

Wir wünschen Ihnen bei der Lektüre viel Freude und zahlreiche Entdeckungen!

Daniela Philippi und Ralf-Olivier Schwarz
Frankfurt am Main, im Sommer 2018

RALF-OLIVIER SCHWARZ

Der Cäcilien-Verein und sein Gründer Johann Nepomuk Schelble

Frankfurt am Main, den 4. Januar 1821

»Zur gemeinschaftlichen Übung und Ausübung des Gesanges bildete sich hier vor drei Jahren unter dem Namen *Cäcilienverein* eine Gesellschaft von Männern und Frauen, deren Art und Weise jede Aufmunterung verdient und schon entbehren kann. [...] Daß jener Verein den Sinn und das Ziel seiner Bestimmung so wahr auffaßte und so schnell erreichte, verdankt er der Leitung des Herrn *Schelble*, ehemaligen Sängers bei unserer Bühne, eines Mannes, der mit der Fertigkeit eines öffentlichen Künstlers den Geist verbindet, welchen die Fertigen oft verlieren, und die Liebe, welche die häusliche Kunst beseelt.«[1]

Dieser Johann Nepomuk Schelble, Gründer des Cäcilien-Vereins, wurde am 16. Mai 1789 im kleinen Amtsstädtchen Hüfingen im Schwarzwald geboren.[2] Sein Vater Franz Josef Schelble war – nach einer Lehramtsausbildung in der fürstenbergischen Residenzstadt Donaueschingen, »wo er nebst den Schulwissenschaften Anweisung im Orgel- und Klavierspiel erhielt« – als Beamter beim fürstenbergischen Justizamt tätig. Schelbles Mutter, Katharina Schelble, geborene Götz, »zeichnete sich durch eine hübsche Stimme so vortheilhaft aus, daß man ihr von verschiedenen Seiten rieth, in's Kloster zu gehen«, wo damals diese Eigenschaft als Empfeh-

15

lung gelten konnte.[3] Schelble war der einzige Sohn der Familie, von seinen 14 Schwestern starben alle bis auf vier in frühester Kindheit.[4] Auch bei ihm zeigte sich schon früh eine deutliche »Neigung zur Indisposition«,[5] die den Sänger zeitlebens begleiten würde.

Wie vielerorts damals kam auch in Hüfingen der Musik eine besondere Stellung im Alltag der Menschen zu. Das vielfältig blühende Musikleben wurde hier um 1800 vor allem auch geprägt von den Fürst- und Reichsabteien in unmittelbarer Nähe, in denen eine üppig ausgestattete Figuralmusik gepflegt wurde.[6] Den meisten dieser Klöster waren obendrein große Unterrichtsanstalten angeschlossen, und »selten kam ein Studierter von dort zurück, ohne wenigstens einige musikalische Bildung in's praktische Leben mitzubringen«.[7] Auch in der Familie Schelble muss viel musiziert worden sein, der Sohn der Familie erhielt offensichtlich auch früh Klavier- und Gesangsunterricht. Im Alter von 11 Jahren schließlich schickte man ihn als Chorknaben an das Kloster Obermarchtal, eines der größten und bedeutendsten Klöster Süddeutschlands.

Nach der Säkularisierung 1803 musste Schelble nach Hüfingen zurückkehren; sein Stimmbruch führte dazu, dass er in dieser Zeit nur Klavierstudien betreiben konnte. »Um diese Zeit las der junge, sich selbst überlassene Musiker zufällig einen Auszug einer damals erscheinenden Zeitschrift von Forckel: ›Ueber Sebastian Bach's Leben und Kunstwerk‹, worin unter Anderm auseinander gesezt ward, nach welchen Grundsätzen Bach die Mechanik des Klavierspiels angewendet und geübt habe. Schelble bekannte, daß ihm diese Andeutungen von nun an als goldene Regel gegolten, die er bei seinem ferneren Studium zur Richtschnur genommen habe.«[8] Seine in Obermarchtal abgebrochene schulische Laufbahn nahm Schelble alsbald am Gymnasium in der fürstenbergischen Residenzstadt Donaueschingen wieder auf. Wenngleich sein Abgangszeugnis eine vernichtende handschriftliche Randbemerkung trägt – »So dumm als Zapf und ebenso unfleißig als dumm«[9] –, konnte Schelble doch offensichtlich durch seine musikalische Begabung auf sich aufmerksam machen. Hier gab es »öfters Gelegenheit, bei Hofmusiken und Konzerten, so wie auch im Hoftheater sich hören zu lassen«.[10]

Nach Abschluss seiner Schullaufbahn beabsichtigte Schelble, in Darmstadt bei Abbé Vogler seine musikalische Ausbildung zu vervollständigen; diese Pläne zerschlugen sich jedoch recht bald. Allerdings wurde Schelble durch die Vermittlung des mit ihm befreundeten Sängers Johann Baptist Krebs[11] Kompositionsschüler des württembergischen Hofkapellmeisters Franz Danzi in Stuttgart, ab Februar 1808 war der junge Musiker auch als »Königlicher Hof- und Opernsänger« ebendort engagiert. 1811 wurde hier ein »Kunstinstitut« gegründet, an dem auch Nachwuchsmusiker für das Orchester und das Theater »nach Pestalozzischer Methode« herangebildet wurden. Spätestens seit der Veröffentli-

16

lyt. par J. Feroux. 1825.

J. N. SCHELBLE.

Director des Caecilien-Vereins in Frankfurt ZM.

chung der *Gesangbildungslehre nach Pestalozzischen Grundsätzen* des Zürcher Musikverlegers und Chorleiters Hans Georg Nägeli 1810 machte sich der Einfluss der pädagogischen Vorstellungen Johann Heinrich Pestalozzis auch auf dem Gebiet der Musik bemerkbar. Einem Bericht der Leipziger Allgemeinen Musikalischen Zeitung vom 13. Mai 1812 zufolge war Schelble im Stuttgarter Kunstinstitut als »Lehrer der Elementarkenntnisse [tätig], d. h. er lehrt Taktverhältnisse, Noten, Notensysteme, Accorde, ihre Verwandtschaften und Verbindungen, einfachen Contrapunkt, doppelten Contrapunkt, Imitation, Kanon, Fuge etc., kurz alles, was in der Musik bloß wissenschaftlich ist«.[12]

Im Mai 1814 verließ Schelble Stuttgart, offensichtlich auch aus privaten Gründen, um seine Karriere in Wien fortzusetzen. Trotz anfänglicher Misserfolge wurde er hier noch im Sommer desselben Jahres zum »k.k. Hofopernsänger« ernannt. Schelbles Zeit in Wien war geprägt von einer bemerkenswerten Aufbruchsstimmung. Aus ganz Europa kamen nicht nur Politiker und Diplomaten, sondern eben auch Musiker in die kaiserliche Hauptstadt, um dort die Verhandlungen des Wiener Kongresses zu begleiten. Hier lernte Schelble den Geiger und Komponisten Louis Spohr kennen, dem er später in Frankfurt wieder begegnen sollte. Auch eine Bekanntschaft mit Ludwig van Beethoven scheint einigermaßen wahrscheinlich – vor allem aber kam Schelble damals in Berührung mit dem Werk Georg Friedrich Händels, das in Wien damals besonders gepflegt wurde.[13]

Ab Mitte 1815 führten den Sänger verschiedene Konzertreisen in die damalige ungarische Hauptstadt Preßburg, das heutige Bratislava, aber vor allem für drei Monate nach Berlin, wo er die noch junge Singakademie unter der Leitung von Carl Friedrich Zelter besucht haben dürfte. Mit dem Frankfurter Nationaltheater war er bereits von Wien aus in Verhandlungen eingetreten, die – vielleicht auch durch die Verbindung zu Clemens Brentano, der sich zeitgleich mit Schelble in Berlin aufhielt – dazu führten, dass der Sänger am 30. November 1816 zum ersten Mal in Frankfurt auftrat. Drei Monate später, im Februar 1817, wurde er hier schließlich für drei Jahre festes Ensemblemitglied.

Frankfurt erwies sich recht bald als Glücksfall für Schelble. Anders als in Wien war ihm die Kritik hier sehr gewogen – und in der Tat scheint seine Gesangskunst hier zur größten Entfaltung gekommen zu sein. Nachdem im Winter 1817 auch Spohr seine Tätigkeit am Theater an der Wien beendet hatte und als Kapellmeister an das Frankfurter Nationaltheater berufen worden war, kam es hier zu einer sehr fruchtbaren Zusammenarbeit der beiden befreundeten Musiker. Der Komponist war von Schelbles Können so beeindruckt, dass er sich noch Jahrzehnte später erinnerte, wie der Sänger die technisch sehr herausfordernde Titelpartie seines *Faust* meisterte:

»Da unter dem Personale kein Baritonist war, der die Partie des Faust genügend geben konnte, so war ich genötigt, sie dem ersten Tenor, Herrn Schelble (später

Louis Spohr (1784–1859) war ein herausragender Violinvirtuose und Komponist zahlreicher Streichquartette, Solo-Konzerte sowie auch Opern und Oratorien. Er wirkte in den Jahren 1817 bis 1819 als musikalischer Leiter der Oper und des Orchesters der Museumsgesellschaft in Frankfurt am Main. Lithografie.

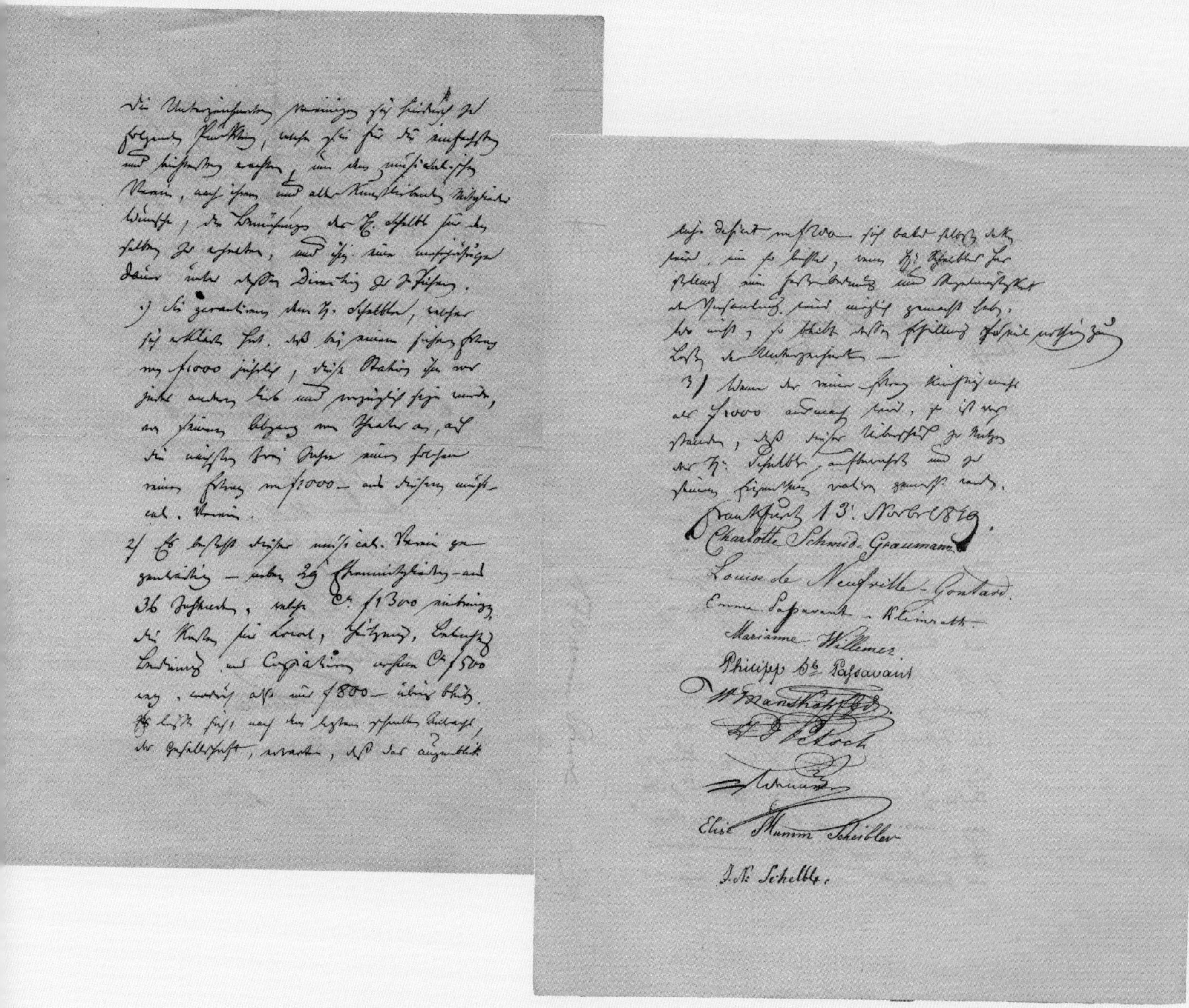

Garantieurkunde vom 13. November 1819 zur wirtschaftlichen Sicherung des Vereins. Um Schelble auch langfristig an Frankfurt binden zu können, verpflichteten sich am 13. November 1819 neun Mitglieder des noch namenlosen Chores, dem Leiter ein jährliches Honorar von mindestens 1000 Gulden zu zahlen. Zu diesem Zeitpunkt bestand »dieser musical. Verein [...] - neben 29 Ehrenmitgliedern - aus 36 Zahlenden, welche circa 1300 Gulden [jährlich] einbringen«. Bemerkenswert ist die Liste der unterzeichnenden Vereinsmitglieder, unter denen sich fünf Frauen befinden - hier zeigt sich noch einmal die Bedeutung der Frauen gerade auch in der Gründungsphase des Chores.

Abbildung aus: »Hundert Jahre Cäcilien-Verein in kurzer Fassung zusammengestellt nach den in dem Archiv des Vereins niedergelegten Protokollen und Schriftstücken«, Frankfurt am Main 1918 [dort Abb. 2].

Gründer und Direktor des Cäcilien-Vereins), zuzuteilen, der in seinem Mezzo-tenore den nötigen Umfang wie auch die für die Partie erforderliche Kehlfertig-keit besaß. Nachdem die Proben bereits begonnen hatten, sprach Schelble den Wunsch aus, daß ich ihm noch eine Arie, die dankbarer als die in der Oper vor-handene sei und ihm ganz in der Stimme liege, schreiben möchte. Da sich gleich nach dem Anfangsduett ein passender Platz dafür fand und Herr Georg Döring (Oboist des Orchesters und später beliebter Romandichter) dazu einen mir zusagenden Text lieferte, so erfüllte ich diesen Wunsch sehr gern. Diese Arie ›Liebe ist eine zarte Blüte‹ [...] ist daher das erste, was ich in Frankfurt kompo-nierte.«[14]

Schelbles bereits erwähnte »Neigung zu Indisposition« machte sich auch in Frankfurt bald bemerkbar. Der Sänger war immer öfter »krank« oder »unpäss-lich«, so dass er Anfang 1820 sein Engagement am Frankfurter Nationaltheater endgültig aufgab. Unabhängig von seiner Tätigkeit an der Oper jedoch hatte Schelble schon bald nach seiner Ankunft in Frankfurt weitergehende musika-lische Kontakte geknüpft. In der 1808 gegründeten Museumsgesellschaft – sie verstand sich in ihren Anfängen vor allem als eine gelehrte Gesellschaft – leite-te er zeitweise die »Klasse der Tonkunst«, also die musikalischen Aktivitäten, bevor Anfang 1818 Spohr die Aufgabe von ihm übernahm. Etwa zeitgleich, im Januar 1818, wurde Schelble dann Leiter der »Abteilung für Vokalmusik« bzw. der »Gesangunterrichtsanstalt« in der »Musikalischen Akademie« – einem Verein von Musikliebhabern, der allerdings recht bald wieder untergegangen sein muss.[15] Festzuhalten bleibt, dass zum einen die Gründung des späteren Cäcilien-Vereins in einem musikalischen Umfeld erfolgte, das sich nach 1815 vor dem Hintergrund des bürgerlichen Vereinsgedankens neu vernetzte, und dass zum anderen Schelble ebendieses Umfeld sehr gut kannte:

»Als Sänger genieße ich ein allgemeines Wohlgefallen und als Vorsteher zweier Institute stehe ich in Verbindung mit den ausgezeichnetsten Männern [sic!], teils Gelehrten, teils Künstlern, und ich kann, wenn ich beim Theater bleiben soll, keinen besseren Ort finden.«[16]

Die »Schlimme Mauer« zur Zeit Goethes.

D-Fsa, S7A 1998/9683

CÄCILIEN-VEREIN

Laut den heute verschollenen Akten »Urgeschichte« aus dem Vereins-archiv liegt der Ursprung des Cäcilien-Vereins in privaten musika-lischen Veranstaltungen, die Schelble in seiner Wohnung abhielt.[17] Dort fanden sich um Schelble herum mehrere Herren ein, um gemein-sam zu musizieren und insbesondere Männerquartette zu singen. Das Männer-chorwesen erlebte seit mehreren Jahren einen gewaltigen Aufschwung im ge-samten deutschen Sprachraum, in Wien musste um 1815 geradezu von einer »Mode« des Männerquartetts gesprochen werden. In Zürich hatte Nägeli 1810 nicht nur gemeinsam mit Michael Traugott Pfeiffer seine berühmte *Gesang-*

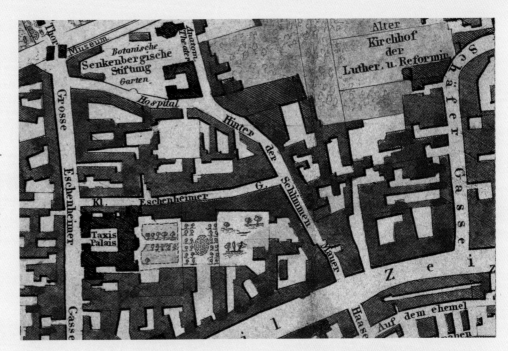

bildungslehre nach Pestalozzischen Grundsätzen (s.o.) veröffentlicht, sondern im gleichen Jahr auch einen Männerchor an sein Singinstitut angegliedert und damit »den Anstoß für die schweizerisch-süddeutsche Liederkranz-Bewegung«[18] gegeben. Schelble muss sich mit Nägeli auseinandergesetzt haben, suchte er doch bei seiner Stuttgarter Lehrtätigkeit, wie im oben zitierten Artikel bemerkt, sich von ihm abzuheben. Auch im Umfeld der Berliner Singakademie erlebte ab 1808 der Männergesang mit der von Zelter angeregten Gründung der »Liedertafel« eine Blüte - die Schelble bei seinem Berliner Aufenthalt kurz vor seiner Übersiedlung nach Frankfurt kennengelernt haben muss.

Die musikalischen Unterhaltungen bei Schelble fanden nach und nach ein größeres Interesse. Als eine der ersten musikalischen Institutionen im Frankfurt des 19. Jahrhunderts überhaupt war bereits 1805 der Männerchor von Johann Georg Heinrich Düring entstanden, der als Fagottist im Theaterorchester sowie als Organist und Musiklehrer tätig war. 1809 gründete er aus dem Kreise seiner Schülerinnen und Schüler die Jugendsoziätät für Gesang- und Instrumentalspiel, aus dem später der Düringsche Verein hervorging - der erste gemischte Chor Frankfurts. Sicher erscheint, dass Schelbles Veranstaltungen als Konkurrenz zu denen Dürings verstanden wurden. Und in der Tat sind wohl spätestens mit der Gründung des Cäcilien-Vereins den Chören Dürings nach und nach die Sänger weggebrochen: »Eine Anzahl von Mitgliedern des Düringschen Vereins, die Schelbles Matineen besucht hatte, erklärten diesem den Wunsch, in den von ihm zu gründenden größeren Verein einzutreten.«[19] Dieser starken Konkurrenz scheint Düring nicht gewachsen gewesen zu sein, so dass sein Chor Anfang der 1830er-Jahre weitgehend in Schelbles Chor aufging.[20]

Als das eigentliche Gründungsdatum des Cäcilien-Vereins kann der 24. Juli 1818 angesehen werden. An diesem Tag traf man sich zu einer ersten Probe in Schelbles damaliger Wohnung unter der Adresse *Hinter der Schlimmen Mauer*, heute etwa die Stiftstraße, unweit des Eschenheimer Turmes.[21] Anfangs bestand der Verein aus 26 Sängerinnen und Sängern, deren Namensliste beim 50. Jubiläum des Chores so sprechend und aussagekräftig war, dass man sie damals noch vollständig abdruckte: [22]

> Sopran: Frau Geheimrat v. Willemer, Frau Christine Wenner-Malß, Frau Charlotte Schmidt-Graumann, Frau Clara Wippermann-Ettling, Frau Agnes Müller- Bugler, Fräulein Caroline Juillard, spätere verehelichte Hahn, Fräulein Severus I, Fräulein Catharina Cullmann, spätere verehelichte Cramer
> Alt: Frau Louise de Neufvile-Gontard, spätere verehelichte von der Leyen in Krefeld, Frau Gottlieb Mumm-Scheibler, Frau Rector Anna Christine Matthiae-Thilo, Frau Goullet-Kraus, Fräulein Heroux, Fräulein Julie Severus, Fräulein Marianne Lessing, später verehelichte Passavant, Fräulein Dorothea Cullmann, später verehelichte Winand
> Tenor: Herr Christian Hahn, Herr Christian Eberhard, Herr Güterschaffner Anton Falta, Herr Candidat (später Pfarrer) Christian Becker
> Baß: Herr Gottlieb Petsch, Herr Wilhelm Manskopf, Herr Johann Conrad Jacobi, Herr Johannes Just, Herr Fischer, Prof. an der Selectenschule, später Musikverleger, Herr Cramer von Nürnberg

Schelble war offensichtlich recht früh darum bemüht, seine musikalische Tätigkeit auf eine dauerhafte Basis zu stellen. Dazu suchte er für seinen jungen Verein eine institutionelle Anbindung, die zunächst die protestantische Kirche zu sein schien. In einem Brief aus dem Jahr 1821 erläutert er »vom hiesigen Consistorium den Auftrag erhalten [zu haben], einen Plan zur Errichtung einer Kirchenmusik in der Katharinenkirche, der Hauptkirche der Lutheraner, zu entwerfen, und die Stelle als Kapellmeister ist mir angetragen«. Diese sei zwar »nicht einträglich«, aber Schelble wollte dennoch unterschreiben - er hoffte, auf diese Art »den Verein mit dieser Kirche in Zusammenhang zu bringen, und so würde dieses Institut ein städtisches und für immer fest begründet«.[23] Allerdings kam diese Verbindung doch nicht zustande, die Quellen schweigen zu den Gründen. Tatsache ist, dass erst drei Jahre nach den ersten Konzerten, im Jahre 1821, mit Schelble für die Dauer von zehn Jahren ein Vertrag als musikalischer Leiter des Cäcilien-Vereins geschlossen wurde. Aus Sicht des Vereins - er zählte 1821 etwa 100 Mitglieder - musste damals tatsächlich auch gehandelt werden, hatte der Musiker doch offenbar ein Angebot vom Fürst von Fürstenberg in

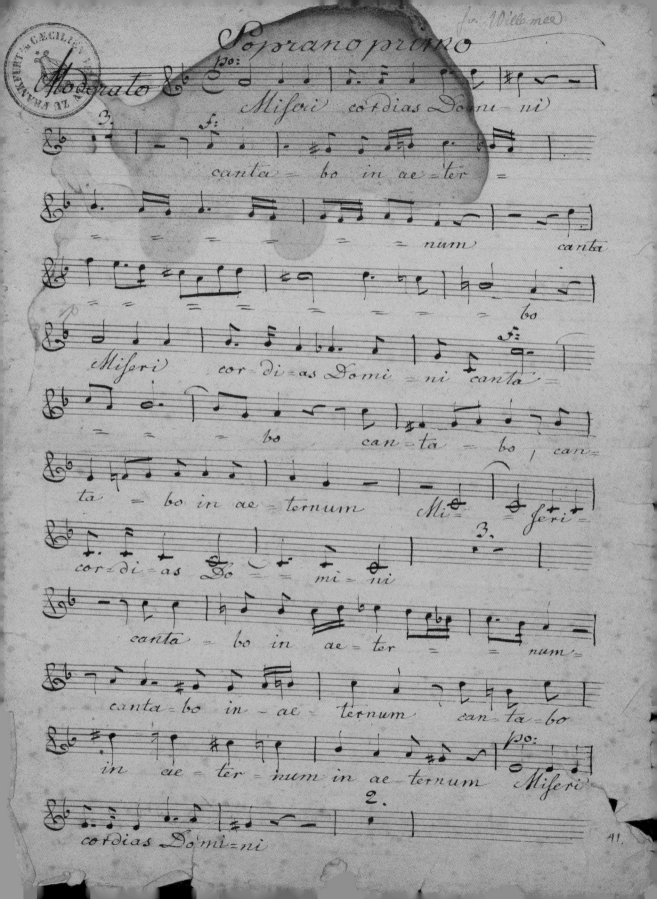

Donaueschingen erhalten, die dortige Stelle des Hofkapellmeisters zu übernehmen. Um Schelble in Frankfurt zu halten, garantierten die vermögenden Mitglieder des Vereins ein mit der Stelle des Hofkapellmeisters vergleichbares
Gehalt, wobei alle – auch finanziellen – Geschäfte weiterhin Schelble oblagen.[24]
Mit Abschluss des Vertrages wurden 1821 auch regelmäßige Abonnementkonzerte eingeführt.

Die ersten Jahre des Vereins waren stark geprägt von der Musik Wolfgang
Amadeus Mozarts.[25] So stand beim allerersten Konzert des Vereins, am 28. Oktober 1818 in Schelbles Wohnung, Mozarts *Zauberflöte* auf dem Programm.
Einen Monat später, am 22. November 1818, wurde die von Schelble selbst komponierte *Kantate zur Feier des Cäcilientages* aufgeführt. Nach dem Jahreswech-
sel 1819 trat der Chor am 30. Januar mit der Aufführung von Mozarts *Requiem*
hervor, und am 18. April folgte Mozarts *Messe in F-Dur*, vermutlich die *Missa
brevis* KV 192. Am 21. Januar 1820 schließlich wurde das erste Mal ein Konzert
mit Orchester veranstaltet. Es sollte ein offensichtlich großes Ereignis werden,
im prächtigen Saal des Roten Hauses auf der Zeil. Der Chorsänger Philippe
Passavant stellte Mittel zur Verfügung, mit denen das Theaterorchester ge-
bucht wurde. Auf dem Programm standen auch hier Stücke von Mozart, das
Misericordias domini und das *Ave verum*, sowie Händels *Alexanderfest*, vermutlich in der Fassung, die Mozart davon 1789 erarbeitet hatte (KV 591).
Gerade dieses Stück ist in den Jahren um 1815 mit einer besonderen Bedeutung
belegt. Dass Mozarts Fassung des *Alexanderfests* zu diesem Zeitpunkt im deutschen Sprachraum gleichsam die Standardfassung von Händels Werk darstellt,
ist zurückzuführen auf das »Monstre-Konzert [sic!] vom 29. November 1812 in
der Wiener Winterreitschule, mit 600 Sängerinnen, Sängern und Instrumentalisten und 5000 Besuchern, darunter der versammelte Hochadel. Von diesem
Konzert ging der Impuls zur Gründung der Wiener »Gesellschaft der Musikfreunde« aus: »Es war [...] das Besondere dieses 1812 gegründeten Dilettanten-
vereins, der sich umgehend selbst ›Gesellschaft der Musikfreunde des öster-
reichischen Kaiserstaates‹ nennen sollte, dass er eine kaiserliche Genehmigung
suchte, einen kaiserlichen Protektor wählte, also in einem offiziellen Status
Verpflichtungen gegenüber der Öffentlichkeit nachkommen wollte.«[26] Ebendiese Bedeutung, die dem Werk in Wien zukam, muss Schelble bekannt gewesen
sein. Nur wenige Jahre nach dem Zusammenbruch des Alten Reiches kann auch
die Programmierung ausgerechnet dieses Werkes nicht zufällig erfolgt sein –
in der einstigen Krönungsstadt der deutschen Kaiser und dem nunmehrigen
Sitz des Deutschen Bundes. Der Titel des *Alexanderfests* lässt dabei vergessen,
dass es sich bei diesem Werk – wie schon bei Schelbles *Kantate zur Feier des
Cäcilientages* – um eine Ode auf die heilige Cäcilie handelt, der Schutzpatronin
der Musik. Schon hier wird offensichtlich eine Verbindung greifbar zum späteren Namen des Vereins, dem »Cäcilien-Verein«.

Leonhardskirche um 1830,
Aquarell von Lange.

D-Fsa S7A/18501

Der Gasthof »Rotes
Haus« auf der Zeil,
um 1800.

Auch die weitere Folge der Konzerte war von einem feierlichen, groß dimensionierten, oratorischen Repertoire geprägt.[27] Am 8. Februar 1820 wurden unter anderem Ausschnitte einer »Missa in C« gesungen, vermutlich Mozarts *Krönungsmesse* (KV 317). Am 12. April wird Luigi Cherubinis *Requiem in c-Moll* gegeben, ein ebenso geradezu staatstragendes Werk wie das *Alexanderfest*. Schließlich kam am 8. Juni Mozarts bereits in Teilen gesungene *Krönungsmesse* in der Leonhardskirche vollständig zur Aufführung. Dem letzten Konzert des Jahres 1820, am 5. Dezember, wurde eine besondere Aufmerksamkeit zuteil. Nicht nur beging man Mozarts Todestag durch eine Aufführung seines *Requiems* im repräsentativen Roten Haus auf der Zeil, sondern zu Gast war auch der jüngste Sohn des Komponisten, Franz-Xaver Wolfgang Mozart. Der Publizist Ludwig Börne beschreibt das Ereignis:

»Es war der Sterbetag des großen Mannes, der die Musik erschaffen hätte, hätte sie der Himmel nicht selbst geschaffen – Mozart's und man wollte durch die Ausführung seines herrlichen Werks, des Requiems, dieser schönsten Verklärung des Grabes den Tod des Künstlers zugleich betrauern und erheitern. Der Saal war schwarz behangen und alles übrige sinnvoll und malerisch angeordnet. Die Zuhörer und Zuhörerinnen erschienen in Trauerkleidern und nie war die innere Übereinstimmung der Gefühle auch äußerlich so sichtbar als hier. Die musikalische Ausführung geschah mit derjenigen Vollkommenheit, die nur

Der Domplatz mit der Jaegerschen Buchhandlung (Koenitzersches Haus). Dieses Haus war eines der frühen Probenlokale des Cäcilien-Vereins. Stich 1862,

D-Fsa, S12/161

erreicht wird, wenn Bekannte der Kunst zugleich ihre Freunde sind. Gehen auch durch die mangelnde instrumentale Begleitung, die zufällig an jenem Tage nicht zu haben war, einiges verloren, so war dies reichlich ersetzt, indem man den Gesang, den die immer herrschsüchtigen Instrumente nicht unterdrücken, stärker vernahm und genoss. Noch ein anderes erhöhte die Bedeutung dieser Feier. Die Anwesenheit des jungen Mozart, der als Sohn und Künstler sich der Verehrung seines Vaters und der Kunst erfreuen durfte.«[28]

Die Entwicklung des Cäcilien-Vereins verlief in den nächsten Jahren rasant. Die 26 Gründungsmitglieder hatten sich bereits innerhalb weniger Wochen offensichtlich verdoppelt, denn schon Ende 1818 soll der Chor 50 Sängerinnen und Sänger gezählt haben.[29] Anfangs fanden die Konzerte auch stets in einem mehr oder weniger privaten Rahmen statt: sei es, wie der allererste Auftritt des Chores, in Schelbles Wohnung »Hinter der Schlimmen Mauer« oder im Jägerschen Haus am Domplatz. Angesichts der in den nächsten Monaten weiter anwachsenden Zahl der Chormitglieder mussten bald größere Räumlichkeiten gefunden werden, etwa Kirchen wie die Leonhardskirche oder der Dom oder auch repräsentative Säle wie der bereits genannte im Roten Haus. Beim ersten Abonnementkonzert am 12. Dezember 1821 wurde die Schwelle zu den 100 mitwirkenden Chormitgliedern überschritten, ab diesem Zeitpunkt stand der Saal des Gasthauses Weidenbusch im Steinweg scheinbar als ständiges Konzertlokal zur Verfügung. Spätestens jetzt war, nach den mehr oder minder informellen Anfängen, der Chor in der Stadt etabliert.

MUSIKALISCHE BILDUNG

Unter Schelbles Führung war der Cäcilien-Verein in wenigen Jahren neben dem Theater und der noch jungen, gleichwohl schon bedeutenden Museumsgesellschaft zu einer der führenden musikalischen Institutionen in Frankfurt aufgestiegen. Im sich entwickelnden bürgerlichen Musikleben geriet dabei musikalische Bildung zu einem Mittel sozialer Emanzipation, aber auch zu einem Mittel sozialer Distinktion. Es galt, in einem durchaus selektiven Sinne die »Gebildeten« von den »Ungebildeten« zu unterscheiden und die eigene Exklusivität herzustellen und zu wahren - so auch im Cäcilien-Verein, wie Börne schon 1821 bemerkt:

»Der Cäcilienverein, bedenkend, daß das allen zugängliche etwas von seiner Würde verliere, beschränkt die Zuhörer bei seinen Darstellungen auf seinen eigenen an Übung, Lust und Zahl immerfort wachsenden Kreis. Nur selten gibt er von seiner schönen Ausbildung öffentliche und überraschende Beweise.«[30]

Allen Frankfurter musikalischen Institutionen war gemeinsam, dass sie getragen wurden vom städtischen Bürgertum, gleichwohl bestanden bedeutende Unterschiede. Wie die meisten gemischten Chöre stellte etwa der Cäcilien-Verein von Anfang an eines der ersten Refugien für die Aktivität von Frauen in

Johann Wolfgang von Goethe, Brustbild, Gemälde von Carl Jäger, Original eigenhändig signiert, 1877, Gemälde als fotografische Reproduktion.

D-F, Dig. urn:nbn:de:hebis:30:2-137409

Im Jahr 1814 begegnete Goethe der jungen und schönen Marianne von Willemer, einer der späteren wichtigen Gründungsfiguren des Cäcilien-Vereins. Beide blieben zeitlebens freundschaftlich verbunden.

Marianne von Willemer (1784-1860),
Pastell von Johann Jacob de Lose, 1809.

D-Ff

Wohlgebohrner Herr!

Hochverehrter Meister

Das Schreiben, womit Euer Wohlgebohren den hiesigen Musikverein beehrt haben, gereicht sowohl ihm als mir, dem Vorsteher desselben, zur unendlichen Freude.

Die Hoffnung von Ihnen! großer Meister in neuer Gestalt zu erhalten, beseelt alle Mitglieder, und befeuert ihren musikalischen Eifer aufs neue. Ich ersuche Sie daher, so bald es Ihnen gefällig seyn wird, ein Exemplar Ihrer neuen Messe an mich abgehen zu lassen —

Seyn Sie versichert, daß der Verein die Auszeichnung, womit Sie denselben beehren zu schätzen weiß, und besonders aber sich es größt Ihnen die Hochachtung und unbegränzte Verehrung an den Tag zu legen, womit ich die Ehre habe Zeit Lebens zu verharren

Euer Wohlgebohren

ergebenster Diener
I. N. Schelble
Musikd. des Vereins

Frankfurt den 19t März 1823

der Öffentlichkeit dar. Schon bei der Gründung des Cäcilien-Vereins kam Frauen eine wichtige Rolle zu, wie sich vor allem am zwar heute kaum mehr belegbaren, nichtsdestoweniger aber wichtigen Wirken Marianne von Willemers erkennen lässt.[31] Frauen waren meistenteils nur am Rande Mitglieder in den verschiedensten Bereichen des Vereinswesens. Bei den Gesangvereinen war das jedoch anders. Bereits unter den 26 Gründungsmitgliedern des Cäcilien-Vereins befanden sich mehrheitlich Frauen. Besonders bei diesem Gesangverein wird die soziale Basis der in der Öffentlichkeit aktiven Frauen deutlich. Bei den Namen Bethmann, Brentano, de Neufville, Gontard, Grunelius, Günderrode, Mülhens, Scharff, Schweitzer, Städel und Zickwolff handelte es sich fast ausschließlich um Bankiers- und Kaufmannsfamilien. Im Unterschied zu anderen Vereinen, die ebenso Frauen zu ihren Mitgliedern zählten, gehörten dem Cäcilien-Verein bereits sehr früh auch weibliche Mitglieder des jüdischen Bürgertums an. So finden sich unter den Mitgliedern von 1825 eine Frau Goldschmidt und Marie Loew sowie wenig später Minna Buber und Anna Speyer. Es befanden sich also Frauen und Töchter des etablierten neben denen des aufsteigenden Bürgertums in Schelbles Chor.[32]

Dass der Cäcilien-Verein gerade für die Frauen dieses Frankfurter Bürgertums eine starke Attraktivität ausstrahlte, lag also auch daran, dass sie dort an genau der »musikalischen Bildung« teilhaben konnten, der gerade für Frauen ein hoher Stellenwert zukam. Ausdrücklich bemerkt Mendelssohn nach einem Besuch beim Cäcilien-Verein in Frankfurt 1832: »Die Frauen sind auch hier [...] die eifrigsten. Bei den Männern fehlt es ein Bißchen, sie haben Geschäfte im Kopf. Ich glaube sogar, es ist überall so; am Ende haben die Frauen bei uns mehr Gemeingeist als die Männer.«[33]

Einige Zeilen weiter beschreibt Mendelssohn, »mit welcher Freude und wie gut dort die Dilettantinnen das wohltemperierte Klavier, die Inventionen, den ganzen Beethoven spielen, wie sie Alles auswendig wissen, jede falsche Note kontrollieren, wie sie wirklich musikalisch gebildet sind«. Was bei Mendelssohn hier greifbar wird, ist die Vorstellung einer »musikalischen Bildung«, die im Rückgriff auf musikhistorische Größen geradezu kanonische Maßstäbe entwickelt. Ebendiese Maßstäbe widerspiegeln sich auch im Archiv des Cäcilien-Vereins bzw. im darin befindlichen musikalischen Nachlass Schelbles. Insbesondere in Letzterem ist nicht nur Schelbles Sammeltätigkeit, sondern auch sein bemerkenswertes Interesse an älterer italienischer Vokalmusik dokumentiert. Es finden sich nicht nur Werke Bachs und Händels bzw. Schelbles Bearbeitungen davon, sondern auch Werke von Francesco Durante, Leonardo Leo, Antonio Lotti, Orlando di Lasso, Giovanni Pierluigi da Palestrina oder Alessandro Scarlatti.

Neben der Berliner Singakademie – die sich schon recht bald nach ihrer Entstehung 1791, vor allem aber dann unter Zelter ab 1800 sehr um die Erhaltung und Förderung des Werks Johann Sebastian Bachs verdient machte – maß insbesondere der Frankfurter Cäcilien-Verein »Bachs Kompositionen nicht nur qualitativ, sondern auch quantitativ einen besonderen Stellenwert in [seinem] Repertoire zu«.[34] Zeitweise, vor allem in den frühen 1830er-Jahren, galt die Frankfurter Bach-Pflege des Cäcilien-Vereins als geradezu musterhaft: »Hat die Singakademie in Berlin auch wohl den Vorzug größerer Mitgliederzahl, so steht ihr doch der Cäcilienverein in vollendeter Ausführung der Tonwerke nicht nach, ja was Bachs Kompositionen betrifft, so möchte in Ausführung derselben der Cäcilienverein der Singakademie den Rang ablaufen.«[35]

Wie auch in Berlin oder in anderen Singakademien tauchten Bachs Werke zunächst sehr selten in öffentlichen Konzerten des Cäcilien-Vereins auf – sie werden allerdings schon kurz nach der Entstehung des Chores intensiv geprobt, »was umso bemerkenswerter erscheint, da in Frankfurt anders als in Berlin keinerlei [chorischen] Bach-Traditionen vorhanden waren«.[36] Schon am 22. April 1828 schreibt der junge Mendelssohn in einem Brief: »Überhaupt aber kommt Bach in Mode: in Frankfurt a/M hat man sein Credo aufgeführt und will die Passion geben.«[37]

In der Tat fand – nachdem bereits ab 1821 erste kleinere Werke Bachs zur Aufführung gebracht wurden – vor allem ein Konzert am 10. März 1828 besondere Beachtung. Schelble brachte das *Credo* aus der *Messe in h-Moll* zur Aufführung – und zwar knapp zwei Monate früher als die Singakademie in Berlin. Ein Jahr später schließlich, am 22. Mai 1829, ließ sich der Cäcilien-Verein unter Schelbles Leitung mit der *Matthäuspassion* hören, nur wenige Wochen nach der legendären Erstaufführung durch die Singakademie in Berlin. »Schelble hatte die Passion zwar in Kenntnis, doch unabhängig von Mendelssohns Berliner Projekt geprobt. Er begann zeitgleich mit Mendelssohn und wie dieser zunächst im kleinen Kreis. Trotz ihres im Vergleich zu Berlin geringeren und nicht unumstrittenen Erfolges leitete die Aufführung der *Matthäuspassion* für den Cäcilien-Verein eine Wende ein, indem von da an Werke Bachs häufiger in Konzerten erklangen«.[38] In der Mitte des Jahrhunderts schließlich gehörten die *Matthäuspassion*, die *h-Moll-Messe* zumindest teilweise, das *Magnificat* und verschiedene Motetten zum festen Repertoire des Cäcilien-Vereins, bis 1870 kamen noch das *Weihnachtsoratorium* und die *Johannes-Passion* hinzu. Nicht zuletzt führte man ab 1832 bis zur Jahrhundertmitte regelmäßig eine Kirchenkantate Bachs auf.

Ein bemerkenswertes Zeugnis der Sakralisierungs- und Kanonisierungstendenzen der älteren Musik im Umfeld des Cäcilien-Vereins findet sich in dem Moritz August Bethmann-Hollweg zugeschriebenen Bild *Die neue Disputa*. Schon der Titel des Bildes, das die Auseinandersetzung um den Namen des späteren »Cäcilien-Vereins« darstellen soll,[39] schafft einen Bezug zur Sphäre des Sakralen und Kanonischen. Die »alte« *Disputa* – Raffaels berühmte *Disputa*

Außentitel und erste Partiturseite eines Notenbandes von Johann Nepomuk Schelble mit seiner Orchesterbearbeitung eines Präludiums von Johann Sebastian Bach, um 1820.

Titelseite und eine
Notenseite (S. 6) zu
Johann Nepomuk
Schelbles *Deutscher
Messe* für Soli, Chor und
Orchester, um 1820.

Rezitativ- und Chorausschnitt in ein
Partiturabschrift aus dem Besitz von Joha

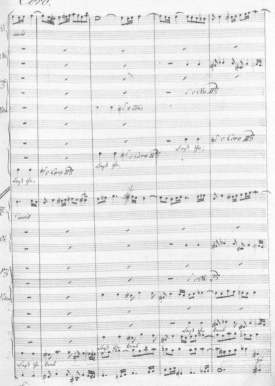

Die neue Pisquin.

del Sacramento in den Stanzen des Vatikans aus dem Jahr 1510 - bildet den Wahrheitsanspruch der Theologie ab.[40] Auf drei waagrechten Ebenen, verbunden durch eine vertikale Mittelachse, wird der gesamte katholische Glaubenskosmos dargestellt, von der Heiligen Dreifaltigkeit über die Mutter Gottes und die Heiligen bis hin zu den Patriarchen, Propheten, Aposteln und Kirchenvätern. In der »neuen« *Disputa* artikuliert sich nun der Wahrheitsanspruch, wie er in den Anfängen des Cäcilien-Vereins der Musik zugeschrieben wird. Unter einer obersten Ebene von vier singenden Engeln befinden sich auf der mittleren Ebene die Komponisten, deren Musik in den Anfängen des Chores dort gesungen wurde, etwa Händel, Beethoven, Mozart oder Haydn.[41] Die unterste Ebene schließlich wird gebildet von den bedeutenden Gründungsmitgliedern des Chores, etwa Marianne von Willemer mit ihren Stieftöchtern, und Molly Müller, die spätere Ehefrau Schelbles, sowie Wilhelm Manskopf oder Christian Hahn.[42] Im Hintergrund ist Frankfurt zu erkennen, mitsamt einer allegorischen Frankonofurtia. Die verbindende Mittelachse wird gebildet von den korrespondierenden Figuren Schelbles vor dem Notenpult und der heiligen Cäcilia mit der Orgel, flankiert von zwei Engeln mit Harfe und Laute. Mit der *Neuen Disputa* wird somit nicht nur der musikalisch-künstlerische Kosmos des noch jungen Cäcilien-Vereins abgebildet, dieser wird auch in einen religiösen, sakralen, kanonischen Kontext gestellt. Man muss sich in dem Umfeld, das dieses bemerkenswerte Bild hervorbrachte, sehr gewiss gewesen sein, dass das eigene musikalische Schaffen eine überzeitliche Bedeutung hat.

Noch eine weitere Verbindungslinie, die von der *Neuen Disputa* ausgeht, unterstreicht die zentrale Stellung des Cäcilien-Vereins und Schelbles im kulturellen Leben der Stadt Frankfurt um 1830. Etwa zeitgleich zur *Neuen Disputa* entstand ein weiteres Bild, das sich mit Raffaels *Disputa* auseinandersetzte, Friedrich Overbecks *Der Triumph der Religion in den Künsten*.[43] Als einer der Protagonisten der Nazarener - eine Gruppe von Künstlern, die dem Katholizismus nahestanden und das Ziel verfolgten, die Kunst im Geiste des Christentums zu erneuern - fand Overbeck große Beachtung auch im noch jungen Städel, für das er unter anderen dieses Gemälde schuf. An ebendiesem Städel wiederum waren eine Reihe von Künstlern tätig, die in direkter Verbindung zu Schelble standen - etwa Johann Nepomuk Zwerger, der erste Lehrer am Städel für Bildhauerei, der wie Schelble bei Donaueschingen groß geworden war,[44] oder Lucian Reich d. J., Schelbles Neffe und Protagonist der regional bedeutenden Hüfinger Malerschule, der in den 1830er-Jahren bei seinem Onkel in Frankfurt wohnte.[45] Nicht zuletzt stand das Städel seit 1830 unter der Leitung von Philipp Veit, einem Vetter von Felix Mendelssohn Bartholdy.[46]

SCHLUSS

Im Februar 1836 erkrankte Schelble so ernsthaft, dass er gezwungen war, die Leitung des Chores niederzulegen und eine Reihe von Konzerten ersatzlos abzusagen. Er verließ Frankfurt zunächst, um zur Kur nach Badgastein zu gehen, und dann anschließend sich in Hüfingen weiter zu erholen; tatsächlich kehrte er nie mehr nach Frankfurt zurück.[47] Für wenige Monate vertrat ihn Mendelssohn, der allerdings schon im September 1836 wieder für die Leitung der Leipziger Gewandhaus-Konzerte zur Verfügung stehen musste. Von September 1836 bis Juni 1837 folgte ihm dessen enger Freund Ferdinand Hiller, ein gebürtiger Frankfurter und Jude.[48] Allerdings hatte er auch »den Posten nur aus Verehrung für Schelble übernommen, und eine Reise nach Italien zwang ihn, das von ihm seines berühmten Namens würdig vertretene Amt niederzulegen.«[49]

Kurz darauf, am 6. August 1837, verstarb Schelble in Hüfingen. Der Cäcilien-Verein richtete am 26. August ein Totenamt im Dom für ihn aus, es erklang das *Requiem* von Cherubini unter der Leitung von Ferdinand Ries, der vorerst die musikalische Leitung des Vereins übernommen hatte. Nach diesen traurigen Ereignissen ergab sich die Notwendigkeit für den Verein, sich organisatorisch und finanziell neu aufzustellen. Erst jetzt wurden Statuten erlassen und ein fünfköpfiger Vorstand eingesetzt – bis dahin hatte Schelble selbst alle Geschäfte geleitet. Als am 13. Januar 1838 auch noch Ries plötzlich verstarb, kam es für eineinhalb Jahre zu wechselnden musikalischen Leitungen. Genau 20 Jahre nach seiner Gründung konnte der Cäcilien-Verein, unter diesen verworrenen Umständen, beim Ersten Deutschen Sängerfest in Frankfurt am 29. und 30. Juli 1838 dann auch kaum präsent sein.[50]

Schließlich wurde 1840 mit Franz Josef Messer ein ehemaliger Schüler Schelbles zum musikalischen Leiter des Chores gewählt und damit die Tradition des Vereinsgründers zunächst fortgeführt. Er leitete den Chor bis 1860 und gewährleistete damit eine gewisse Kontinuität – obgleich, wie die Gründung des konkurrierenden Rühl'schen Gesangvereins 1852 nahelegen könnte, seine Leitung nicht unumstritten war. Spätestens das Jahr 1861 markierte dann den entscheidenden Schnitt. Mit der Übernahme der musikalischen Geschicke des Chores durch Carl Müller bereits 1860 und vor allem mit der Eröffnung des Saalbaus 1861 als neuem repräsentativen Konzertsaal fand der Aufbau eines bürgerlichen Musiklebens in Frankfurt seinen vorläufigen Höhepunkt und Abschluss.

Ferdinand Ries (1784–1838), Dirigent des Cäcilien-Vereins von August 1837 bis zu seinem Tod im Januar 1838.

Fotografische Reproduktion eines Stahlstichs von Carl Mayer. D-F, S 36/G00119, Dig. urn:nbn:de:hebis:30:2-176719

1 Ludwig Börne, *Brief aus Frankfurt vom 4.1.1821*, in: *Morgenblatt für gebildete Stände* 24/1821, 27. Januar 1821, S. 95-96, zit. nach *Ludwig Börne: Briefe aus Frankfurt 1820-1821*, hrsg. von Alfred Estermann, Frankfurt am Main 1986, S. 55.
2 Zu Schelble vgl. Oskar Bormann, *Johann Nepomuk Schelble 1789-1837*.

Sein Leben, sein Wirken und seine Werke. Ein Beitrag zur Musikgeschichte in Frankfurt am Main (Diss. Frankfurt am Main 1926), Lucian Reich, *Johann Nepomuk Schelble*, in: ders., *Wanderblüthen aus dem Gedenkbuch eines Malers*, Karlsruhe 1855, S. 265-306, sowie Birgit Grün, *Schelble, Johann Nepomuk*, in: Ludwig Finscher (Hrsg.),

Die Musik in Geschichte und Gegenwart, 2. Auflage, Personenteil Bd. 14, Kassel u.a. 2005, Sp. 1266-1267.
3 Reich, *Schelble*, S. 271.
4 Bormann, *Schelble*, S. 10.
5 Bormann, *Schelble*, S. 12.
6 Vgl. Georg Günther, *»Lump oder Bettler – wenn er nur Musik versteht...« Klösterliche Musikkultur um 1800*

am Beispiel Oberschwabens, in: Hans-Ulrich Rudolf (Hrsg.), *Alte Klöster - neue Herren. Die Säkularisation im deutschen Südwesten 1803*, Bd. 2.1.: *Vorgeschichte und Verlauf der Säkularisation*, Ostfildern 2003, S. 177-186.

7 Reich, *Schelble*, S. 269.

8 Reich, *Schelble*, S. 278. Es handelt sich hierbei tatsächlich nicht um eine »Zeitschrift«, sondern um die erste Bach-Biografie und eine der ersten musikhistorischen Monografien überhaupt: Johann Nikolaus Forkel, *Ueber Johann Sebastian Bachs Leben, Kunst und Kunstwerke*, Leipzig 1802.

9 Zit. nach Bormann, *Schelble*, S. 12.

10 Reich, *Schelble*, S. 279.

11 Johann Baptist Krebs (1774-1851), wie Schelble aus der Nähe Donaueschingens stammend. Von 1812 bis 1818 leitete er das Musikinstitut im Stuttgarter Waisenhaus, wo er eine an Pestalozzis pädagogischen Vorstellungen orientierte Musikpädagogik einführte (vgl. Josef Wagner, *Das Musikinstitut im Stuttgarter Waisenhaus 1812-1818*, in: tonkünstler-forum 53 (2004), S. 3-10).

12 Leipziger Allgemeine Musikalische Zeitung, Jg. XIV / 13.5.1812, S. 335, zit. nach Bormann, *Schelble*, S. 83-84.

13 Vgl. Bormann, *Schelble*, S. 19.

14 Spohr, *Lebenserinnerungen*, S. 49-50.

15 Bormann, *Schelble*, S. 31.

16 Brief Schelbles an seine Eltern, 22.1.1818, zit. Nach Bormann, *Schelble*, S. 24.

17 Bormann, *Schelble*, S. 31. Die Bibliothek des Cäcilien-Vereins befindet sich heute als Dauerleihgabe in der Sammlung Musik, Theater, Film der Universitätsbibliothek J. C. Senckenberg Frankfurt am Main (Na Mus V01). Für seine 1926 erschienene Studie zu Schelble konnte Oskar Bormann noch im Archiv des Cäcilien-Vereins ein heute nicht mehr auffindbares Aktenkonvolut »Urgeschichte« einsehen.

18 Friedhelm Brusniak, *Chor und Chormusik*, in: Ludwig Finscher (Hrsg.), *Die Musik in Geschichte und Gegenwart*, Sachteil: Bd. 2, Kassel u.a. 1995, Sp. 766-824, hier Sp. 781.

19 Caroline Valentin, *H. Düring, der Begründer des 1. Frankfurter Gesangvereins*, Alt-Frankfurt, Jg. V, 1913, Heft 1, S. 35 ff., zit. nach Friedrich Stichtenoth, *Der Frankfurter Cäcilien-Verein 1818-1968: Blätter zur Erinnerung an seine 150jährige Geschichte*, Frankfurt am Main 1968, S. 14.

20 Mitglieder des Düringschen Vereins waren Ende 1828 auch an der Gründung des Frankfurter Liederkranzes beteiligt. Dürings Nachlass und verschiedene Archivalien zu seinem Verein befinden sich heute in der Sammlung Musik, Theater, Film der Universitätsbibliothek J. C. Senckenberg Frankfurt am Main (Na Mus 9). Vgl. auch *Heinrich Düring*, in:

Wolfgang Klötzer (Hrsg.): *Frankfurter Biographie. Personengeschichtliches Lexikon*. Bd. 1, Frankfurt am Main 1994, S. 167.

21 Später zog Schelble in »ein Haus am Domplatz« - vielleicht das »Jägersche Haus am Domplatz«, in dem am 30.1.1819 der Cäcilien-Verein Mozarts *Requiem* aufführte - und schließlich in das Königwartersche Haus an der Schönen Aussicht, in dem er bis zuletzt wohnte und wo ihn Felix Mendelssohn Bartholdy auch besuchte, vgl. Bormann, *Schelble*, S. 31.

22 Stichtenoth, *Cäcilien-Verein*, S. 24.

23 Schelble in einem Brief an seinen Schwager Reich, 1821, zit. nach Bormann, *Schelble*, S. 32.

24 Bormann, *Schelble*, S. 33, beruft sich hier auf »die ältesten Urkunden des Vereins« - die heute nicht mehr überprüfbar sind. Im Übrigen soll sich 1831, also mit Ablauf des 10-jährigen Vertrages, kein »Garantist« mehr an diese Zusage erinnert haben.

25 Alle Angaben nach Bormann, *Schelble*, S. 95.

26 Otto Biba, *Die Gesellschaft der Musikfreunde in Wien. Selbstverständnis und Aufgaben im historischen Kontext musikalischer Gesellschaften in Wien*, in: Ingrid Fuchs (Hrsg.), *Musikfreunde. Träger der Musikkultur in der ersten Hälfte des 19. Jahrhunderts*, Kassel u.a. 2017, S. 15-27, hier S. 21-22. Diese genannten Verpflichtungen gegenüber mündeten etwa 1817 bereits in die Einrichtung eines Konservatoriums, der heutigen Universität für Musik und Darstellende Kunst Wien.

27 Angaben übernommen aus Bormann, *Schelble*, S. 95-111.

28 Börne, Brief aus Frankfurt vom 4.1.1821, S. 55-56

29 Die folgenden Angaben alle laut Bormann, *Schelble*, S. 95-111.

30 Börne, *Brief aus Frankfurt* vom 4.1.1821, S. 55.

31 Für die folgenden Überlegungen bin ich Prof. Dr. Ralf Roth zu Dank verpflichtet.

32 Ralf Roth, *Stadt und Bürgertum in Frankfurt am Main. Ein besonderer Weg von der ständischen zur modernen Bürgerschaft 1760-1914*, Berlin 1996, S. 344.

33 Brief von Mendelssohn an Carl Friedrich Zelter, Paris, 15. Februar 1832, zit. nach: Stichtenoth, *Cäcilien-Verein*, S. 38.

34 Susanne Oschmann, *Die Bach-Pflege der Singakademien*, in: Michael Heinemann und Hans-Joachim Hinrichsen (Hrsg.), *Bach und die Nachwelt*, vier Bände, Laaber 1997, Bd. 1, S. 305-347, hier S. 316.

35 *Beurmanns Telegraph* Nr. 18 (1837), zit. nach Bormann, *Schelble*, S. 131.

36 Oschmann, *Bach-Pflege*, S. 317.

37 Brief Felix Mendelssohn Bartholdys an Adolf Frederik Lindblad in Stockholm, Berlin, 22.4.1828, in: *Felix

Mendelssohn Bartholdy, Sämtliche Briefe*, hrsg. von Juliette Appold und Regina Back, 12 Bände, Kassel u.a. 2008, Bd. 1, S. 240-244, hier S. 244.

38 Oschmann, *Bach-Pflege*, S. 317-318.

39 Stichtenoth, *Cäcilien-Verein*, S. 26. Die genauen Entstehungsumstände des Bildes sind nicht bekannt.

40 Zu Raffaels *Disputa* vgl. u.a. Heinrich Pfeiffer, *Zur Ikonographie von Raffaels Disputa* (Miscellanea Historiae Pontificiae 37), Rom 1975.

41 Dass gerade Bach fehlt, dürfte damit zu erklären sein, dass sein Werk in der Gründungszeit des Vereins, wie dargestellt, noch nicht die Rolle spielte, die es in den 1830er-Jahren dann einnahm.

42 Angaben nach Stichtenoth, *Cäcilien-Verein*, S. 26.

43 Friedrich Overbeck (1789-1869), »Der Triumph der Religion in den Künsten« (1829-1840), Städelmuseum, Inv.-Nr. 892.

44 Reinhard Frost und Sabine Hock, *Zwerger, Johann Nepomuk*, in: *Frankfurter Personenlexikon* (Onlineausgabe), http://frankfurter-personenlexikon.de/node/61 (1.5.2018).

45 *Lucian Reich oder die Suche nach der verlorenen Vergangenheit*, Begleitband zur Ausstellung im Stadtmuseum Rastatt, 20.6.-14.9.1997, Rastatt 1997.

46 Vgl. hierzu Max Hollein und Christa Steinle (Hrsg.), *Religion, Macht, Kunst: die Nazarener*, Begleitband zur Ausstellung »Religion, Macht, Kunst. Die Nazarener«, Schirn-Kunsthalle Frankfurt am Main, 15.4.-24.7.2005, Köln 2005.

47 Reich, *Schelble*, S. 305.

48 Zu Hillers Verbindungen nach Frankfurt vgl. Ralf-Olivier Schwarz, *Ferdinand Hiller und Frankfurt*, in: Peter Ackermann, Arnold Jacobshagen, Roberto Scoccimarro und Wolfram Steinbeck (Hrsg.), *Ferdinand Hiller. Komponist, Interpret, Musikvermittler*, Kassel 2014, S. 39-54.

49 Walter Melber, *Allgemeine Vereinsgeschichte*, in: *Hundert Jahre Cäcilien-Verein in kurzer Fassung zusammengestellt nach den in dem Archiv des Vereins niedergelegten Protokollen und Schriftstücken*, Frankfurt am Main 1918, S. 1-34, hier S. 12.

50 Aus der Veranstaltung ging später schließlich die Frankfurter Mozart-Stiftung hervor, vgl. Ulrike Kienzle, *»Neue Töne braucht das Land«. Die Frankfurter Mozart-Stiftung im Wandel der Geschichte (1838- 2013)*, Frankfurt am Main 2013, und Ralf-Olivier Schwarz, *Wilhelm Speyers Italienreise 1818. Ein Beitrag zur Vorgeschichte der Frankfurter Mozart-Stiftung*, in: Johannes Volker Schmidt und Ralf-Olivier Schwarz (Hrsg.), *Fluchtpunkt Italien. Festschrift für Peter Ackermann*, Hildesheim u.a. 2015, S. 189-204.

Der schillernde österreichisch-amerikanische Schriftsteller Charles Sealsfield, eigentlich Carl Anton Postl (1793–1864), beschreibt in seinem 1828 in London erschienenen Reisebericht Austria as it is, or sketches of continental courts, by an eye-witness *auch seinen Besuch in Frankfurt, wo ihn zwei Konzerte des Cäcilien-Vereins besonders beeindruckten:*

»Das gesellige Leben der Frankfurter Bürgerkreise hat einen eigentümlichen Reiz. Unter fünfzehn jungen Damen und gleich vielen Herren, die sich regelmäßig treffen, wird man kaum fünf finden, die nicht mit der englischen Literatur vertraut wären und Walter Scott, Moore und Cowper sind ihre Lieblingsschriftsteller. In ihren Lesekränzchen liest man Romane und Gedichte, oder es wird Musik gemacht und zierliche Handarbeit verfertigt. Nach dem Tee begibt man sich in den Cäcilienverein, wo zweimal wöchentlich fünfzig junge Männer und fünfzig Mädchen unter der Leitung eines geschickten Musikus die klassischen Werke von Händel, Haydn, Graun und anderen berühmten Meistern zu Gehör bringen. Die Gage des Kapellmeisters, die Saalmiete und die Gehälter der Musiker werden aus den Beiträgen der Mitglieder aufgebracht. Zur Aufführung gelangen ausschließlich religiöse Musikwerke. So hörte ich dort ›Die Schöpfung‹ von Haydn und Händels ›Messias‹, und ich zögere nicht zu behaupten, daß, obwohl die Londoner Aufführung und ihr Orchester glanzvoller waren, der allgemeine Eindruck, den diese einhundert jugendlichen und blühenden Musiker erweckt haben, weit tiefer ging als alles, was ich bisher gehört hatte.«

Aus: Charles Sealsfield, *Österreich wie es ist oder Skizzen von Fürstenhöfen des Kontinents*, herausgegeben, bearbeitet, übersetzt und mit einem Nachwort versehen von Primus-Heinz Kucher, Wien: Böhlau 1997.

RALF WEHNER

»... in Schelbles Geist, Sinn und Richtung« – Felix Mendelssohn Bartholdy und der »Cäcilien-Verein«

Enthusiasmus, Kompetenz und Geld reichen – auch heute – bisweilen nicht, um einen aus verschiedenen Individuen zusammengesetzten Klangkörper, d.h. also einen Chor, auf längere Sicht am Leben zu erhalten. In gleichem Maße müssen sich glückliche Umstände fügen und die richtigen Personen zur rechten Zeit am geeigneten Ort sein. In noch viel stärkerem Maße sind solche positiv wirkenden Kräfte und Elemente in der Aufbau- und Konsolidierungsphase eines Chores vonnöten. Auch der heutige Cäcilienchor Frankfurt musste in seiner nunmehr 200 Jahre währenden Geschichte manch steinigen Weg hinter sich bringen, hatte aber das Glück, in der Anfangszeit eine solide – und wie sich zeigen sollte – tragfähige Grundlage zu erhalten, die das Ensemble, das seit 1821 unter dem Namen »Cäcilien-Verein« firmierte, in die Lage versetzte, über die in Zusammenhang mit der Gründung eines jeden Chores verbundene Euphorie hinaus Bestand zu haben.

Der folgende Beitrag wendet sich speziellen Themen der ersten 20 Jahre des Cäcilien-Vereins[1] zu, mithin historischen Begebenheiten, die über 175 Jahre zurückliegen.[2] Er legt seinen Schwerpunkt auf den Komponisten Felix Mendelssohn Bartholdy und sein Verhältnis zu dem Frankfurter Cäcilien-Verein und dessen Gründer und erstem Leiter Johann Nepomuk Schelble. Wie sich zeigen wird, entwickelte sich nicht nur bald eine enge Freundschaft zwischen den beiden Künstlerpersönlichkeiten. Mendelssohn erhielt durch den Kontakt mit dem Cäcilien-Verein auch musikalische Impulse und gab diese sowohl durch Kompositionen als auch durch persönlichen Einsatz an den Chor zurück. Für den weiteren Lebensweg Mendelssohns nicht unerheblich war zudem, dass er in dem Verein mit Cécile Jeanrenaud die Liebe seines Lebens finden sollte.

ERSTE FASZINATION UND FRÜHE KONTAKTE (1820ER-JAHRE)

Im Sommer 1822 hatte sich der Berliner Bankier Abraham Mendelssohn mit seinen vier Kindern Fanny, Felix, Rebecka und Paul sowie dem 25-jährigen Karl Heyse als Hauslehrer mit zwei Kutschen auf den langen Weg in die Schweiz gemacht. In Frankfurt am Main, wo man sich vom 18. bis 23. Juli aufhielt, vergrößerte sich die Reisegesellschaft um die Geschwister Julie und Marianne Saaling sowie den Arzt Dr. Simon Neuburg. Gemeinsam erlebten sie einen ereignisreichen Sommer in der Schweiz, und auf der Rückreise blieben die Mendelssohns erneut eine knappe Woche in Frankfurt. Das Tagebuch des Hauslehrers Heyse berichtet von vielfältigen musikalischen und gesellschaftlichen Aktivitäten, so für Mittwoch, den 2. Oktober 1822: »Abends Gesellschaft bei dem Musiker Schelble«, einen Tag später: »Abends musikalische Gesellschaft bei Herzens. Schelble singt mit Ausdruck und Gesicht«, und für Freitag: »Abends besuchen wir sammt und sonders den Cäcilien-Verein, wo wir Händel's *Samson* hören, und auch Felix zum Spielen genöthigt wird.«[3] Dieses Auftreten gilt gewissermaßen als Geburtsstunde einer lebenslangen Verbindung Mendelssohns zu dem um eine Generation älteren Schelble. Wie sich Eduard Devrient erinnerte, knüpfte der 13-Jährige an jenem Abend »an die vorher gesungene Motette von Bach an und riß durch Reichthum der Erfindung, durch den strengen Styl der Behandlung, wie durch die erstaunliche Fertigkeit und energische Ausdauer uns Alle, die wir ihn hörten, zur Bewunderung fort. Diese Stunde gewann dem Knaben Schelble's Freundschaft [...].«[4] Der 4. Oktober 1822 sollte auch noch in anderer Hinsicht für die Familie von großer Wichtigkeit werden, ließen sich doch die Eltern an diesem Tage in Frankfurt taufen und trugen fortan den Doppelnamen »Mendelssohn Bartholdy«, der für den kleinen Felix bereits seit dessen Taufe 1816 galt.

Kurze Zeit nach der Rückkehr nach Berlin komponierte Mendelssohn sein erstes Werk für zwei gemischte Chöre a cappella (MWV B 10[5]). Die am 25. Oktober 1822 vollendete Partitur ließ er sauber abschreiben und versah die Kopie am 4. November 1822, also vier Wochen nach seinem Auftritt in Frankfurt, mit dem Titel *Jube Domine* – ein Abendgebet sowie der Dedikation »dem hochverehrten Cäcilien-Vereine hochachtungsvoll gewidmet«.[6] Genau ein Jahr später komponierte Mendelssohn ein weiteres Werk für zwei Chöre, ein *Kyrie* c-Moll MWV B 12, das klanglich an Mozart anschloss und in einer ausgewachsenen Fuge à la Bach mündete. Wiederum wurde eine Abschrift angefertigt und – im

Felix Mendelssohn Bartholdy (1809-1847), Stahlstich von Robert Reyher nach Carl Jäger, um 1870.

Foto: Archiv Mendelssohn-Haus Leipzig

Titelseite zu Felix Mendelssohns *Jube Domine*, mit eigenhändiger Widmung des Komponisten an den Cäcilien-Verein, 1822.

D-F, Handschriftenabteilung / Bibliothek des Cäcilien-Vereins, Mus. Hs. 161, Nr. 1

Jube Domine

ein Abendgebet.

*Dem Hochverehrten Cäcilien-Verein
hochachtungsvoll gewidmet.*

vom Componisten.

Dezember 1823 – nach Frankfurt geschickt, mit der Widmung »Herrn Director Schelble; für den verehrten Cäcilienverein komponirt«.[7] Das Besondere an diesen beiden achtstimmigen Kompositionen ist neben der doppelchörigen Satzanlage auch die spezielle Beteiligung von Solostimmen, die, wie Mendelssohn es in Frankfurt erlebt hatte, aus dem Chor heraus besetzt wurden.[8] Durch das Ineinandergreifen solistischer und chorischer Passagen und den Wechsel verschiedener Stimmgruppen erreichte Mendelssohn bemerkenswerte Nuancen klanglicher Differenzierung. So zeugen diese beiden ersten Werke für den Cäcilien-Verein, die bis 1980 ungedruckt blieben,[9] einerseits von Mendelssohns kompositorischem Entwicklungsstand, andererseits von der Leistungsfähigkeit des Ensembles, für das sie geschrieben wurden und das zu jenem Zeitpunkt erst seit wenigen Jahren existierte. Das *Kyrie* fand am 30. Dezember 1825 seine erste öffentliche Aufführung. Mendelssohn hatte Frankfurt in diesem Jahr auf der Rückreise von Paris besucht. Bei dieser Gelegenheit trug sich Schelble mit einem *Andante con moto* in Mendelssohns Stammbuch ein und versah es mit der Dedikation »zur Erinnerung an Deinen Freund Schelble den 15. May 1825«.[10] Mendelssohn vermisste bald schmerzlich die Möglichkeiten des gegenseitigen Austausches. »Wenn Sie doch bald nach Berlin kämen, damit ich wieder einmal einem Musiker meine Compositionen vorspielen, und etwas wieder gesungen hören könnte.«, schrieb Mendelssohn am 28. August 1826 in seinem einzigen bis heute erhaltenen Brief an Schelble.[11] Das ist insofern bemerkenswert, da Mendelssohn durch seine eigene Mitgliedschaft in der Berliner Singakademie durchaus Zugang zu einem ähnlichen Klangkörper hatte und einen guten Kontakt zu deren Leiter Carl Friedrich Zelter, der zugleich sein Lehrer war, pflegte. Aber bisweilen, so mochte es auch Mendelssohn empfinden, ist eine zweite Meinung oder eine andere Sichtweise durchaus von Vorteil.

EIN FOLGENREICHER BESUCH (1831)

Zwar hatte Mendelssohn im September 1827 Frankfurt noch einmal auf seiner Sommerreise besucht, war aber mit seinem dortigen Auftritt nicht zufrieden.[12] So vergingen über vier Jahre bis zum nächsten, wie sich zeigen sollte, folgenreichen Besuch im November 1831. Der Komponist befand sich seit Mai 1830 auf einer großen Reise, die ihn über Süddeutschland, Österreich, Italien, die Schweiz und Frankreich bis nach England führen und bis 1832 andauern sollte. Gewissermaßen als Intermezzo zwischen Italien und Frankreich verbrachte Mendelssohn 1831 mehrere Wochen in Deutschland. Seine Familie unterrichtete er über die Reiseplanung: »Ich gehe nun in den nächsten Tagen fort und werde mich wahrscheinlich einige Zeit in Stuttgart aufhalten [...]; dann über Frankfurt, wo ich dem Caecilienverein mehrere meiner Römischen Musiken lassen will, nach Düsseldorf [...].«[13] Bereits zu diesem Zeitpunkt war also klar, dass Mendelssohn einige Früchte seines kom-

Kyrie.

Herrn Director Schelble; für den verehrten Cäcilienverein komponirt von:

Felix Mendelssohn Bartholdy.
im December 1823.

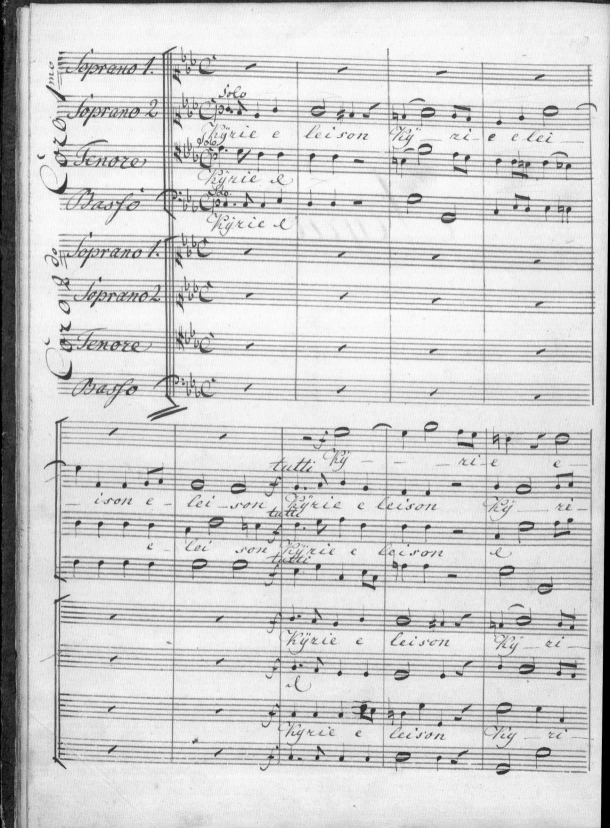

positorischen Schaffens der vergangenen Monate in Frankfurt lassen wollte. Besonders das Winterhalbjahr 1830/31, das Mendelssohn in Rom verbrachte, war für sein kirchenmusikalisches Schaffen ausgesprochen ergiebig gewesen, und es ist als Zeichen hoher Wertschätzung zu interpretieren, dass nun einiges davon an den Cäcilien-Verein gegeben werden sollte. Alle Stücke waren in den Jahren 1830 und 1831 in Wien, und Rom, entstanden. Der Cäcilien-Verein war nicht nur der erste Chor, der diese musikalischen Kostbarkeiten zu Gesicht bekam, sondern er konnte sie auch praktisch sein eigen nennen. Für den heutigen Forscher sind diese Werke, die sich in der Frankfurter Universitätsbibliothek Johann Christian Senckenberg erhalten haben,[14] vor allem deshalb interessant, weil sie zum Teil singulär sind oder Fassungen aufzeigen, die von den später gedruckten abweichen.

Dem Cäcilien-Verein im November 1831 überlassene Abschriften mit Entstehungsdaten der Werke

Nr. 1: Der 115. Psalm *Non nobis Domine*, op. 31 MWV A 9 (15.11.1830)

Nr. 2: *Mitten wir im Leben sind,* op. 23 Nr. 3 MWV B 21 (20.11.1830)

Nr. 3: *Aus tiefer Not schrei ich zu dir*, op. 23 Nr. 1 MWV B 20 (19.10.1830)

Nr. 4: *Veni domine*, op. 39 Nr. 1 MWV B 24 (31.12.1830)

Nr. 5: *Wir glauben all an einen Gott*, MWV A 12 (01.03.1831)

Nr. 6: *Verleih uns Frieden*, MWV A 11 (10.02.1831)

Nr. 7: *O Haupt voll Blut und Wunden*, MWV A 8 (12.09.1830)

Ein Teil dieser Stücke wurde umgehend vervielfältigt: »Die Feder ist dick vom Stimmenschreiben, gestern hat Schelble ein Paar meiner Römischen Musiken (Verleih uns Frieden ud. Aus tiefer Noth) singen lassen ud. die Stimmen meist selbst copirt [...].«[15] Die erwähnte Aufführung diverser Werke Mendelssohns fand am 17. November 1831 statt.[16] An eben demselben Tag machte Mendelssohn Schelble ein besonderes Geschenk mit der Originalhandschrift[17] seines erst vier Wochen zuvor beendeten und noch einmal abgeschriebenen *Ave Maria* MWV B 19. Damit besaß der Cäcilien-Verein alle drei der später als Kirchenmusik op. 23 veröffentlichten Stücke. Die angenehmen Gespräche, das gemeinsame Musizieren mit dem Chor, das freundschaftliche Miteinander und das enge künstlerische Verhältnis zwischen Schelble und Mendelssohn führten zu dem größten Kompositionsauftrag, den Mendelssohn bis dahin erhalten hatte: »Schelble (bei dem ich wohnen muß und der mich mit Güte und Freundlichkeit überhäuft und beschämt) hat für den Cäcilienverein ein Oratorium bestellt; ich weiß kaum, wie ich so bald heran kommen soll.«[18] Wenige Monate später hatten Mendelssohns Gedanken zu diesem Projekt bereits solche Strukturen, dass ihm das Thema klar geworden war. An seinen Freund Devrient schrieb er am 10. März 1832: »[...] ich soll für den Caecilienverein ein Oratorium machen [...] Der Gegenstand soll der Apostel Paulus sein, im ersten Theil die Steinigung

Stephani und die Verfolgung, im 2ten Theil die Bekehrung, im 3ten das christl: Leben und Predigen und entweder der Märtyrertod, oder der Abschied von der Gemeinde.«[19]

Es sollten noch vier Jahre vergehen, bis Mendelssohns *Paulus* tatsächlich realisiert und 1836 uraufgeführt werden konnte, wenn auch nicht mehr unter Schelbles Leitung. Obwohl die Uraufführung in Düsseldorf stattfand, erhielt der Komponist den primären Impuls zu diesem Oratorium durch seinen Besuch beim Frankfurter Cäcilien-Verein im November 1831. Es ist genau jener Besuch, den Mendelssohn in einem großen Bericht an seinen Lehrer Carl Friedrich Zelter Revue passieren lässt und der das wohl meist zitierte Wort über den Cäcilien-Verein enthält:

»... wegen dessen allein man schon in Frankfurt gern sein muß; die Leute singen mit soviel Feuer und so zusammen, daß es eine Freude ist, er versammelt sich einmal wöchentlich und hat gegen 200 Mitglieder, außerdem hat aber Schelble des Freitags Abends bei sich einen kleinen Verein von etwa 30 Stimmen, wo er am Clavier singen läßt und seine Lieblingssachen, die er dem großen Verein nicht gleich zu geben wagt, nach und nach vorbereitet. Da habe ich eine Menge kleiner Sonntagsmusiken von Seb. Bach, sein Magnificat, die große Messe und sonst noch Vieles Schöne gehört; die Frauen sind auch da, wie bei Ihrer Akademie, die eifrigsten, an den Männern fehlt es ein Bischen [sic], sie haben Geschäfte im Kopf; ich glaube sogar, es ist überall so, am Ende haben bei uns die Frauen mehr Gemeingeist, als die Männer. Im Caecilienverein wenigstens gewiß, denn da sind die Soprane ganz herrlich, Alt und Baß sehr gut, aber an Tenören fehlt es etwas, und Schelble klagt, wie Sie, über die Lauigkeit der Männer.«[20] ... Chorleiter aller Epochen können über dieses Thema bis heute ein Lied anstimmen.

Mendelssohn war mittlerweile nach Paris weitergereist, wo er die Wintermonate verbrachte. Bereits in München hatte er Ideen für ein neues Stück: »Eine tolle geistliche Musik hab' ich aber wieder im Kopfe, die soll, so Gott will, in Paris mein erstes Stück sein [...].«[21] Es handelte sich um einen großen, kantatenartig angelegten Choral *Ach Gott, vom Himmel sieh darein* MWV A 13, dessen am 5. April 1832 beendete autographe Partitur Mendelssohn über seinen zwei Jahre jüngeren Freund Ferdinand Hiller an Schelble gab. Es war dies das bedeutendste und zugleich letzte Geschenk des Komponisten an seinen Freund in Frankfurt. Auch dieses Autograph hat glücklicherweise die Wirren des Zweiten Weltkrieges, die manch andere wertvolle Dokumente und Geschäftspapiere des Cäcilien-Vereins vernichteten, überstanden und wird in der Frankfurter Universitätsbibliothek aufbewahrt.[22]

Das enge Verhältnis zwischen Schelble und Mendelssohn gerade in dieser Zeit wird noch durch einen anderen biographischen Umstand unterstrichen, der bisher weitgehend unbekannt war. Während der Vorbereitung auf diesen Artikel

wurde meine Kollegin Birgit Müller in einer Brüsseler Bibliothek auf ein Schriftstück aufmerksam, aus dem hervorgeht, dass Mendelssohn im Jahre 1832, nur kurze Zeit nach den soeben beschriebenen Vorgängen, von Schelble für das Direktorenamt des Brüsseler Konservatoriums für Musik vorgeschlagen wurde. Dies ist aus einer mit Juni 1832 datierten »Liste des Candidats pour la place De Directeur du Conservatoire de musique de Bruxelles et celle de Maître de chapelle de Sa Majesté« ersichtlich, die in der Bibliothèque Conservatoire royal – Koninklijk Conservatorium, Bruxelles (Fonds Auguste Rouma, ARC-003) aufbewahrt wird. Das Amt wurde schließlich von François-Joseph Fétis übernommen.

SECHS WOCHEN FÜR DEN CÄCILIEN-VEREIN (1836)

Im Winter 1835/36 geriet der Cäcilien-Verein in eine ernste, ja existenzielle Krise, die abgesehen von einigen finanziellen Unsicherheiten in erster Linie aus dem schlechten Gesundheitszustand Schelbles erwuchs, der eine Arbeit mit dem Verein unmöglich machte.[23] Etwa zeitgleich, am 19. November 1835, war Mendelssohns Vater gestorben. In diesem Zusammenhang schrieb Mendelssohn an Schelble einen Satz, der sein vertrauensvolles Verhältnis zu ihm betont: »Nach diesem großen Verlust sind Sie der einzige Freund, der mir den Vater ersetzen kann.«[24] Gleichzeitig schickte er einige

Chorstücke eines größeren Werkes, bei dem es sich zweifelsohne um Kostproben aus dem *Paulus* gehandelt haben muss, und bat um ein Urteil.[25] Doch statt Schelble antwortete dessen Frau Auguste Amalie (gen. Molly) Schelble. sie schrieb, dass ihr Mann das Bett hüten müsse und deshalb nicht persönlich antworten könne.[26] Da sich der Gesundheitszustand nicht wesentlich änderte, griff am 10. April 1836 Christian Eberhard, Kaufmann und Cäcilianer der ersten Stunde,[27] zur Feder und erläuterte »durch Verhältniße veranlaßt« die Situation: »Mit einem Wort – es möchte hier schwer jemand zu finden seyn, der in Schelbles Geist, Sinn und Richtung den Verein fortführen könnte; und unter diesen Umständen ist der Gedanke erwacht, ob nicht Sie vieleicht [sic] geneigt seyn dürften, vorläufig dieses Amt zu übernehmen, so fern es mit Ihren übrigen Verhältnißen zu vereinbaren wäre.«[28]

Mendelssohn hatte ein zwiespältiges Gefühl, wie er seiner Mutter anvertraute: »Es ist mir (auf confidentiellem Wege) die Direction des Caecilienvereines zu Frankfurt angeboten worden; ich kann sagen, daß michs mehr geschmerzt, als gefreut hat, weil ich dran am besten sehe, daß Schelbles Aufkommen für unmöglich gehalten wird. Ist das wirklich so (wie ich mich dann in 14 Tagen selbst überzeugen werde) so nehme ich es auch auf keinen Fall an. Wäre aber noch Möglichkeit zur Besserung, und könnte ich Schelble vielleicht einen Dienst leisten, wenn ich sein Institut den Sommer über wieder in Anregung brächte (es soll den Winter fast ganz still gewesen sein) und könnte er es gegen den nächsten Winter hin wieder selbst übernehmen, so hätte ich große Lust das zu thun, wenn auch alle Reisepläne deshalb flöten gingen. Es wäre mal ein wirklicher Dienst, den man einem Freunde, und der Sache dazu, erweisen könnte.«[29] Mendelssohn, zu dem Zeitpunkt als Leiter der Gewandhauskonzerte in Leipzig tätig, warf seine Pläne für den freien Sommer über den Haufen und sagte in Frankfurt zu. Auf dem Weg zum Niederrheinischen Musikfest in Düsseldorf, wo er den *Paulus* zur Uraufführung bringen sollte, machte Mendelssohn Anfang Mai 1836 Station in Frankfurt. Sein »Schreibkalender« für diesen Zeitraum hat sich erhalten, so dass wir nicht nur über diverse vorbereitende Treffen mit Eberhard und Schelble unterrichtet sind, sondern auch über die genauen Termine seiner Dirigate. Vom 8. Juni 1836 an (»Ab. Caecilienverein dirigirt. Samson [von Händel] und h mol[l] Messe von Bach«[30]) bis 20. Juli leitete Mendelssohn jeweils mittwochs insgesamt sieben Mal den Verein. Es war ein angenehmes Leben: Mendelssohn wohnte in der Wohnung Schelbles, überarbeitete seinen *Paulus* für die Drucklegung, und die Geselligkeit kam auch nicht zu kurz. Der Cäcilien-Verein machte Mendelssohn, wie er schrieb, »große Freude; es ist ein Chor von über 100 Dilettanten, die die schwersten complicirtesten Sachen von Bach mit solcher Sicherheit und so schönem Vortrage singen, daß es zum Erstaunen ist; dabei viele ganz herrliche Stimmen, und die meisten fest musikalisch gebildet«.[31] Ganz nebenbei lernte er mit Cécile Jeanrenaud eine Frankfurterin mit

Ferdinand Hiller (1811–1885), Interims-Dirigent des Cäcilien-Vereins in den Jahren 1836 bis 1837. Fotografische Reproduktion einer Fotografie von Unbekannt.

Cécile Mendelssohn
Bartholdy (1817–1853),
geb. Jeanrenaud,
fotografische Reproduk-
tion eines Gemäldes von
Leopold Eduard Magnus,
um 1846.

schöner Stimme kennen, in die er sich bald verlieben, mit der er am 9. September in Kronthal[32] im Taunus Verlobung feiern und die er schließlich am 28. März 1837 in Frankfurt heiraten sollte.[33] Kurz vor seiner Abreise gab es noch eine Überraschung, über die Mendelssohns Mutter postalisch erfuhr:

»Diesen Morgen thut die Thür sich auf und 4 schwarzgekleidete Deputirte des Caecilien Vereines treten herein und überreichen mir im Namen desselben ein Reisenecessaire von solcher Eleganz und Pracht, wie ich noch nichts gesehn habe, mir that nur gleich im ersten Augenblick leid, daß ich es Dir nicht zeigen konnte. Es sind 3 Etagen mit allen möglichen Messern, Scheren, Schreib- und Wasch- und Bürstmaterialien, in Silber und Elfenbein und Sammt, und mit jener gewissen Englischen Solidität und Sauberkeit, die mir so wohlgefällt. Oben drauf steht gravirt ›FMB Caecilia‹. Ist das nicht sehr zart?«[34]

Drei Jahre später, am 7. Juni 1839, dirigierte Mendelssohn noch einmal den Cäcilien-Verein, wobei er neben seinem *Ave Maria* auch die *Hebriden*-Ouvertüre und den 42. Psalm zur Aufführung brachte. Ganz offensichtlich hatte jedoch das Vakuum nach Schelbles Tod, das durch verschiedene Dirigenten jeweils nur zeitweise ausgefüllt wurde, seine künstlerischen Spuren hinterlassen, die selbst Mendelssohn nicht ausgleichen konnte:

»Auch der Caecilienverein hat gelitten, und das alles liegt nicht in einem oder dem andern Menschen, in einem Director oder sonst, sondern in allen zugleich, weil eben der Boden dazu hier nicht ganz und gar günstig ist. Aber zu Aepfeln, und Kirschen und Wein und anderm Guten desto günstiger – siehst Du jetzt einmal den Sachsenhäuser Berg mit den reifen Kirschbäumen und den blühenden Weinstöcken – und dann sind auch freilich die prächtigsten Menschen hier, und auch ächt musikalische darunter.«[35]

Das Interregnum sollte erst 1840 mit der Wahl von Franz Josef Messer zu Ende gehen, der den Chor 20 Jahre lang leitete. Und so konnte Mendelssohn 1842 auf der Rückreise aus dem Schweizer Sommerurlaub Entwarnung geben:

»Der CaecilienVerein blüht wieder recht, und ich höre schöne Musik von Sebastian Bach dort; das ist auch so eine von den Freundschaften die durch's Leben dauert, und immer wieder neu und anders wird, und doch nicht weniger lieb.«[36]

– Schelbles Vermächtnis und Mendelssohns geheimste Wünsche zum Wohle des Cäcilien-Vereins waren in Erfüllung gegangen.

Reisenecessaire von
Felix Mendelssohn
Bartholdy –
Geschenk des
Cäcilien-Vereins, 1836.

Staatsbibliothek zu Berlin –
Preußischer Kulturbesitz,
Musikabteilung mit
Mendelssohn-Archiv, MA BA 236.

1 Es kursieren auch andere historische Schreibweisen wie »Caecilienverein« oder »Cäcilienverein«.

2 Der weitgehende Verlust historischer Materialien wird durch die Existenz zweier grundlegender Arbeiten ausgeglichen: Oskar Bormann, *Johann Nepomuk Schelble. 1789-1837. Sein Leben, sein Wirken und seine Werke. Ein Beitrag zur Musikgeschichte in Frankfurt*, Diss. Frankfurt 1926; Carl Heinrich Müller, *Felix Mendelssohn, Frankfurt a. M. und der Cäcilien-Verein*, in: *Volk und Scholle. Heimatblätter für beide Hessen, Nassau u. Frankfurt a. M.*, Jg. 3 (1925), S. 316-320, 338-342, 370-373 und Jg. 4 (1926), S. 14-19. – Müller war Archivar des Cäcilien-Vereins. Bereits beim Verfassen dieser beiden Arbeiten standen nicht mehr alle relevanten Dokumente, wie etwa die Briefe Mendelssohns an Schelble, zur Verfügung.

3 Zit. nach: Hans-Günter Klein (Hrsg.), *»... über jeden Ausdruck erhaben und schön«. Die Schweizer Reise der Familie Mendelssohn 1822*, Wiesbaden 2012, S. 127-128. Siehe auch Ders., *Karl Heyse als Hauslehrer in der Familie Mendelssohn Bartholdy in den Jahren 1822 bis 1825*, in: *Mendelssohn-Studien* 19 (2015), S. 119-148.

4 Eduard Devrient, *Meine Erinnerungen an Felix Mendelssohn-Bartholdy und Seine Briefe an mich*, Leipzig 1869, S. 18.

5 Die hier und im Folgenden angegebenen Werkbezeichnungen richten sich nach: *Felix Mendelssohn Bartholdy. Thematisch-systematisches Verzeichnis der musikalischen Werke (MWV)* (= Leipziger Ausgabe der Werke von Felix Mendelssohn Bartholdy, Serie XIII, Bd. 1A), Studien-Ausgabe von Ralf Wehner, Wiesbaden etc. 2009.

6 Die Handschrift wird in der Frankfurter Universitätsbibliothek Johann Christian Senckenberg unter der Signatur Mus. Hs. 161, Nr. 1 aufbewahrt.

7 D-F, Mus. Hs. 161, Nr. 2.

8 Dieses Heraustreten von Chorsolisten war eine vom Cäcilien-Verein bewusst gepflegte Praxis, siehe hierzu die Schwierigkeiten, die gesehen wurden, als der ausgebildete Sänger Franz Hauser 1827 Mitglied des Chores werden wollte, diesbezügliche historische Dokumente in: Carl Heinrich Müller, *Franz Hauser in Frankfurt a. M.*, in: *Volk und Scholle. Heimatblätter für beide Hessen, Nassau u. Frankfurt a. M.*, Jg. 4 (1926), S. 210-216.

9 Die Erstausgabe beider Werke nach den Frankfurter Quellen erschien 1980 im Carus-Verlag Stuttgart, hrsg. von Günter Graulich.

10 Das Album – und damit auch Schelbles Klavierstück – hat sich erhalten: Bodleian Library, University of Oxford, *MS. M. Deneke Mendelssohn d. 8*, fols. 55v–56r. Das Stück wird auch in Mendelssohns Brief vom 28. August 1826, s.u. Anm. 11, erwähnt.

11 Brief vom 28. August 1826 an J. N. Schelble, zit. nach: *Felix Mendelssohn Bartholdy. Sämtliche Briefe*, hrsg. von Helmut Loos und Wilhelm Seidel, 12 Bde., Kassel 2008-2017, Bd. 1, S. 189.

12 »[...] ich habe entsetzlich schlecht gespielt [...]«, Brief vom 5. Februar 1828 an Carl Klingemann, zit. nach: MSB 1, S. 237.

13 Brief vom 31. Oktober 1831 an die Familie, zit. nach: MSB 2, S. 411.

14 D-F, Mus. Hs. 194.

15 Brief vom 18. November 1831 an die Schwestern, The Courtauld Institute of Art, London.

16 Vgl. die Übersicht bei Bormann, *Johann Nepomuk Schelble, Anhang IV. Uebersicht über die Aufführungen des Cäcilienvereins von der Gründung an bis zum Todesjahr Schelbles 1818-1837*, die erkennen lässt, dass etliche der 1831 überreichten Werke in den kommenden Jahren, zum Teil mehrfach, zur Aufführung gelangten.

17 D-F, Mus. Hs. 195.

18 Brief vom 13. bis 17. November 1831 an Abraham Mendelssohn Bartholdy, zit. nach: MSB 2, S. 420.

19 Brief vom 10. März 1832 an Eduard Devrient, zit. nach: MSB 2, S. 501.

20 Brief vom 15. Februar 1832 an Carl Friedrich Zelter, zit. nach: MSB 2, S. 479.

21 Brief vom 27. September 1831 an die Familie, zit. nach: MSB 2, S. 401.

22 D-F, Mus. Hs. 197. Zum Altbestand zählt ferner eine Abschrift des bis 1868 ungedruckten *Tu es Petrus* MWV A 4, die auf unbekanntem Wege in den Besitz Schelbles gelangt war, Mus. Hs. 196. Alle in diesem Beitrag erwähnten Mendelssohn-Handschriften waren 1924 vom Cäcilien-Verein an die damalige Frankfurter Stadtbibliothek gegeben und 1943 nach Mitwitz in Oberfranken ausgelagert worden, wo sie den Krieg überstanden.

23 Am 30. November 1835 fand das letzte Konzert von Schelble statt. Das nächste Konzert wurde erst am 6. Mai 1836 mit Werken und unter Anwesenheit Mendelssohns veranstaltet. Die wöchentlichen Singübungen übernahm Schelbles Schüler Carl Voigt.

24 Ohne Datum zit. nach Bormann, *Johann Nepomuk Schelble*, S. 26-27. Höchstwahrscheinlich stammt das Zitat aus einem Brief vom 30. Januar 1836, der in Mendelssohns Schreibkalender unter diesem Datum erwähnt ist, siehe *Felix Mendelssohn Bartholdy. Eintragungen in den »Schreibkalendern« 1836 und 1837* (= *Mendelssohn-Studien*; Sonderband 1), hrsg. in Zusammenarbeit mit dem Mendelssohn-Haus Leipzig von Hans-Günter Klein und Peter Ward Jones, Hannover 2009, S. 17. Originale der Schreibkalender in GB-Ob.

25 Inhaltsangabe nach Bormann, *Johann Nepomuk Schelble*, S. 26.

26 Brief vom 20. Februar 1836 von Molly Schelble an Mendelssohn, GB-Ob, *MS. M. Deneke Mendelssohn d. 31*, Green Books V-32.

27 Der Kaufmann und Tenor Eberhard findet sich auf der Teilnehmerliste der allerersten Probe vom 24. Juli 1818, siehe *Der Frankfurter Cäcilien-Verein 1818-1868. Blätter zur Erinnerung an seine 150jährige Geschichte gesammelt von Friedrich Stichtenoth*, Frankfurt am Main 1968, S. 24.

28 Brief vom 10. April 1836 von Christian Eberhard an Mendelssohn, GB-Ob, *MS. M. Deneke Mendelssohn d. 31*, Green Books V-65.

29 Brief vom 14. April 1836 an Lea Mendelssohn Bartholdy, zit. nach: MSB 4, S. 434.

30 *Eintragungen in den »Schreibkalendern« 1836 und 1837* (s. Anm. 24), S. 35.

31 Brief vom 24. Juni 1836 an Johann Christian August Clarus, zit. nach: MSB 4, S. 472.

32 Im 19. Jahrhundert Kur- und Ausflugsgebiet, heute ein Stadtteil von Kronberg.

33 Die damals 18-jährige Cécile Sophie Charlotte Jeanrenaud sang im Sopran des Cäcilien-Vereins. Zum ersten Mal sahen sich die beiden am 4. Mai 1836. Zur Geschichte dieser Annäherung (mit ausführlichem Frankfurt-Bezug) siehe grundlegend *Felix und Cécile Mendelssohn Bartholdy. Das Tagebuch der Hochzeitsreise nebst Briefen an die Familien*, hrsg. von Peter Ward Jones, Zürich und Mainz 1997.

34 Brief vom 24. Juli 1836 an Lea Mendelssohn Bartholdy, zit. nach: MSB 5, S. 41. Das Reisenecessaire ist übrigens erhalten und wird in der Staatsbibliothek zu Berlin – Preußischer Kulturbesitz, Musikabteilung mit Mendelssohn-Archiv, MA BA 236, aufbewahrt, siehe die Abbildung auf S. 50.

35 Brief vom 18. Juni 1839 an Fanny Hensel, zit. nach: MSB 6, S. 415.

36 Brief vom 13. September 1842 an Carl Klingemann, zit. nach: MSB 9, S. 43.

RALF ROTH

Musikstadt Frankfurt – Bürgerliche Musikkultur im 18. und 19. Jahrhundert

Frankfurt hat eine überaus reiche und lange Tradition der Musikpflege. Im Laufe der Zeit sind bekannte Institutionen, Stiftungen und herausragende Orte des gehobenen Musikgenusses in der Stadt entstanden. Die Anfänge reichen weit ins Mittelalter zurück. Musik gehörte als Gesang und Instrumentalkunst zu den Glaubensriten wie auch zur sich entfaltenden Bürgerkultur, zu deren kunstvollen Ausgestaltung vor allem das Patriziat beitrug. Bereits im Mittelalter bildeten sich die beiden für lange Zeit bestimmenden Stränge der geistlichen oder kirchlichen und der weltlichen Musik aus.[1] Beide erfuhren, bedingt und unterstützt von dem sich ausbreitenden Humanismus und gesteigert durch die Neuerungen von Reformation und Gegenreformation, in der Frühen Neuzeit einen erheblichen Auftrieb.[2] Den Höhepunkt des Musiklebens in der Frühen Neuzeit bildete zweifelsohne das Wirken des Kapellmeisters Georg Philipp Telemann, einer der wichtigsten Komponisten des deutschen Barock.

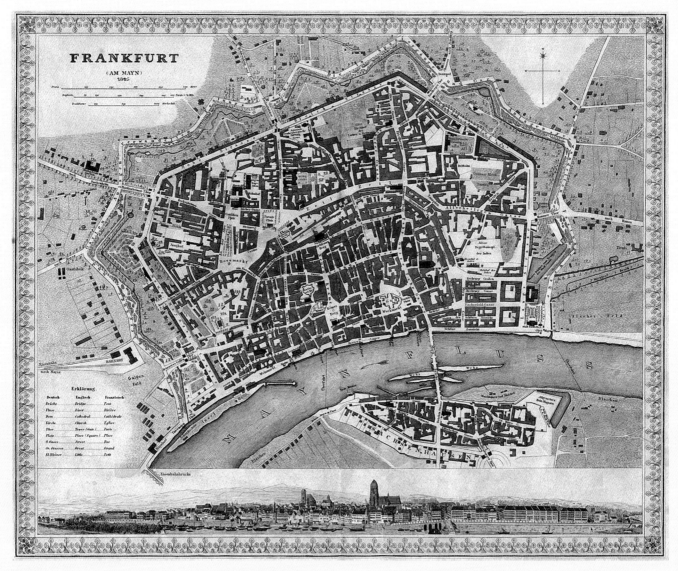

Frankfurt (Am Mayn) 1845, handkolorierter Stich von Unbekannt. Obwohl 1845 veröffentlicht, handelt es sich bei der Karte um eine nur geringfügig aktualisierte Version eines Planes der Society for the Diffusion of Useful Knowledge von 1837.

Das Frankfurter Comoedienhaus oder Stadttheater, um 1800. Ende 1816 trat Johann Nepomuk Schelble hier als Gast auf und wurde 1817 als Tenor verpflichtet. Er gestaltete 24 Rollen, bevor er 1819 die Bühne verließ, um sich ganz dem Cäcilien-Verein zu widmen.

D-Fsa, S7A 1998/9723

54

MUSIK IN DER ZEIT DER AUFKLÄRUNG UND DER BILDUNGSREVOLUTION

Das System der alten bürgerlichen Gesellschaft mit ihrer streng fixierten städtischen Ordnung kam im 18. Jahrhundert ins Rutschen. Die Verteilung der Privilegien und die Abgrenzungen untereinander wurden mehr und mehr in Frage gestellt. Die Wurzeln des großen Umbruchs um 1800 lagen viel tiefer als die politischen Umgestaltungen im Gefolge der Französischen Revolution. Mit dem Einzug moderner Verhaltensweisen und Mentalitäten entstanden in den Städten auch neue Unterhaltungs- und Geselligkeitsformen. Insbesondere das aufstrebende Handelsbürgertum und Teile des Bildungsbürgertums setzten sich sukzessive von der ständisch-korporativen Bürgergesellschaft ab. Dieses neue Bürgertum initiierte in den Städten unter dem Schlagwort der Bildung eine bis in die Neuzeit anhaltende umfassende Kulturrevolution, die bereits drei bis vier Jahrzehnte vor der Französischen Revolution begann. Kein geringerer als Johann Wolfgang von Goethe hatte dem in Ständen und Berufssphären befangenen Bürgern die Zielperspektive der allseits »gebildeten« und damit auch, zumindest prinzipiell, zu allem befähigten Persönlichkeit entgegengesetzt. Der große Wert, der auf Kunst als Maßnahme gegen die Vereinseitigungen des Berufslebens gelegt wurde, galt damals als eines der Kennzeichen der heraufziehenden modernen bürgerlichen Gesellschaft.[3]

Diese hatte Goethe in seinem zeitgenössischen Werk *Die Lehrjahre des Wilhelm Meister* in ihren Grundlagen skizziert und als Bildungsauftrag festgehalten: »Da ich nur ein Bürger bin, so muß ich einen eigenen Weg nehmen«, um »eine öffentliche Person zu sein und in einem weitern Kreis zu gefallen und zu wirken«, als es die ständische Ordnung dem Bürger vorgab.[4] Im Zeichen der Bildung erfuhren auch Einrichtungen und Wirkungsstätten, die dem musikalischen Genuss dienten, eine umfassende Erneuerung.

Die Vorläufer dieser Selbstbetätigung, also die Hausmusik und die ersten Kollegien, hatten den Anfang gemacht, nun mehrten sich die Zusammenschlüsse und das Wirken über die Familien hinaus. Dazu kam die Inbesitznahme des öffentlichen Raums der Stadt und zunehmend die Etablierung spezieller Häuser und Institute allein für die Musik. Die ersten Opern wurden noch auf öffentlichen Plätzen unter freiem Himmel aufgeführt. Die Nachrichten über Gastspiele von Opernensembles reichen bis an den Beginn des 18. Jahrhunderts zurück.[5] Gaben die Gastkünstler auch nur ein kurzes Stelldichein, so reifte mit ihnen doch der Wunsch heran, den musikalischen Kunstgenuss von Oper und Theater zu verstetigen und dafür eine feste Behausung zu schaffen. Die Franzosen, die die Stadt im Siebenjährigen Krieg besetzt hielten, hatten es vorgemacht. Ihnen diente der Bender von Bienenthalsche Saalbau im Junghof als Theater. Dieses wurde von Goethe in seiner Jugendzeit gerne besucht und auch noch nach dem

Abzug der Franzosen weiter als Konzert- und Theatersaal genutzt.[6] Das Provisorium wurde rasch als unzulänglich empfunden, und die Stimmen mehrten sich, die einen Neubau forderten. Doch dafür musste zuvor der Widerstand der lutherischen Geistlichkeit, welche die Komödie für sündhaft hielt, überwunden werden. Wohlhabende Bürger griffen ein und übernahmen die Finanzierung für den Bau eines *Comoedienhauses*. Einem solchen Engagement konnte sich der Rat nach einigem Vorbehalt des lutherischen Consistoriums nicht verschließen, und so entstand an der Nordseite des Roßmarktes nach 1780 ein von außen schlichter klassizistischer Bau, der in seinem Inneren jedoch eine prächtige himmelblaue Deckenbemalung und scharlachfarbene Tapeten erhielt. Klein war das erste Theater in Frankfurt nicht, sondern bot bereits damals 1.000 Besuchern einen Sitzplatz.

Das Haus etablierte sich rasch als musikalischer Tempel. Bald nach der Eröffnung im September 1782 begeisterte sich das Frankfurter Publikum für die Opern von Mozart, die es in kurzen Abständen besuchte: 1784 *Die Entführung aus dem Serail*, 1788 *Figaros Hochzeit* und 1789 *Don Giovanni*.[7] War das Haus noch längere Zeit auf durchziehende Schauspielgruppen angewiesen, so leistete sich die »Frankfurter Nationalbühne«, wie das Theater genannt wurde, ab 1792 ein eigenes Orchester. Die Reorganisation war in erster Linie das Verdienst der im selben Jahr gegründeten Theater-Aktiengesellschaft, die bis 1842 das Theater führte und zu deren Mitgliedern wohlhabende Handels- und Bankiersfamilien wie die Bethmanns gehörten.[8] Erwähnenswert ist das langjährige Engagement von Carl Guhr, der das Theater von 1821 bis in die Revolution von 1848 hinein leitete. Es herrschte in »künstlerischer Beziehung« allgemeine Zufriedenheit, und ebenso wurde das Theater den »materiellen Anforderungen [...] stets völlig gerecht«.[9]

Es blieb nicht bei dieser neuen Bühne für den musikalischen Kunstgenuss. Man wollte den ganz von ihrer Kunst lebenden Künstlern nicht allein das Feld für die Weiterentwicklung der Musik überlassen. Die Kollegien hatten bereits im 18. Jahrhundert den Anfang gemacht. Um 1800 sammelte sich das neue Bürgertum schließlich in allgemeinen geselligen Vereinen. Der Verein – diese Assoziation sei »ein freier organisatorischer Zusammenschluss von Personen« und er verfolge »frei gesetzte« und spezifische Zwecke.[10] Dazu gehörte nicht zuletzt eine neue Gesinnung, dann meist ganz praktische Anliegen, und vor allem wollte man in vielen Vereinen der »Kunst« dienen.[11]

Am Beginn stand nicht selten ein allgemeiner geselliger Verein, der zunächst sehr elitär die Verbindung zwischen den frühen Kollegien und anderen geselligen Zusammenschlüssen wie den Freimaurerlogen und Lesegesellschaften und dem sich rasch ausdifferenzierten Vereinswesen herstellte. In Frankfurt bildete die Casinogesellschaft dieses Bindeglied.[12] Dort versammelten sich die wirtschaftliche Oberschicht und die politisch führenden Kreise der Stadt,

Carl Guhr (1787–1848), Interims-Dirigent des Cäcilien-Vereins 1839. Fotografische Reproduktion einer Lithografie von unbekannter Hand.

soweit sie sich den neuen Idealen der Aufklärung verschrieben hatten. Ziel der Gesellschaft war »Erwerbung und Mitteilung gemeinnütziger Kenntnisse«.[13] In den angemieteten Räumlichkeiten auf dem Roßmarkt existierte ein spezieller Leseraum mit Bibliothek. Der Musik diente das Casino ebenfalls, indem die Gesellschaft zu aufwendigen Bällen einlud und damit auch zur Spielstätte professioneller Orchester und Solisten avancierte.[14]

Die Casinogesellschaft bildete den Auftakt zur sich bald breit entfaltenden Vereinsbewegung. In Frankfurt setzte wie in allen Städten nach 1800 die erste große Welle von Vereinsgründungen ein. Das Vereinswesen differenzierte sich nach 1815 erheblich aus, und dies betraf gerade die zahlreichen Vereinsgründungen im Bereich von Kunst und Kultur.[15] Exemplarisch zeigte sich dies bei der zweiten großen Vereinsgründung in Frankfurt, der Frankfurter Museums-Gesellschaft von 1808. Die Museums-Gesellschaft knüpfte viel direkter an die Bildungsideale der bürgerlichen Aufbruchbewegung an. »Der Zweck des Vereines ist, durch wechselseitige Mittheilung derjenigen Einseitigkeit entgegenzuarbeiten, welche von dem Geschäftsleben und dem gewöhnlichen gesellschaftlichen unzertrennlich ist; dagegen aber freie und lebendige Theilnahme an dem Schönen und Guten in Kunst und Wissenschaft nach Kräften anzuregen und zu befeuern«, so lautet der erste Paragraph in dem »Project von Gesetzen für das Museum«.[16] Dieser Gründungsaufruf griff mit einer erstaunlichen Direktheit die Forderung nach Erweiterung des bürgerlichen Selbstverständnisses auf, die Jahrzehnte zuvor von Goethe formuliert worden war.[17] Allgemeinbildung fokussierte sich hier ganz deutlich auf die Musik. Schon die erste Anzeige im *Frankfurter Staats-Ristretto* hob die Musik durch Erstnennung klar hervor: »Dieser Tage wird das hierzu errichtete Museum durch Musik, Declamation und Kunstausstellung feierlich eröffnet werden.«[18] Nicht der unbestimmte Verweis auf die »Gebildeten Stände« oder ganz allgemein gesellige Unterhaltung standen im Vordergrund, sondern die Kunst in ihren drei Erscheinungsformen der Musik, der Lyrik und der Malerei. Damit entstand neben Kirchen und Gasthäusern, Theater und den Kollegien mit dem Museum erstmals eine offene Plattform für den gehobenen Musikgenuss.[19]

Auf der anderen Seite bildete das Museum in seinem Anspruch, die gesamte Kunst zum Gegenstand seiner Aktivitäten zu machen, nur eine Durchgangsstation auf dem Weg zu immer feinerer Spezialisierung. In den Jahren 1815 bis 1820 wurden in Frankfurt zahlreiche weitere Kunst- und Musikvereine gegründet. Dieser Prozess der Spezialisierung machte auch vor dem Museum nicht halt. »Jede der drei Klassen werkelte«, wie Paul Bartholomäi meint, »vor sich hin und sah nicht nach rechts und links.«[20] Das Unverbundene stand in gegenseitiger Konkurrenz um die Aufmerksamkeit des Publikums, und nach und nach setzte ein Auslese- und Konzentrationsprozess ein. Als Erstes blieb die bildende Kunst, also die Malerei, auf der Strecke. Sie war in den Gründungs-

jahren eine der attraktivsten gewesen, doch stand sie mit den ihr übertragenen Sammlungen vor dem Problem, dafür geeignete Räume zu finden und zu finanzieren, womit der Verein scheiterte.[21] Der bildenden Kunst folgte mit einer kurzen Verzögerung der gelehrte Vortrag.[22] Am Ende – die Jahrhundertmitte war bereits überschritten – blieb nur die Musikklasse übrig. Auch sie überlebte nicht unverändert. Die Zeit drängte nach Professionalisierung. Die Museums-Gesellschaft, die einst gegen die Vereinseitigungen des Berufslebens angetreten war, etablierte sich neu als eine moderne Konzertgesellschaft.[23] Ihre Konzerte im besten Saal der Stadt, im Weidenbusch, hatten großen Erfolg. Bis 1840 wurde schließlich der Wandel von »der Gelehrtenvereinigung zum ausgeprägten Konzertunternehmen« vollzogen.[24] Dem wurde schließlich auf der Generalversammlung vom 28. Juni 1861 Rechnung getragen. Hier gab sich das Museum neue Statuten. Man verabschiedete sich endgültig von den Vorlesungen, so dass als statutenmäßige Aufgabe nur noch die Musik blieb.[25]

Doch zurück zur Vereinsbewegung, die nicht nur das Museum und seine Entwicklung zu einer festen Institution der gehobenen Musikproduktion hervorbrachte. Bis Mitte der 1840er-Jahre existierten über 50 Vereine zu den unterschiedlichsten Zwecken, und es kamen immer mehr dazu. Die zahlreichen Gründungen waren Ausdruck für die kulturelle Öffnung des Stadtbürgertums und seiner Aufgeschlossenheit gegenüber Kunst und Wissenschaft. Das hatte

Frankfurter Museums-konzert im Weidenbusch (Steinweg 9), kolorierte Federzeichnung von Johann Friedrich Morgenstern, 1832 oder wenig später.

sich bereits in den 1820er-Jahren gezeigt, als das Theater, zentraler Ort des Musiklebens in Frankfurt, in die Krise geriet.[26] Die 1792 gegründete Theater AG bildete in Reaktion darauf ein »Comité«, dem bedeutende Bankherren, Kaufleute und Verleger angehörten. Sie schlugen vor, aus eigenen Mitteln die geschätzten Kosten von 107 000 Gulden für einen Erweiterungsbau des Theaters aufzubringen, wenn ihnen dafür die Miete von 4 000 Gulden im Jahr für das der Stadt gehörende Gebäude auf 30 Jahre erlassen würde. Das gefiel der Stadt jedoch nicht. Ein Vermittlungsvorschlag sah schließlich vor, das Schauspielhaus für 90 000 Gulden umzubauen. Damit konnten die Erneuerungsarbeiten beginnen.[27] Bereits am 20. Juni 1827 konnte das Theater wiedereröffnet werden, und es gelang, dieses Ereignis mit großer Prominenz zu verbinden – zu dieser Zeit gastierte die berühmte Sängerin Henriette Sontag, »kgl. preuß. Kammersängerin aus Berlin, der vergötterte Liebling aller dt. Kunstfreunde«, in Frankfurt.[28]

GESANG ALS TEIL DER KULTUR DES VORMÄRZ

Mit der gelungenen Erneuerung des Theaters waren im Zusammenhang mit dem Vereinswesen die künstlerischen Aktivitäten im Musikbereich noch nicht erschöpft. In den 1840er-Jahren existierten bereits mehr als zehn Vereine, die sich der Gesangs- oder Instrumentalkunst widmeten. Neben der Museums-Gesellschaft war bereits im Jahre 1805 der Männerchor von Johann Georg Heinrich Düring entstanden, wenig später gründete er 1809 den Chor »Jugendsozität für Gesang- und Instrumentalspiel« (später »Deutscher Gesangsverein«) und damit den ersten gemischten Chor Frankfurts, der bis Anfang der 1830er-Jahre bestehen blieb.[29] Aus dem Bestand seines Gesangvereins hatte sich der Sänger und Dirigent Johann Nepomuk Schelble beim Aufbau einer Konkurrenzgründung, die später unter dem Namen Cäcilien-Verein bekannt wurde, reichlich bedient.[30] Dieser Cäcilien-Verein war die erste große Singgemeinschaft in Frankfurt und versammelte Anfang der 1830er-Jahre nicht weniger als 200 Mitglieder.[31]

Einen etwas anderen Charakter hatte die fast zehn Jahre später gegründete »Liedertafel«, die ebenfalls von Schelble angeregt worden war, um dem Trend nach Geselligkeit stärker zu entsprechen: »Die Mitglieder kamen an den Samstagabenden im Englischen Hof bei einem Mahle nach freier Wahl zusammen.«[32] Der Verein schlief jedoch bald wieder ein und hatte um 1846 nur noch 46 Mitglieder. Ein Jahr nach der Liedertafel entstand im Jahre 1829 der »Liederkranz«, dem bis 1838 immerhin 140 Mitglieder beitraten. Er wurde durch die Kompositionen, die Felix Mendelssohn Bartholdy für ihn anfertigte, bekannt. Mendelssohn hatte also nicht nur den Cäcilien-Verein gekannt und sehr gewürdigt, auch im neuen Verein stießen seine Vorlieben für Händel und Bach auf Resonanz.[31]

Das 1832 eröffnete Gasthaus »Weidenbusch«, in dem sich lange Zeit der größte Veranstaltungssaal in Frankfurt befand. Dort fanden bis zur Errichtung des Saalbaus auch die meisten Konzerte des Cäcilien-Vereins statt. Stich 1839, D-Fsa, S7A 1998/10.051

Erstes Deutsches Sängerfest, Ankunft der Festgäste auf dem Main am 28. Juli 1838. Stich, um 1838. D-Fsa, S7Z 1838/3

In rascher Abfolge kam es zu weiteren Vereinsgründungen. Bis 1847 entstanden neben der »Liedertafel« und dem »Liederkranz« Instrumentalvereine wie der »Philharmonische Verein«, der »Instrumentalmusikverein für klassische Aufführungen« und der »Vokal- und Instrumental-Verein« sowie zusammen mit dem »Instrumentalverein« weitere Musikvereine. So wurde 1837 der »Männerchor Arion-Kunkelen« gegründet, der unter Direktor Heymann »getragene Tonstücke recht brav mit schöner Schattirung« vortrug.[34] Ihm folgte ein Jahr später »Orpheus« mit 50 Mitgliedern und »Teutonia« mit 36, 1842 der »Hermannsverein Sachsenhausen«, 1843 der »Sachsenhäuser Liederverein«, 1844 der »Israelitische Liederverein Frohsinn« mit 80 Mitgliedern und 1846 die »Concordia«.[35] Herrschten zu Beginn des 19. Jahrhunderts in den Gesangvereinen noch die wohlhabenden Kaufleute vor, obwohl nicht mehr nach Herkunft und Stand unterschieden werden sollte, so wandelte sich der Charakter vieler Vereine in den 1830er-Jahren durch die Teilnahme von Bürgern der mittleren Schichten. Dies stand im Zusammenhang mit einer weiteren Ausdifferenzierung der Musikvereine und ihre Separierung in zwei Richtungen: einerseits die gemischten Chöre, die sich der Pflege der klassischen Musik und des Oratoriums widmeten und in denen nach wie vor die Oberschicht unter sich blieb, anderseits die Vereine, die den vierstimmigen »a-capella« Männerchorgesang zusammen mit der Geselligkeit pflegten.[36] Dabei sind die gemischten Chöre vor allem deshalb von Bedeutung, weil sie eines der ersten Refugien für die Aktivität von Frauen in der Öffentlichkeit bildeten. Frauen waren meistenteils nur am Rande Mitglieder in den verschiedensten Bereichen des Vereinswesens. Bei den Gesangvereinen war das jedoch anders, wenn es sich eben nicht gerade um einen Männergesangverein handelte.[37]

Die Gesangsbewegung war Teil der vormärzlichen Aufbruchsbewegung. Viele Mitglieder teilten die von dem in Frankfurt gegründeten »Preß- und Vaterlandsverein« eingeforderte Pressefreiheit. In diesem Kontext stand auch das von den Frankfurter Gesangvereinen mit großem Aufsehen veranstaltete erste deutsche Sängerfest im Jahre 1838, das als erstes einer ganzen Serie weiterer Nationalfeste anzusehen ist.[38] Heinrich Hoffmann nannte es noch in hohem Alter »das erste derartig allgemeine in Deutschland« und »es war ein mächtig ergreifender Anblick, das künstlerische Interesse ward Nebensache, aber das nationale trat mächtig an uns heran«.[39] Sein Freund und Logenbruder Wilhelm Speyer hatte die Idee hierfür; zusammen überzeugten sie den Frankfurter Liederkranz, und in kurzer Zeit entstand »ein Komitee von 44 Personen«, dem »Sänger [...] und Nichtsänger [...]« angehörten.[40] Den Termin des Sängerfestes legten sie nicht zufällig auf den Juli und wollten damit an die Julirevolution von 1830 in Frankreich erinnern. Einen äußeren Anlass bot die Errichtung der Mozart-Stiftung zur Unterstützung musikalischer Talente. Unter dem Mantel dieses Gründungsaktes sollte das nationale Fest stattfinden, was auch gelang, obwohl der Senat das Tragen der Trikolore verbot und umfangreiche Maßnahmen ergriff, spontane Kundgebungen zu verhindern. Allein schon das aus Anlass des Festes herausgegebene Schmuckblatt steckte in seiner Symbolik voller Anspielungen auf die politischen Ideale.[41] So dichtete Heinrich Hoffmann dafür *Das Aufgebot*, in dem es heißt: »Gar eine kräftige Waffe, allsiegend ist das Lied / Es kämpft für Recht und Wahrheit, im Streite nimmermüd, [...] oder Herbei, wem frei und munter, das Herz im Busen schlägt« oder »Seid uns willkommen Alle! Gegrüßt mit Herz und Hand. Ankunft von Teilnehmern des ersten deutschen Sängerfestes 1838 / Die Ihr des deutschen Liedes Euch freut im deutschen Land!«[42]

Zu dem Fest kamen 700 Sänger von Rhein, Main und Neckar, aus dem Odenwald, der Wetterau, von Darmstadt, Hanau, Offenbach, Mainz, Wiesbaden, Gießen, Kreuznach, Aschaffenburg, Usingen, Stuttgart, Koblenz, Erfurt, Neustadt und Zürich.[43] Die gleichzeitige Ankunft der festlich geschmückten Schiffe lockte am 28. Juli zahlreiche Frankfurter zum Hafen am Fahrtor. Später sangen über 800 Sänger auf einer Bühne im Wald das Vaterlandslied von Arndt. Es fanden zahlreiche Festbankette statt, und den Höhepunkt bildete ein Festzug, an dem sich sowohl die Sänger als auch das Publikum beteiligten.[44] Als bleibende Erinnerung bestand die von den Mitgliedern des Liederkranzes aus dem Ertrag des Festes geschaffene Mozart-Stiftung fort. Auch namhafte Komponisten wie etwa Franz Liszt oder Louis Spohr spendeten die eine oder andere Konzerteinnahme an diese Stiftung. Ihr erklärter Zweck bestand seitdem darin, »musikalische Talente während ihrer Ausbildung in der Tonkunst zu unterstützen«.[45] Es wird also im Falle der Gesangvereine deutlich, welch große Bedeutung das Bildungsideal inzwischen gewonnen hatte und wie dabei das kulturelle Kapital der Stadt um neue Einrichtungen und Institute vermehrt wurde. Musik wurde ein immer wichtigeres Kennzeichen der neuen Bürgerkultur, und entsprechend wurde ihr immer mehr Platz im öffentlichen Raum eingeräumt. Zu den Kirchen, den Gasthöfen und dem Theater kamen noch die Vereinshäuser hinzu, und es waren vor allem die Vereine, die im 19. Jahrhundert als Initiatoren von Musikveranstaltungen in Erscheinung traten. Das belegen gerade auch die ersten geselligen Vereine wie das Casino am Rossmarkt, das mit Veranstaltungen im Englischen Hof zur Entfaltung der Musikkunst beitrug, und natürlich auch das Museum, das damals immer wieder das Rote Haus auf der Zeil oder den Gasthof Weidenbusch für aufwendige Musikdarbietungen nutzte. Ebenso war das Vauxhall an der Ecke Zeil und Stiftstraße für Bälle sehr beliebt und auch das Tivoli, die Mainlust oder die Westendhalle gehörten zu den beliebten Aufführungsstätten.[46]

EIN WEITERER TEMPEL FÜR
DIE MUSIKALISCHE HOCHKULTUR

Doch mit der Verfeinerung des Geschmacks und den gehobenen Ansprüchen stieg der Wunsch nach einem richtigen Konzertsaal, der noch zur Mitte des 19. Jahrhunderts fehlte. Erste Initiativen, diesem Mangel abzuhelfen, reichen bis in die 1830er-Jahre zurück. So verhandelte Anton Kirchner im Jahre 1832 im Namen des Museums mit dem Schöffen Johann Georg Sarasin über einen Platz für ein Museumsgebäude und plante schon einmal die Gründung einer Aktiengesellschaft ein, um mit dem Bau voranzukommen. Doch aufgrund der schlechten Geschäftslage und dem Eisenbahnbau blieb der Aktienzeichnung der Erfolg versagt, und damit zerschlug sich das Projekt. Weitere Initiativen in Verbindung mit dem Bau eines neuen Börsengebäudes scheiterten ebenso wie der 1854 von Heinrich Siesmayer vorgeschlagene »Südpalast«.[47] Erst Ende der 1850er-Jahre kamen die Bürger dem Ziel eines Konzertsaales für gehobene musikalische Darbietungen näher. Nachdem bereits im Jahre 1858 die Mozart-Stiftung im Verein mit dem Liederkranz die Initiative ergriffen hatte,[48] gründete sich am 12. Januar 1859 ein provisorisches Komitee, das für den Kauf des Junghofes eintrat. Diesen bildete ein ganzes Konglomerat von Gebäuden, in denen um 1840 zahlreiche Familien und Einzelpersonen wohnten. Dazu kamen Magazingebäude, ein Garten, in dem der Buchhändler August Ravenstein eine Gymnastische Anstalt unterhielt, zahlreiche Ställe und Remisen, Werkstätten, Schuppen und Kellergewölbe. Man musste bei allein 98 000 Gulden Assekuranzwert nicht wenig Geld in die Hand nehmen, um dieses zentral gelegene Grundstück zu erwerben. Doch dies erwies sich als ein leicht zu überwindendes Hindernis. Einer der Initiatoren, der in Frankfurt lebende holländische Kaufmann Heinrich Vincenz Johann Buzzi, kaufte das Gelände für 170 000 Gulden von dem Weinhändler Jacob Philipp Nicolas Manskopf. Kurz nach dem Kauf konnte die Saalbau AG gegründet und an die konkreten Planungen gegangen werden.[49] Dem Verwaltungsrat gehörte an, wer Rang und Namen in der Stadt hatte, und in guter Tradition saßen alle Konfessionen einträchtig beisammen.[50]

Der Vorstand der Saalbau AG ließ nach seiner Wahl keine Zeit verstreichen und lobte Mitte Mai 1859 bereits einen Architektenwettbewerb aus, den der Frankfurter Architekt Heinrich Burnitz für sich entschied. Die Preisverleihung an Burnitz erfolgte inmitten turbulenter Tage. Frankfurt glänzte mit einer besonders eindrucksvollen Schillerfeier, an der sich mehrere zehntausend Menschen beteiligten. Kurz zuvor war der Vaterländische Verein gegründet worden, und kurz darauf entstand ebenfalls in Frankfurt der Deutsche Nationalverein. Mit den zahlreichen damit einhergehenden politischen Versammlungen nahm das Bedürfnis nach großen Versammlungsstätten weiter zu. Die Saalbauinitiative lag somit voll im Trend der Zeit. Kauf, Abriss der alten Gebäude und die Errichtung des von Burnitz gestalteten Baus schritten rasch voran. Bereits zweieinhalb Jahre nach der Gründung der AG konnte der Saalbau am 18. November 1861 feierlich eröffnet werden. Das Gebäude fand wohlwollende Aufnahme in der Presse. Viele staunten über die Erhabenheit der Eröffnungsfeier, bei der das Oratorium *Die Schöpfung* von Joseph Haydn zur Aufführung kam. Im Mittelpunkt des Lobes aber standen der Bau selbst und die Bewunderung über die ungewohnte Größe des Konzertsaals. Burnitz hatte das Beste aus einem eher ungünstigen Grundstück herausgeholt. Denn es verlief spitzwinkelig, teilte sich zudem in zwei Enklaven und war von einer Straße durchschnitten.[51] Man lobte dennoch die klare Formensprache, »die Auflösung der fensterreichen Fronten« und verwies nicht ohne Stolz auf die »große Ähnlichkeit mit der Villa Farnesina in Rom«, deren äußere Gestalt »die Kunst der goldenen Zeit der Renaissance verkörpern sollte«.[52] Weiterhin bot der große Saal Raum für bis zu 1 900 Sitzplätze, also das Doppelte des alten Theaters. Viel Lob erntete das Haus vor allem für seine gute Akustik, und so beflügelte die Eröffnung des Saalbaus das Frankfurter Musikleben sowie den Aufstieg der Museumsgesellschaft zu einer großen bedeutenden Konzertgesellschaft.[53]

Aber der Saalbau diente nicht nur als Veranstaltungsort für Konzerte von gehobener Qualität, sondern auch ganz allgemein für Bälle, Versammlungen, Feiern und Ausstellungen. Zahlreiche Frankfurter Vereine und Gesellschaften mieteten die Räume für festliche Veranstaltungen oder politische Versammlungen nebst Maskenbällen.[54] Frankfurt hatte mit dem Saalbau also ein neues kulturelles Zentrum gefunden.[55] Nach dessen Errichtung im Jahre 1861 verfügte Frankfurt über einen der besten Konzertsäle in Europa, und es gastierte dort alles, was in der Musik- und Gesangskunst Rang und Namen hatte.[56]

Außenansicht des
Saalbaus
(»Der Conzertsaalbau«),
Stich, um 1862.

D-Fsa, S7A 1998/9479

DAS ENDE DER FREIEN STADT UND NEUE WIRKUNGSSTÄTTEN FÜR DIE MUSIK

Mit der Verwirklichung des Saalbaus ging die Freie Stadt allerdings ihrem Untergang entgegen. In der politisch aufgewühlten Zeit, die dem Ende des Deutschen Bundes und dem Ende des freien Stadtstaats vorausging, wurde auch der Saalbau Ort der politischen Demonstrationen gegen Preußen und ein Politikum, als Preußen versuchte, die Vorbereitungen für den Abgeordnetentag am 1. Oktober 1865 in Frankfurt zu unterbinden, der im Saalbau stattfinden sollte. Daraus entspann sich im Weiteren die Drohnotenaffäre, in der insbesondere Preußen drohte, gegen Frankfurt als Sitz der demokratischen Linken vorzugehen. Dieser auf hoher diplomatischer Ebene im Rahmen des Deutschen Bundes ausgetragene Streit leitete in gewisser Hinsicht die Wende zum Krieg von 1866 ein, der wiederum mit der Besetzung der Stadt durch Preußen endete. Am 20. September 1866 trat das Gesetz zur Annexion in Kraft, am 8. Oktober erfolgte die Prokla-

mation.[57] Damit vollzog Frankfurt seinen Übergang an Preußen als preußische Provinzstadt ohne alle Privilegien und ohne eine zentrale Institution, so dass es hinter den anderen Städten in den neuen preußischen Provinzen weit zurückfiel. Mit der preußischen Magistratsverfassung wurden die neuen Gremien gewählt, die Stadtverordnetenversammlung, und auf ihre Vorschläge hin wiederum der Magistrat und der Oberbürgermeister. Sie wählten Daniel Heinrich Mumm zum ersten preußischen Bürgermeister, der sein Amt – nach königlicher Bestätigung am 23. Dezember 1867 – am 27. Februar 1868 antrat und 13 Jahre lang innehatte.[58] Mumm übernahm das Steuer der Stadt in schwieriger Zeit. Noch zwei Jahre zuvor hatte der Senat der Stadt die Großmacht Preußen als »überheblich und arrogant« tituliert. Nun drohte die Perspektive einer rasch an Bedeutung verlierenden Provinzstadt.[59]

Die Stadt brauchte eine klare Zielperspektive – und dafür war Mumm der richtige Mann. Er entwickelte in den folgenden Jahren ein imposantes Infrastrukturprogramm, als Antwort auf die neue Freizügigkeit und den raschen Zustrom von Menschen. Es umfasste zahlreiche Aspekte des Ausbaus der Stadt, ihre Versorgung mit Wasser und die Beseitigung der Abwässer, Investitionen in das Gesundheitswesen, den Schul- und Wohnungsbau, die Verbesserung der Verkehrsanbindung, den günstigen Bezug von Kohle als Energieträger für die Industrie, Ausbau der Wasserstraßen, Häfen und Kanalisierung des Mains sowie des Schienennetzes einschließlich des Baus des größten Bahnhofs in Europa und so weiter und so fort.[60] Doch Mumm beließ es nicht dabei, Maßnahmen für die Infrastruktur, die Systeme der Daseinsfürsorge sowie für die Wirtschaft insgesamt zu ergreifen, sondern hatte auch den Ausbau der Stadt zu einem Zentrum für Wissenschaft, Kunst und Kultur im Auge und mit der Kunst auch die Musik.

Es sind zwei Initiativen, die das Musikleben der Stadt mit seiner Unterstützung noch einmal bereichern. Zum einen ist das Dr. Hoch'sche Konservatorium, der Vorläufer der 1938 gegründeten Hochschule für Musik und Darstellende Kunst, und zum anderen der Bau der Frankfurter Oper zu nennen. Die Hochschule, heute mit fast 1 000 Studierenden und über 60 Professoren eine beeindruckende Institution der musikalischen Ausbildung, begann 1878 als Stiftung mit der testamentarischen Verfügung des Frankfurter Bürgers Dr. Joseph Hoch, dessen Vermögen für die Gründung einer »Anstalt für Musik« verwendet werden sollte, auf dass der Name des Stifters auf ewig erinnert werde.[61] Daraus ging Dr. Hoch's Conservatorium hervor. Als Gründungsdirektor engagierte die Stiftung den angesehenen Komponisten Joachim Raff, der wiederum bedeutende Musiker mit internationaler Erfahrung wie den Sänger Julius Stockhausen, den Geiger Hugo Heermann oder die Pianistin Clara Schumann als Lehrer verpflichtete. Der gute Ruf des Konservatoriums ließ die Zahl der Schüler rasch anwachsen. Die folgenden Jahre waren geprägt von der Ausweitung des Lehrangebots mit der Einführung neuer Fächer und der Eröffnung neuer Abteilungen, mit der um 1900 ein hohes Ausbildungsniveau und eine Breite des Lehrangebots erreicht wurde, die durchaus die Qualität einer Hochschule hatte.[62]

Als letzte kulturelle Großtat ist schließlich noch der Bau der Frankfurter Oper zu nennen. Nicht einmal zehn Tage nach der Rede Mumms vor den Stadtverordneten im Dezember 1869 über seine Pläne zur Entwicklung Frankfurts versammelten sich 67 Vertreter des wohlhabenden Bürgertums der Stadt im Saalbau und griffen seine Anregung einer Stadt der Wissenschaft und Kunst auf. Dazu gehörten ganz ähnlich wie bei der Etablierung der Saalbau AG mit den Bethmanns, Bolongaros, den de Neufvilles, Grunelius, Lucius und Metzlers die angesehensten Familien der Stadt, und als Demonstration ihres Aufstiegs in die bürgerliche Elite befanden sich ebenso überproportional viele Juden darunter.[63] Sie erklärten sich bereit, 480 000 Gulden für den Neubau eines Theaters zur Verfügung zu stellen. Allerdings war die Schenkung mit Auflagen verbunden. So sollte das Theater mindestens 2 000 Plätze aufweisen, also etwas größer sein als der Saalbau, über eine große Bühne verfügen, die den neuesten Ansprüchen genügte, geräumige Korridore und eine breite Steintreppe aufweisen sowie eine überdachte Auffahrt haben. Schließlich sollte noch für jeden Stifter eine eigene Loge bereitgehalten werden.[64]

1871 nahmen die Initiatoren zusammen mit der Stadt die Planungen auf, für die der Berliner Architekt Richard Lucae gewonnen werden konnte. Nur ein Jahr später lagen die fertigen Pläne vor, die auf ein Gebäude im Stil der Neorenaissance abzielten. Alles schien auf dem besten Weg, bis bekannt wurde, dass die Baukosten erheblich über den zur Verfügung stehenden 480 000 Gulden liegen würden. Statt die Gemüter zu beruhigen, fanden die Geldgeber aus der wirtschaftlichen Oberschicht den Entwurf von Lucae zu anspruchslos, zu schlicht,

Die 1880 eröffnete Oper, in deren Gebäude sich heute – nach Kriegszerstörung im Zweiten Weltkrieg – die Alte Oper Frankfurt befindet.

zu wenig repräsentativ.[65] Da sie den Bau beauftragten, musste Lucae die Pläne abändern – das trieb die Baukosten weiter in die Höhe, statt sie zu senken.[66] Nach Baubeginn erhöhten sie sich in den folgenden Jahren weiter und gerieten im Jahre 1877 völlig außer Kontrolle. Insgesamt hatte der Bau am Ende über vier Millionen Gulden verschlungen, und rechnet man noch das Dekorationsmagazin und die Bühnenausstattung hinzu, so waren es sogar über fünf Millionen. Das führte zu heftigen Kontroversen zwischen der Stadtverordnetenversammlung und dem Magistrat, ein Zerwürfnis, das schließlich eine Wiederwahl Mumms ausschloss, obwohl Hunderte von Bürgern für sein Verbleiben im Amt petitionierten.[67]

Nach sieben Jahren Bauzeit begann die Frankfurter Oper am 20. Oktober 1880 im Beisein von Kaiser Wilhelm I. ihren ersten Spielplan. Man spielte, wie fast hundert Jahre zuvor im alten Theater, Mozarts *Don Giovanni*. Die Frankfurter Bürger standen dem Opernhaus wegen der Baukosten anfangs zwar eher kritisch gegenüber. Da der Bau jedoch zu einem guten Ende gekommen war und die neue Erlebniswelt ihren Eindruck nicht verfehlte, war der Streit um die Kosten bald vergessen. Die Spender konnten ebenfalls zufrieden sein, denn sie residierten als Logenbesitzer in diesem Kultur- und Repräsentationspalast, obwohl sie sich nicht einmal mit einem Zehntel an den Gesamtkosten beteiligt hatten. Die Frankfurter Oper enthielt auf einer Grundfläche von 4 000 Quadratmetern und einer Höhe von 34 Metern eine der größten Bühnen Deutschlands. Die Theatermaschinerie war auf der Höhe der Zeit, und eine aufwendige Frischluft- und Heizanlage sorgte für angenehme Temperaturen. Alles in allem hatte Frankfurt eine Attraktion mehr und eine weitere Bühne für Musikdarbietungen von höchster Qualität.

Der erste Generalintendant der Oper, Emil Claar, war gleichermaßen Schauspieler, Intendant, Theaterdirektor und Schriftsteller und wurde im selben Jahr seines Engagements an der Oper in die Frankfurter Freimaurerloge »Zur aufgehenden Morgenröthe« aufgenommen, der vor allem jüdische Bürger angehörten. Claar blieb bis 1900 an der Oper, um sich danach dem Neubau des Frankfurter Schauspielhauses zu widmen, welches das in die Jahre gekommene alte Frankfurter Theater ersetzen sollte. Ihm folgten ab 1900 bis in den Ersten Weltkrieg hinein der Theaterschauspieler, Sänger, Gesangspädagoge und Theaterintendant Paul Jensen sowie Robert Volkner. Claar arbeitete sehr eng mit dem jüdischen Komponisten und Dirigenten Felix Otto Dessoff zusammen, der als Erster Kapellmeister die musikalische Leitung der Oper übernommen hatte und als einer der bedeutendsten Dirigenten seiner Zeit galt.[68] Auf Vermittlung von Brahms konnte als dessen Nachfolger Ludwig Rottenberg gewonnen werden, der bis 1924 blieb und erfolgreich die zeitgenössische Musik nach Frankfurt holte, so Claude Debussy, Richard Strauss, Leoš Janáček, Béla Bartók und Paul Hindemith.[69] Frankfurt konnte sich mit Recht eine Musikstadt nennen.

FAZIT

Die Musik bildet in Frankfurt die klassische Traditionslinie einer *longue durée*. Die bis in die Gegenwart reichende jahrhundertealte Musikkultur hatte ihre nachvollziehbaren Anfänge im Spätmittelalter und formte sich bis in die Frühe Neuzeit hinein in Qualität und Vielfalt aus. In der Zeit der Aufklärung und der Bildungsrevolution finden sich die ersten festen Engagements in Gestalt von Musiklehrern und Musikdirektoren der Stadt. Wenig später kamen außerhalb der Kirchen auch feste Spielstätten für weltliche Musik und die im späten 17. und frühen 18. Jahrhundert begeisternde italienische Oper auf, die rasch von der höfischen Musik des Barock überlagert wurde. Es lassen sich am Ende des 18. Jahrhunderts nicht mehr nur die Anfänge organisierten Musiklebens in Form der Kantorei und des städtischen Orchesters finden, sondern auch die Entfaltung der Kollegien, der Bau eines Theaters für Opern und Operngesang, sodann um 1800 die ersten Musikvereine und aufstrebende Gesangkunst bürgerlicher Dilettanten mit hohen Ansprüchen. Die Welt der Musikvereine war ein Teil der Aufbruchsbewegung zur Erneuerung der bürgerlichen Gesellschaft, und nicht aus Zufall finden sie sich im Vormärz fest an der Seite der Nationalbewegung und der politischen Strömungen der Demokraten und Liberalen mit ihren Forderungen nach Pressefreiheit und Verfassungsrechten. Frucht dieses Engagements war eine weitere Frankfurter Institution zur Förderung der Musikwissenschaft, die Mozart-Stiftung, die der Ausbildung junger Musiker gewidmet war. Das Vereinswesen im Musikbereich differenzierte sich weiter aus und entfaltete sich im Falle des Museums zu einer angesehenen Konzertagentur. Eine ganz von Bürgern getragene Initiative zum Bau eines Konzertsaals, der allerhöchsten Ansprüchen genügen sollte, gab dieser Tendenz eine großzügige Lokalität.

Der Saalbau konnte 1861 dem Publikum übergeben werden. Wenig später endete die Freie Stadt, doch auch als preußische Provinzstadt ließ sie sich als Musikstadt nicht den Wind aus den Segeln nehmen. Genau wie in der Zeit der Freyen Reichsstadt und der Freien Stadt des Deutschen Bundes fanden sich auch in den 1870er-Jahren bereitwillig Bürger, um die Musik zu neuen Blüten zu treiben. Hervorragende Beispiele lieferte die Stiftung des Dr. Hoch und das zuvor etablierte Komitee zum Bau einer neuen Oper, die der Stadt trotz zweier Kriege und zeitweiliger fast völlig zerstörter Ruine als Alte Oper bis heute erhalten geblieben ist. Frankfurt war und ist nicht nur eine Stadt des Handels und der Banken, der demokratischen Kultur, der Wissenschaft und der Medien – es ist auch eine Stadt der Musik, zu deren vielhundertjährigem Bestand auch der seit 200 Jahren bestehende Cäcilien-Verein gehört.

1 Immer noch informativ: die über 100 Jahre alte Studie von Caroline Valentin, *Geschichte der Musik in Frankfurt am Main. Vom Anfange des XIV. bis zum Anfange des XVIII. Jahrhunderts*, Frankfurt am Main 1906, S. 7, 17 und 21. Siehe auch Ralf Roth, *Die Herausbildung einer modernen bürgerlichen Gesellschaft. Geschichte der Stadt Frankfurt am Main 1789-1866*. Ostfildern 2013, S. 428f.

2 Vgl. Valentin, *Geschichte der Musik*, ebd. sowie S. 41, 43 und 49 sowie 70, 98 und 109.

3 Vgl Roth, *Herausbildung* (s. Anm. 1), S. 175, und Ralf Roth, *Das Casino und das Museum - die beiden ersten Vereine Frankfurts im 19. Jahrhundert*, in: Christian Thorau, Andreas Odenkirchen, Peter Ackermann (Hrsg.), Musik - Bürger - Stadt. Konzertleben und musikalisches Hören im historischen Wandel. 200 Jahre Frankfurter Museumsgesellschaft, Regensburg 2011, S. 3-18. Darin auch weitere informative Abschnitte zu den folgenden Ausführungen. Siehe auch Musik in Frankfurt am Main, Archiv für Frankfurts Geschichte und Kunst 71, 1999.

4 Johann Wolfgang Goethe, *Die Lehrjahre des Wilhelm Meister*, Werke: Bd. 4, Frankfurt am Main 1981, S. 17-19. Siehe dazu Ralf Roth, *Von Wilhelm Meister zu Hans Castorp. Der Bildungsgedanke und das bürgerliche Assoziationswesen im 18. und 19. Jahrhundert*, in: Dieter Hein und Andreas Schulz (Hrsg.), *Bürgerkultur im 19. Jahrhundert. Bildung, Kunst und Lebenswelt*, München 1996, S. 121-139. Vgl. ebenso Dieter Kimpel, *Aufklärung, Bürgertum und Literatur in Deutschland*, in: *Propyläen Geschichte der Literatur*, 6 Bde., Berlin 1988, hier: Bd. 4, S. 52-74, insb. S. 61.

5 Vgl. Otto Bacher, *Die Geschichte der Frankfurter Oper im 18. Jahrhundert*, Frankfurt am Main 1926, S. 12f.

6 Vgl. Ralf Roth, *Stadt und Bürgertum in Frankfurt am Main. Ein besonderer Weg von der ständischen zur modernen Bürgergesellschaft 1760 bis 1914*, München 1996, S. 169, und Albert Richard Mohr, *Frankfurter Theater von der Wandertruppe zum Komödienhaus. Ein Beitrag zur Theatergeschichte des 18. Jahrhunderts*, Frankfurt am Main 1967, S. 64, sowie Elisabeth Mentzel, *Geschichte der Schauspielkunst in Frankfurt am Main. Von ihren Anfängen bis zur Eröffnung des städtischen Komödienhauses. Ein Beitrag zur Deutschen Kultur- und Theatergeschichte*, in: Archiv für Frankfurts Geschichte und Kunst 9, Neue Folge: 1860 (Bd. 1) bis 1884 (Bd. 11), 1882, S. 1-544, hier S. 382ff.

7 Vgl. Paul Bartholomäi, *Das Frankfurter Museums-Orchester - zwei Jahrhunderte Musik für Frankfurt*,

Frankfurt am Main 2002, S. 10f.

8 Vgl. Anton Bing, *Rückblick auf die Geschichte des Frankfurter Stadttheaters von dessen Selbständigkeit (1792) bis zur Gegenwart*, 2 Bde. Frankfurt am Main 1892 u. 1896, hier Bd. 1, S. 54, sowie Anton Heinrich Emil von Oven, Das erste städtische Theater zu Frankfurt am Main. Ein Beitrag zur äusseren Geschichte des Frankfurter Theaters 1751-1872, in: Neujahrsblätter des Vereins für Geschichte und Altertumskunde zu Frankfurt am Main 14, 1879, S. 43f.

9 Roth, *Herausbildung*, S. 317.

10 Thomas Nipperdey, *Der Verein als soziale Struktur in Deutschland im späten 18. und frühen 19. Jahrhundert*, in: Hermann Heimpel (Hrsg.), *Geschichtswissenschaft und Vereinswesen im 19. Jahrhundert*, Göttingen 1972, S. 1-44, hier S. 1.

11 Vereine hätten als Gegengewicht zur Spezialisierung des Menschen in der Arbeitswelt gedient und durch Ausbreitung und sachlichen Differenzierung zur Hebung der Kulturansprüche beigetragen. Vgl. Nipperdey, *Verein*, S. 27f. Diese Charaktermerkmale zusammenfassend kam Nipperdey zu dem prägnanten Schluss: »Der Verein ist das entscheidende Medium zur Formung der bürgerlichen Gesellschaft« - er rückte damit für viele Jahrzehnte in das Zentrum der Zivilgesellschaft. Vgl. Thomas Nipperdey, *Deutsche Gesellschaft 1800-1866. Bürgerwelt und starker Staat*, München 1983, S. 268.

12 Vgl. Roth, *Stadt und Bürgertum*, S. 179ff.

13 *Gesetze und Anordnungen nebst den dazu gehörigen Berichtigungen und Zusätzen für die Casino-Gesellschaft in Frankfurt am Main, errichtet im Jahre 1802*, Frankfurt am Main 1843, S. 2.

14 Vgl. Anton Kirchner, *Ansichten von Frankfurt am Main der umliegenden Gegend und den benachbarten Heilquellen*, 2 Bde., Frankfurt am Main 1818, Bd. 2, S. 103, sowie § 2 der *Gesetze und Anordnungen*, S. 2.

15 Nipperdey ging sogar so weit, zu behaupten, die Vereine hätten den Sonderbereich Kultur in der Anfangszeit der modernen bürgerlichen Gesellschaft überhaupt erst geschaffen. Vgl. Nipperdey, Verein, S. 27f.

16 *Project von Gesetzen für das Museum*. O. O. u. J. [1806], S. 1.

17 Vgl. Roth, *Stadt und Bürgertum*, S. 185.

18 *Frankfurter Staats-Ristretto* v. 5. März 1808. Vgl. auch Hildegard Weber, *Das Museum. 150 Jahre Frankfurter Konzertleben 1808-1958*, Frankfurt am Main 1958, S. 107. Vgl. auch Iwan Knorr, *Festschrift zur Feier des hundertjährigen Bestehens der Frankfurter Museumsgesellschaft 1808 bis 1908*, Frankfurt am Main 1908, S.

2ff. u. 46. Die Gründungsmitglieder engagierten sich auch in der nationalen Bewegung. Vgl. Christian Ernst Neeff, *Ueber die Idee des teutschen Volksfestes. Vorgelesen im Frankfurter Museum, den 7. October 1814*, Frankfurt am Main 1814, u. Karl Holl, *Die Museumsgesellschaft*, in: Karl Holl (Hrsg.), *Frankfurter Musikpolitik*, Frankfurt am Main 1928, S. 4f. Vgl. Roth, *Das Casino und das Museum* (s. Anm. 3), S. 3-18.

19 Vgl. Weber, *Museum* (s. Anm. 21), S. 27ff., 107 u. 112.

20 Bartholomäi, *Museum*, S 47.

21 Vgl. Ralf Roth, *Von Brönners Druckerey zur Brönner-Umschau-Gruppe*, in: Hans-Ulrich Pfeifer (Hrsg.), *Im Fluss der Zeit. Festschrift zum 275. Jubiläum der Mediengruppe Breidenstein*, Frankfurt am Main 2002, S. 42-88, und Bartholomäi, *Museum*, S. 49.

22 Bartholomäi, *Museum*, S. 49.

23 Hans-Otto Schembs, *Vom Saalbau zu den Bürgerhäusern. Die Geschichte der Saalbau-Aktiengesellschaft und der Saalbau GmbH in Frankfurt am Main*, Frankfurt am Main 1989, S. 86.

24 Helene de Bary, *Museum. Geschichte der Museumsgesellschaft zu Frankfurt am Main*, Frankfurt am Main 1937, S. 33.

25 Schembs, *Saalbau*, S. 87.

26 Bing, *Rückblick*, S. 85 und 112f. Vgl. Roth, *Stadt und Bürgertum*, S. 321f.

27 Diese sahen eine Erweiterung der Bühne, eine Verbesserung des Podiums und der Maschinerie sowie eine Renovierung des Zuschauerraums und der Logen vor. Außerdem wurde das Gebäude von außen gestrichen und ein Blitzableiter angebracht. Die Theater AG sollte die Kosten bestreiten und dafür das Haus 15 Jahre lang ohne Mietzahlungen nutzen können. Vgl. Bing, *Rückblick*, S. 130f. u. 148f.

28 Bing, *Rückblick*, ebd., S. 150.

29 Vgl. Caroline Valentin, *Heinrich Düring der Begründer des ersten Frankfurter Gesangvereins*, Ms. O. O. u. J.

30 Sein Nachlass und verschiedene Archivalien zum Düringschen Gesang-Verein aus der Zeit von 1807 bis 1858 befindet sich heute in der Universitätsbibliothek J. C. Senckenberg Frankfurt am Main (Na Mus 9). Vgl. auch *Heinrich Düring*, in: Wolfgang Klötzer (Hrsg.), *Frankfurter Biographie. Personengeschichtliches Lexikon*, 2 Bde., Frankfurt am Main 1994-1996, Bd. 1, S. 143f.

31 Zu den Anfängen de Cäcilien-Vereins vgl. den Artikel von Ralf-Olivier Schwarz in diesem Band.

32 Julius Bautz, *Geschichte des deutschen Männergesangs in übersichtlicher Darstellung*, Frankfurt am Main 1890, S. 7.

33 Susanna Großmann-Vendrey, *Felix Mendelssohn Bartholdy und die Musik der Vergangenheit*, Regensburg 1969,

S. 124 und 151.

34 *Geschichtlicher Ueberblick*, in: Frankfurter Gemeinnützige Chronik 6, H. 21, 1846, S. 164.

35 Vgl. zu den aufgeführten Vereinen im allgemeinen Otto Rüb, *Die chorischen Organisationen Gesangvereine der bürgerlichen Mittel- und Unterschicht im Raum Frankfurt am Main von 1800 bis zur Gegenwart*. Diss. Frankfurt am Main 1964, S. 43ff., u. im einzelnen Friedrich Krug, *Historisch-Geographische Beschreibung von Frankfurt und seiner Umgegend*, Frankfurt am Main 1845, S. 270ff.; Heinrich Meidinger, *Frankfurts gemeinnützige Anstalten. Eine historisch-statistische Darstellung der milden Stiftungen, Stipendien, Wittwen u. Waisen-, Hülfs- und Sparkassen, Vereine, Schulen etc.*, 2 Bde., Frankfurt am Main 1845/56, Bd. 1, S. 234ff., u. *75jähriges Stiftungsfest des Philharmonischen Vereins e. V. Frankfurt am Main 1834-1909*, Frankfurt am Main 1909; *Männerchor Arion-Kunkelen. Festschrift zum neunzigjährigen Jubiläum am 14. Mai 1927*, Frankfurt am Main 1927; *Hermanns-Verein Sachsenhausen 1842-1892. Festschrift zur Jubelfeier des fünfzigjährigen Bestehens am 30., 31. Juli und 1. August 1892*, Frankfurt am Main 1892; *Festschrift zur 110-Jahrfeier des Männerchors Concordia. Am 7. und 20. Oktober 1956*, Frankfurt am Main 1956, *und Festschrift zur 125-Jahrfeier des Männerchors Concordia Frankfurt am Main e. V. 1846 am 25. April 1971*, Frankfurt am Main 1971.

36 *Geschichtlicher Ueberblick*, in: Frankfurter Gemeinnützige Chronik 6, H. 21, 1846, S. 164. Vgl. die Tabelle in Roth, *Stadt und Bürgertum*, S. 323-331 und 334, und die Ausführungen in Roth, *Herausbildung*, S. 317f. Vgl. Rüb, *Organisationen*, S. 22.

37 Zum Museum vgl. Ludwig Börne, *Briefe aus Frankfurt 1820-1821*, Frankfurt am Main 1986, S. 55, und de Bary, *Museum*, S. 25. Zum Gesamtkontext vgl. Roth, *Stadt und Bürgertum*, S. 344.

38 Vgl. Jürgen Stehen, *Nationalfeste – Geschichte als reale Utopie 1838-1862*, in: Historisches Museum Frankfurt (Hrsg.), *Trophäe oder Leichenstein? Kulturgeschichtliche Aspekte des Geschichtsbewußtseins in Frankfurt im 19. Jahrhundert*, Frankfurt am Main 1978, S. 135-179.

39 Heinrich Hoffmann, *Lebenserinnerungen*, Frankfurt am Main 1985, S. 109-110.

40 Vgl. *Verehrte Bürger vom 4. Juli 1838*, Institut für Stadtgeschichte Frankfurt am Main, Bethmann, W 1/9 III. 33.

41 Roth, *Herausbildung*, S. 333. Vgl. Jürgen Steen, *Nationalfeste - Geschichte als reale Utopie 1838-1862*, in: Historisches Museum Frankfurt

(Hrsg.), *Trophäe oder Leichenstein? Kulturgeschichtliche Aspekte des Geschichtsbewußtseins in Frankfurt im 19. Jahrhundert*, Frankfurt am Main 1978, S. 135-179, hier S. 135-148. Zu den verschiedenen Vormärzereignissen vgl. in diesem Zusammenhang Richard Schwemer, *Geschichte der freien Stadt Frankfurt am Main (1814-1866)*, 3 Bde., Frankfurt am Main 1910-1915, Bd. 3.1, S. 31f., 66f., 73f. u. 86ff.

42 Abgedruckt in *Erinnerung an das Sängerfest der Mozartstiftung – Festgabe den Sängern gewidmet*, Frankfurt am Main 1838, S. 18. Zu Heinrich Hoffmann vgl. Ralf Roth, *Heinrich Hoffmann und die Politik*, in: Wolfgang Cilleßen und Jan Willem Huntebrinker (Hrsg.), *Heinrich Hoffmann - Peter Struwwel. Ein Frankfurter Leben, 1809-1894*, Frankfurt am Main 2009, S. 129-147. Siehe auch Roth, *Herausbildung*, S. 335.

43 Vgl. Bautz, *Geschichte*, S. 11. Zu den Symbolen im Einzelnen vgl. Steen, *Nationalfeste*, S. 135. Vgl. auch Heinrich Weismann (Hrsg.), *Blätter der Erinnerung an das erste deutsche Sängerfest in Frankfurt am Main 28. bis 30. Juli 1838 und an die Gründung der Mozartstiftung*, Frankfurt am Main 1863.

44 Steen, *Nationalfeste*, S. 270f.

45 *Geschichtlicher Ueberblick*, in: Frankfurter Gemeinnützige Chronik 6, H. 21, 1846, 163. Vgl. zur Zielsetzung auch die *Statuten der Mozartstiftung, genehmigt vom hohen Senat durch Beschluß vom 12. Juni 1838*, Frankfurt am Main 1838; Karl Grün, *Musik und Kultur. Festrede zur Jubelfeier der Mozartstiftung*, Frankfurt am Main 1863; Karl Knecht (Bearb.), *Rückblick auf die Geschichte der Mozartstiftung des Frankfurter Liederkranzes anlässlich der Feier zum 75jährigen Jubiläum am 30. November 1913*, Frankfurt am Main 1913, S. 3ff. Neuere Publikationen sind die Festschrift *Die Mozart-Stiftung von 1838 zu Frankfurt am Main. 150 Jahre Stiftung zur Förderung junger Komponisten*, Frankfurt am Main 1988, und zuletzt von Ulrike Kienzle, *Neue Töne braucht das Land! Die Frankfurter Mozart-Stiftung im Wandel der Geschichte (1838-2013)*, Frankfurt am Main 2013.

46 Schembs, *Saalbau* (s. Anm. 23), S. 18-22.

47 Schembs, *Saalbau*, ebd., S. 25.

48 Es handelte sich um ein Grundstück mit der Adresse Lit D 164. *Mietsteuerrolle der Freien Stadt Frankfurt am Main für die Jahr 1840 bis 1848*, DFsa, Rechneiamt nach 1816, Steuerbücher Nr. 1 bis Nr. 13 (1840); Steuerbuch Nr. 14, Nr. 20 bis Nr. 22: Judengasse (1842), und Steuerbuch Nr. 24 (1848).

49 Die Satzung, die am 29. März 1859 vom Senat genehmigt wurde,

hielt noch einmal ausdrücklich das Anliegen fest: »Diese Gesellschaft hat den Zweck, das von Herrn H. Buzzi für dieselbe provisorisch acquirierte zum Junghof gehörige Areal sammt Gebäulichkeiten definitiv zu erwerben, auf diese Grundfläche ein Gebäude mit einem großen Fest- und Concertsaal sammt den hierzu gehörigen Localitäten zu errichten, und deren Räume für Concerte, Bälle, Ausstellungen« vermietet werden konnten. Paragraph 2 der Satzung vom 29. März 1859, zit. nach Schembs, *Saalbau* zu (s. Anm. 23), S. 34.

50 Vgl. Roth, *Herausbildung*, S. 229ff., und Schembs, *Saalbau*, S. 39f.

51 Schembs, *Saalbau*, S. 47, 51 u. 61.

52 Architekten- und Ingenieur-Verein (Hrsg.), *Frankfurt am Main und seine Bauten*, Frankfurt am Main 1886, S. 292ff.

53 Schembs, *Saalbau*, S. 74, 76 und 88.

54 Zit. nach Schembs, *Saalbau*, S. 172f.

55 Roth, *Herausbildung*, S. 429-434.

56 Vgl. Schembs, *Saalbau*, S. 48ff. u. 85ff.

57 *Gesetz betreffend die Vereinigung Frankfurts mit der Preußischen Monarchie. Sept. 20, 1866*, in: Gesetzesammlung für die Kgl. Preußische Städte. Berlin 1866, S. 555f.

58 Bei den nächsten Magistratswahlen unterlag er am 13. November 1879 dem Verwaltungsexperten und damaligen Oberbürgermeister von Osnabrück, Johannes Miquel, und schied am 26. Februar 1880 aus dem Amt aus. Artikel Daniel *Heinrich Mumm*, in: Wolfgang (Hrsg.), *Frankfurter Biographie. Personengeschichtliches Lexikon*, 2 Bde. Frankfurt am Main 1994, Bd. 2, S. 75-77.

59 Vgl. zu den Hintergründen Ralf Roth, *Frankfurt zwischen Österreich und Preußen (1815-1866)*, in: Bernd Heidenreich und Evelyn Brockhoff (Hrsg.), *1866: Vom Deutschen Bund zum Deutschen Reich*, München 2017, S. 109-134, insbes. S. 124ff.

60 Vgl. Ralf Roth, *Der Untergang der Freien Stadt und die Wiedergeburt Frankfurts als preußische Provinzstadt (1866-1880)*, in: Bernd Heidenreich und Evelyn Brockhoff (Hrsg.), *1866: Vom Deutschen Bund zum Deutschen Reich*, München 2017, S. 151-178, insbes. S. 166ff.

61 Vgl. Statistisches Bundesamt, *Studierendenzahlen Studierende und Studienanfänger/-innen nach Hochschularten, Ländern und Hochschulen*, WS 2012/13, S. 66-113 (abgerufen am 3. November 2018).

62 Vgl. Peter Cahn, *Das Hoch'sche Konservatorium in Frankfurt am Main (1878-1978)*, Frankfurt am Main 1979.

63 Zu den Personen vgl. Hans-Dieter Kirchholtes, *Jüdische Privatbanken in Frankfurt am Main*, 2. Aufl. Frankfurt am Main 1989, S. 37f. u. 47ff. »Die Vermutung liegt nahe – und auf der Linie dessen, was der Frankfurter Beobachter sagt, daß die neuen Namen am neuen Theater so brennend interessiert sind, weil es für sie der Ort ist, an dem sie ihren wirtschaftlichen Erfolg gesellschaftlich und kulturell vollenden können.« Wolfgang Schivelbusch, *Eine wilhelminische Oper*, Frankfurt am Main 1985, S. 53.

64 Vgl. Schivelbusch, *Oper* (s. Anm. 63), S. 26; Volker Rödel, *Ingenieurbaukunst in Frankfurt am Main 1806-1914. Frankfurt am Main. Beiträge zur Stadtentwicklung*, Frankfurt am Main 1983, S. 332ff., und Albert Richard Mohr, *Zauberwelt. Bühnenbildentwürfe der Frankfurter Oper aus zwei Jahrhunderten*, Nördlingen 1986, S. 16.

65 Schivelbusch, *Oper* (s. Anm. 63), S.

95. Zur Kritik der Geldgeber vgl. ebd. S. 104.

66 Vgl. Schivelbusch, *Oper* (s. Anm. 63), S. 139 und 142, sowie Rödel, *Ingenieurbaukunst* (s. Anm. 64), S. 332.

67 Vgl. *An den Oberbürgermeister der Stadt Frankfurt am Main. Herrn Dr. jur. Heinrich Mumm von Schwarzenstein. Frankfurt am Main am 15. November 1879*, D-Fsa, Nachlass H. Mumm S1/254. Zur Diskussion um den Opernbau in der Stadtverordnetenversammlung vgl. Karl Maly, *Die Macht der Honoratioren. Geschichte der Frankfurter Stadtverordnetenversammlung*, 2 Bde., Frankfurt am Main 1992 u. 1995, Bd. 1, S. 65ff., 73f., 90, 128 u. 143.

68 Zu seinem Leben vgl. Joachim Draheim, Gerhard Albert Jahn (Hrsg.), *Otto Dessoff (1835-1892). Ein Dirigent, Komponist und Weggefährte von Johannes Brahms*, München 2001.

69 Zur Oper vgl. Albert Richard Mohr, *Das Frankfurter Opernhaus 1880-1980*, Frankfurt am Main 1980.

FRIEDHELM BRUSNIAK

Die Entwicklung des deutschsprachigen Laienchorwesens vom Ersten Deutschen Sängerfest 1838 bis zum 11. Deutschen Sängerbundesfest 1932[1]

Der bekannte Bericht von Berthold Auerbach (1812–1882) über »Das Sängerfest zu Frankfurt a. M.« 1838 im dritten Band von August Lewalds *Europa. Chronik der gebildeten Welt* aus demselben Jahr beginnt mit dem Hinweis auf den »unbezwinglichen Associationstrieb«, der die Gegenwart kennzeichne und der zur Bildung von industriellen, naturforschenden, Philologen-, Pädagogen- und anderen Vereinigungen geführt habe.[2] Am »gedeihlichsten« wirkten aber nach Ansicht des jungen Schriftstellers »Kunstvereine, die sich zur Förderung der bildenden Künste gestalteten«. Die »charakteristische Erscheinung« der Zeit seien »die vielen Gesangvereine, die namentlich in Süddeutschland, der Wiege des deutschen Gesanges, fast in allen größeren und kleineren Städten in voller Blüthe« stünden. Der lange Friede habe keiner Kunst so weite Kreise eröffnet als der Musik, und er - Auerbach - glaube nicht zu weit zu gehen, wenn er »die Verbreitung der Gesangvereine als ein culturhistorisches Moment« bezeichne, da hierdurch »die reichen Blüthen deutscher Gesangsdichtung« aufhörten, »ein Monopol Einzelner zu seyn«. Die Gründung einer Mozart-Stiftung anlässlich des Sängerfestes in Frankfurt am Main sei zudem »geeignet, eine mehr als ephemere Erscheinung in dem Feste erkennen zu lassen«, indem hier ein »idealer Strebepunkt« gewonnen werde. Ausdrücklich würdigt Auerbach schließlich noch die Pflege der Geselligkeit, da »Heiterkeit und Frohsinn« »auch Selbstzweck« seien.

Ankunft der Sänger
zum Ersten Deutschen
Sängerfest
am 28. Juli 1838.

D-Fsa, S7/Z 1838/4

Mit klarem Blick hatte der gebürtige Württemberger, der früh bereits die Anfänge, Ausprägungen und Entwicklungen der Laienchorbewegung in Württem-
berg, Baden und Bayern im Allgemeinen und des vereinsmäßig organisierten
deutschsprachigen Männergesangs im Besonderen mitverfolgt hatte, wesentliche Momente dieser neuen Musikkultur am Beispiel des Frankfurter Sängerfestes von 1838 erkannt:

 – im Bereich der Politik das Assoziationswesen, »das eigentlich positive, ge-
staltende Prinzip der neuen Epoche«,[3] und damit verbunden den demokratischen Aspekt des Männergesangvereinswesens nach dem Vorbild Hans Georg
Nägelis (1773-1836) und der schweizerischen Sängerbewegung,[4]

 – im Bereich der Musik die ideale Zielsetzung, die auf musikalische Bildung –
in Frankfurt im Zeichen und im Namen Mozarts – abzielte,[5]

 – im Bereich der Pflege der Geselligkeit der »Kommers« der Festteilnehmer mit
gemeinsamem Essen und Trinken sowie Ansprachen und Toasts.[6]

Doch ebenso deutlich und selbstbewusst stellt Berthold Auerbach darüber hinaus fest, dass es sich bei diesem Sängerfest weder um ein »Volksfest« noch um
ein »Nationalfest« gehandelt habe, da nur zahlendes Publikum teilnehmen
konnte und ein gemeinsames »Nationallied« gefehlt habe.[7] Auch diese Beobachtungen erscheinen rückblickend als zutreffend, denn ungeachtet der unbestrit-

tenen historischen Bedeutung des Frankfurter Sängerfestes von 1838 als »Erstes Deutsches Sängerfest« beginnt die Reihe von »allgemeinen deutschen Sängerfesten« als »deutsche Nationalfeste« tatsächlich erst mit dem »Ersten Allgemeinen Deutschen Sängerfest« in Würzburg 1845.[8]

Auerbach wurde bereits am 3. Oktober 1838 in die Frankfurter Freimaurerloge »Zur aufgehenden Morgenröte« aufgenommen, der er bis zu seinem Tode die Treue hielt. Damit ist die Aufmerksamkeit in besonderem Maße auf die Wurzeln und Anfänge des mehrstimmigen Männergesangs um 1800 gelenkt wie auch auf das gesellige Singen unter den Freimaurern, für die Wolfgang Amadé Mozart, selbst Freimaurer, bis in die Gegenwart hinein als herausragende Musikerpersönlichkeit gilt. Kein anderes Sängerfest im Vormärz wurde von Freimaurern so geprägt wie das »Erste Deutsche Sängerfest« in Frankfurt am Main 1838. Schon den ersten kritischen Beobachtern und Förderern der Entwicklung des Männerchorwesens in der ersten Hälfte des 19. Jahrhunderts, darunter Nägeli in seiner Einleitung zur *Gesangbildungslehre für den Männerchor* von 1817 und Johann Gottfried Hientzsch (1787-1856) in einem »Kritischen Bericht über den Männer-Gesang« in der Zeitschrift *Eutonia* aus dem Jahre 1830, war der substantielle Beitrag des Liedersingens unter den Freimaurern bewusst.[9]

Im Folgenden werden einige Stationen in der Entwicklung des Laienchorwesens seit dem ausgehenden 18. Jahrhundert skizziert, um Kontextualisierungen und Vergleichsmöglichkeiten mit unterschiedlichen Formen des chorischen Singens zu ermöglichen und zu verdeutlichen.

DIE »ZELTERSCHE LIEDERTAFEL«

Am 24. Mai 1791 gründete Carl Friedrich Christian Fasch (1736-1800) die »Sing-Akademie zu Berlin«, zu dessen wichtigsten Stützen schon seit dem Sommer desselben Jahres sein Schüler Carl Friedrich Zelter (1758-1832) zählte. Der Berliner Maurermeister, der sich als Komponist und Mitglied der sogenannten »Zweiten Berliner Liederschule« rasch einen Namen machte und seit 1799 mit Goethe in Verbindung stand, wurde nicht nur Faschs Nachfolger als Direktor der »Sing-Akademie«, sondern engagierte sich auch für verschiedene Facetten des Bildungsgedankens. Im Sinne der »Kunstausbildung« der Sängerinnen und Sänger richtete der »Singemeister« eine »ordentliche Singschule nach Art der italienischen Konservatorien« ein und setzte sich unter Hinweis auf die Leistungen des Chors für Traditionsbildung ein, ohne Aspekte individueller »Geistes- und Herzensbildung« im Geiste des Fasch-Schülers Wilhelm Heinrich Wackenroder (1773-1798) zu vernachlässigen. Ebenso tatkräftig trat er für »gesellschaftliche und politische Bildung« ein und definierte die Funktion seines säkularen Chors in der Gesellschaft als »Träger nationaler Kultur«.[10] Daneben engagierte er sich erfolgreich für Neugründungen anderer musikalischer Bildungsinstitutionen, darunter die später nach ihm benannte »Liedertafel« (1809). Als die letzten französischen Besatzungstruppen aus Berlin abgezogen waren, schrieb Zelter am 26./27. Dezember 1808 - nahezu vier Wochen vor dem eigentlichen Stiftungstag am 24. Januar 1809 - an seinen Freund Goethe:

»Zur Feier der Wiederkunft des [seit 1806 im Exil weilenden] Königes [Friedrich Wilhelm III. von Preußen (1770-1840)] habe ich eine ›Liedertafel‹ gestiftet: Eine Gesellschaft von 25 Männern, von der der 25ste der erwählte Meister ist, versammelt sich monatlich einmal bei einem Abendmahle von zwei Gerichten und vergnügt sich an gefälligen deutschen Gesängen. Die Mitglieder müssen entweder Dichter, Sänger oder Komponisten sein. Wer ein neues Lied gedichtet oder komponiert hat, lieset oder singt solches an der Tafel vor, oder läßt es singen. [...] Wer etwas kompromittierendes ausplaudert was einem Mitgliede oder der Tafel zuwider ist zahlt Strafe. Satirische Lieder auf Personen werden nicht gesungen. Jeder hat volle Freiheit zu sein wie er ist, wenn er nur liberal ist.«[11]

Als »Geburtsstunde« der »Liedertafel« gilt der 2. Mai 1809. An diesem Tag versammelten sich in Berlin die Gründungsmitglieder zu ihrer »ersten ordentlichen Zusammenkunft«, wie Zelter persönlich das Protokoll überschrieb. Die Reihenfolge der an diesem denkwürdigen Tag gesungenen Lieder wurde mit einem »Lied auf den König« von Johann Wilhelm Ludwig Gleim (1719-1803) in der Vertonung von Carl Friedrich Zelter »mit obligaten klingenden Gläsern« eröffnet. »Ganz vorzüglich« gelang das letzte Lied »Lob der Frauen«, als dessen Verfasser Zelter selbst Matthias Claudius (1740-1815) nannte und das ebenfalls »mit obligaten klingenden Gläsern« »einstimmig noch einmal wiederholt« wurde.[12]

»Liberal, gebildet, königstreu« - nach diesem Motto hat Habakuk Traber das »Idealbild eines Exponenten im preußischen Geistesleben um 1800« treffend zusammengefasst und darauf hingewiesen, dass Zelters Modell »Platos ›Gastmahl‹ nach Preußen und ins Musikalische« transportierte. Dabei verstanden sich die Mitglieder der »Liedertafel« »als ein bildungsaristokratischer Klub, der die musikalische Sache des Volkes verhandelte, bestimmte - nicht durch Macht, sondern durch Kompetenz«.[13] Unverkennbar ist in diesem Kreis die Bedeutung monarchistischer Gesinnung und nationalpatriotischer Haltung in Verbindung mit neuen Momenten eines von Bürgern artikulierten Bedürfnisses nach Geselligkeit.[14] Das Protokoll der »II. ordentlichen Zusammenkunft« vom 6. Juni 1809 bestätigt, wie sehr es Zelter darauf ankam, den exklusiven Charakter der Liedertafel durch eine eigene, nicht für die Öffentlichkeit bestimmte Liedersammlung zu betonen. Wie das Beispiel des Singens mit taktmäßigem Gläserklang sowie die Forderung nach »für die Tafel paßlichen« und zur Vertonung anregenden Gedichten erkennen lassen, suchte er eine durch den Freund-

Carl Friedrich Zelter (1758-1832), Druck nach einem Gemälde von Carl Joseph Begas.

D-F, S 36/F10314, Dig. urn:nbn:de:hebis:30:2-153941

Die Liedertafel von
Wilhelm Fahrenbruch
(1892–1956), in: XI.
Deutsches Sängerbun-
desfest Frankfurt a/M
1932. Festzug-Ordnung.
Offizielle Ausgabe mit
Abbildungen nach
Originalzeichnungen
von W. Fahrenbruch,
Frankfurt am Main 1932.

Dig. der Stiftung Dokumentations-
und Forschungszentrum des
Deutschen Chorwesens,
Sign. B 1 - Fa 185

schaftskult des 18. Jahrhunderts und durch Rituale von Männerbünden wie Studenten, Freimaurer, Jäger, Soldaten und Turnern sowie von neuen bürgerlichen Geselligkeitsformen und nicht zuletzt nach dem Vorbild der Berliner Salon-Kultur geprägte »Tafelmusik«-Kultur zu etablieren.[15] Ungeachtet der Exklusivität der »Liedertafel«, die Zelter streng beachtete und die bis zur Auflösung im Zweiten Weltkrieg beibehalten wurde, galt die Institution für zahlreiche Gesangvereinsgründungen des 19. Jahrhunderts ebenso als Muster[16] wie die von Hans Georg Nägeli initiierte, das Prinzip der »Öffentlichkeit« in den Mittelpunkt stellende »Liederkranz«-Bewegung.

HANS GEORG NÄGELIS »ZÜRCHERISCHES SINGINSTITUT«

Für die Idee Schweizer »Nationalfeste« markiert das erste Alphirtenfest in Unspunnen am 17. August 1805 ein historisches Datum. Nicht nur in politischer, gesellschaftlicher und kultureller, sondern auch in musikalischer Hinsicht nimmt dieses Hirtenfest einen wichtigen Platz ein, wurden doch neben Siegern in Scheibenschießen, Schwingen und Steinstoßen auch zwei Alphornbläser, zwei Waldhornisten, einige Solosänger, ein Mädchenterzett aus Luzern und der Schulmeister von Beatenberg mit einem Mädchenchor mit Preisen ausgezeichnet. Mitteilenswert für die Historiographie des chorischen Singens in der Öffentlichkeit ist darüber hinaus der gemeinsame Gesang des eigens für den Anlass verfassten Liedes »Wecket die Töne froher Vergangenheit, / Ehret die Spiele uralter Zeit« (nach der Melodie von »Freut euch des Lebens«) von Emilie von Berlepsch (1755–1830), die ebenso wie der Dichter des »beliebten Rundgesanges« (1793) Johann Martin Usteri (1763-1827) anwesend war.[17] Damit ist der Blick auf Hans Georg Nägeli (1773-1836) gerichtet, der sich 1794 nach dem Erfolg des Lieddrucks »Freut euch des Lebens« zum Ausbau seines Musikverlags hatte bewegen lassen und im selben Jahr 1805 sein »Zürcherisches Singinstitut« gründete, ebenjene »Pflanzstätte« des Männergesangs, die Nägeli nicht nur als »Bildungsanstalt«, sondern zugleich auch als »Geselligkeitsanstalt« verstanden wissen wollte und wo möglicherweise bereits 1808, spätestens jedoch 1810 der Männergesang gepflegt wurde.[18]

Carl Friedrich Zelters »Liedertafel«-Gründung 1809 in Berlin und Nägelis Bildung eines Männerchors 1810 in Zürich wurden bereits im 19. Jahrhundert durchaus differenziert als Ausgangspunkte für die norddeutsche »Liedertafel«-Bewegung und die Verbreitung der süddeutschen »Liederkranz«-Vereinigungen gesehen.[19] Schon 1830 hatte Johann Gottfried Hientzsch, der selbst von 1810 bis 1815 in der Schweiz gewesen und Hans Georg Nägeli wie auch Carl Friedrich Zelter persönlich bekannt war, die Wurzeln und Ausbildung des mehrstimmigen Männergesangs in Formen des geselligen Singens in norddeutschen Freimaurerlogen, namentlich bei einstimmigen, vom Klavier begleiteten »Rundgesängen« mit kurzen Chorpassagen (meist am Schluss), ausgemacht.[20] Demgegenüber verwies Otto Elben (1823-1899) auf das »volksthümliche Streben« als »das karakteristische Merkmal der schwäbischen Liederkränze«[21] und zitierte den Pestalozzianer Karl August Gottlieb Dreist (1784-1836), der bereits 1811 in einer kritischen Rezension der *Gesangbildungslehre nach Pestalozzischen Grundsätzen* Nägelis »Ansicht des Chorgesanges, als des Einen, allgemein-möglichen Volkslebens im Reiche der höhern Kunst« hervorgehoben und auf dessen innovativen Aspekt für den hieraus abzuleitenden Volksbildungsgedanken aufmerksam gemacht.[22]

Einig waren sich Hientzsch und Elben in der Bewertung der Befreiungskriege und ihrer unmittelbar folgenden Erinnerungskultur für den Aufschwung des Männerchorwesens. Für die Ausbildung des Männergesangs als lokale Vereinsgründungen nach dem Vorbild der »Zelterschen Liedertafel« seien die Kriegsjahre 1813, 1814 und 1815 ungleich wichtiger gewesen, erklärte Hientzsch mit Blick auf die Gedichte von Ernst Moritz Arndt (1769-1860) und Theodor Körner (1791-1813) und hob vor allem die sechs Körnerschen Lieder aus *Leyer und Schwerdt* (1814) in den Vertonungen von Carl Maria von Weber hervor.[23] Tatsächlich zählt auch Michael Traugott Pfeiffers (1771-1849) und Hans Georg Nägelis *Gesangbildungslehre für den Männerchor* von 1817 als vorgezogene *Beylage A zur zweiten Hauptabtheilung der vollständigen und ausführlichen Gesangschule*, der *Chorgesangschule* von 1821, zu den Zeugnissen für die Wirkungsmächtigkeit, die allein die ersten Feiern zur Erinnerung an die Leipziger Schlacht 1813 am 18. Oktober 1814 entfalteten,[24] denn in dieser *Gesangbildungs-*

lehre für den Männerchor hatte Nägeli demonstrativ eigene Vertonungen von Texten aus der 1815 publizierten Dokumentation *Des Teutschen Volkes feuriger Dank- und Ehrentempel* aufgenommen.[25]

Den beiden Herausgebern der *Gesangbildungslehre für den Männerchor* war jedoch sehr wohl auch bewusst, welche Bedeutung dem Moment der Geselligkeit in Männerkreisen beizumessen war, und achteten bei der Repertoireauswahl für die »Elementar-Gesänge«, »Lieder« und »Rundgesänge« darauf, dass genügend »viele gute gesellige Gedichte« berücksichtigt wurden.[26] Längst war bekannt, dass im Umkreis von Michael Haydn (1737-1806) und Benedikt Hacker (1769-1829) in Salzburg mit drei- und vierstimmigen »geselligen Liedern« neue Formen dieser Musikpflege für Aufsehen gesorgt hatten. Ungeachtet des pauschalen abschätzigen Urteils über die »durchaus einstimmigen Chorlieder« in der Sammlung *Frohe Lieder für deutsche Männer* (Berlin 1781) von Johann Friedrich Reichardt (1752-1814), die laut Nägeli »ohne Zweifel in ganz Deutschland nie ein Sängerchor zu singen Lust« bekommen habe,[27] ertönten in Männerrunden in Norddeutschland auch diese »frohen Lieder«.[28] Dass um 1800 keineswegs nur in Freimaurerkreisen gern gesungen wurde, hat Walter Salmen an verschiedenen Beispielen nachgewiesen.[29] Entsprechende neuere Untersuchungen zur Rezeption von Rudolph Zacharias Beckers *Mildheimisches Liederbuch* (Gotha 1799)[30] sowie zu Goethes »Hauskapelle« und »Singechor«[31], aber auch in Österreich zu den Kreisen um Franz Schubert[32] im ersten Drittel des 19. Jahrhunderts bestätigen solche Beobachtungen.[33] Wie rasch sich die Freude am mehrstimmigen Männergesang verbreitete, zeigt auch das Beispiel eines Gesangsquartetts in Frankfurt am Main, dem neben Spohr auch Johann Nepomuk Schelble (1789-1837) angehörte, das Spohrs Männerquartette *6 Gesänge* op. 44 (1817) uraufführte.[34]

»ERINNERUNGSORTE« DER BÜRGERLICHEN SÄNGERBEWEGUNG VON 1838 BIS 1932 IM ÜBERBLICK

Anlass für die Ausrichtung des »Ersten Deutschen Sängerfestes« durch den »Frankfurter Liederkranz« vom 28. bis 30. Juli 1838 war die Gründung einer »Mozart-Stiftung« zur »Unterstützung musikalischer Talente bei ihrer Ausbildung in der Compositionslehre«.[35] Zu den treibenden Kräften zählten neben den Liederkränzlern vor allem Freimaurer, die ihrem Idol Wolfgang Amadé Mozart ursprünglich sogar nach dem Vorbild des Gutenberg-Denkmals in Mainz ein Mozart-Denkmal setzen wollten, darunter auch der Schweizer Nägeli-Schüler, Pestalozzianer, Gründer des »Frankfurter Liederkranzes« und Frankfurter Sängerfest-Präsident Franz Xaver Schnyder von Wartensee (1786-1868).[36] Die von Frankfurt ausgehenden Impulse für die künftige Entwicklung des Männergesangvereinswesens durch

»zwei komplementäre Aspekte des ambivalenten Lebensgefühls der damaligen Zeit« - »Innerlichkeit und kämpferischer Mut, Vergeistigung und Freiheitsbedürfnis, Spiritualität und politische Demonstration« -, modellhaft erkennbar an den Statuten der »Mozart-Stiftung« und an Heinrich Weismanns (1808–1890) *Deutsches Lied* (»Wenn sich der Geist auf Andachtsschwingen«) in der Vertonung von Johann Wenzel Kalliwoda (1801–1866), das bezeichnenderweise rasch in das Standardrepertoire der deutschen Sänger aufgenommen wurde,[37] können nicht hoch genug eingeschätzt werden. Zu den wichtigsten Förderern der »Mozart-Stiftung« zählten nicht nur Frankfurter Musikgrößen wie Schnyder von Wartensee und Wilhelm Speyer (1790–1878), sondern auch Giacomo Meyerbeer, Louis Spohr, Franz Liszt und Wilhelm Bernhard Molique sowie ein besonders enthusiastischer Gastredner beim Sängerfest, der »schweizerische Sängerpfarrer« und Präsident des Sängervereins am Zürichsee Johann Jakob Sprüngli (1801–1889) aus Thalwil, der ein Liederheft unter dem Titel *Männergesänge von Freunden der Tonkunst gesammelt, dem Liederkranze zu Frankfurt a. M. in Liebe geweiht und zu Gunsten der dortigen MOZART-STIFTUNG* herausgab und schon im Februar 1840 die bedeutende Summe von 500 Gulden an die Frankfurter Freunde übergeben konnte, was ihm die Ehrenmitgliedschaft des »Liederkranzes« bzw. der Stiftung einbrachte.[38]

Einen ungeahnten Aufschwung erlebte die Männergesangsbewegung durch das »Erste allgemeine deutsche Sängerfest« in Würzburg 1845 und die beiden folgenden überregionalen Sängerfeste in Köln 1846 und in Lübeck 1847. In Würzburg wurde »dem deutschen Sängerwesen der Stempel einer kräftigen nationalen Wirksamkeit« aufgedrückt.[39] Hauptthema war Deutschlands Einheit, das mit dem Absingen von »Was ist des Deutschen Vaterland?« nachdrücklich bekräftigt wurde, wobei auch das nationale Bekenntnis der Sänger aus Schleswig-Holstein mit ihrem Lied »Wanke nicht, mein Vaterland« (»Schleswig Holstein, meerumschlungen«) aus dem Jahre 1844 immer wieder zu Beifallsstürmen hinriss. Das Kölner Sängerfest im folgenden Jahr stand unter dem Eindruck der Uraufführung von Felix Mendelssohns *Festgesang an die Künstler* unter der persönlichen Leitung des Komponisten.[40] Doch wie bereits in Würzburg prägten hier und 1847 in Lübeck nicht nur die bejubelten Auftritte der Gesangvereine die mehrtägigen Festveranstaltungen, sondern auch politische Reden und der »Verbrüderungscharakter« der Sänger.[41] Nach einem bereits in Würzburg 1845 gefassten Beschluss sollte das allgemeine deutsche Sängerfest 1848 in Frankfurt am Main stattfinden. Otto Elben schrieb rückblickend 1855: »Frankfurt, die Stadt mit den glorreichen Erinnerungen, war sowohl für die Liedertafeln Norddeutschlands als die Liederkränze Süddeutschlands aufs Günstigste gelegen, der Besuch der Vlamländer wie mancher Schweizer Sänger, mit denen der Frankfurter Liederkranz in gutem Vernehmen stand, war sicher, und so stand ein Fest in Aussicht, das zumal an äußerer Ausdehnung alle früheren

Xaver Schnyder von Wartensee (1786–1868), Fotografische Reproduktion einer Lithografie von Heinrich Bodmer.

Ehrenmitglied des Cäcilien-Vereins und des Liederkranzes, Präsident des Ersten Deutschen Sängerfestes, Gutachter bei der Mozart-Stiftung. Seit 1817 wirkte er als Musiklehrer in Frankfurt, er war Pianist, Organist, Bratschist und Glasharmonikaspieler. Von Wartensee (1786–1868) war einer der Mitbegründer des Rühl'schen Gesangvereins.

übertroffen hätte. Jedoch stellten sich allerlei Hindernisse in den Weg: schlechte Verhältnisse der Geschäftswelt, Aengstlichkeit vor dem wahrscheinlichen Strome der Begeisterung u.s.w., und ehe noch der Sturz Ludwig Filipps [sic] das Zeichen zu einer ganz Europa erschütternden Aufregung gegeben, beschloß das Frankfurter Komité – es war gerade am 24. Febr. 1848 – das Fest auf e i n Jahr zu verschieben. Es kam nicht mehr zu Stande!«[42]

Die Revolution von 1848/49 erschütterte die Sängerbewegung nachhaltig und brachte die Sängerfest-Euphorie vorübergehend zum Erliegen. Doch mit dem trotzigen Motto des Passauer Sängerfestes von 1851, »Lied wird That«, und mit Unterstützung des komponierenden Herzogs Ernst II. von Sachsen-Coburg und Gotha (1818–1893), der auch die Turner und Schützen förderte,[43] vereinbarten die Sänger anlässlich des 3. Coburger Sängertages 1860, im folgenden Jahr in Nürnberg ein »Großes Deutsches Sängerfest« zu veranstalten, auf dem dann der Beschluss gefasst wurde, am 21. September 1862 in Coburg den »Deutschen Sängerbund (DSB)« zu gründen.[44] Zu seinen Hauptaufgaben zählte der DSB die Ausrichtung von gesamtdeutschen Sängerfesten, beginnend mit dem »Ersten Deutschen Sängerbundesfest« in Dresden 1865, gefolgt von München 1874, Hamburg 1882, Wien 1890, Stuttgart 1896, Graz 1902, Breslau 1907, Nürnberg 1912, Hannover 1924, Wien 1928 und schließlich – nach fast einem Jahrhundert – auch wieder Frankfurt am Main 1932.

Im Laufe der 1860er-Jahre entstanden immer mehr Arbeitergesangvereine, die statt der Deutschtümelei der bürgerlichen Gesangvereine klassenkämpferische Ziele verfolgten. 1863 regte Ferdinand Lasalle (1825–1864) die Mitglieder des »Allgemeinen Deutschen Arbeitervereins« in Frankfurt am Main zur Gründung eines »Sängerbundes« an. 1877 wurde in Gotha ein »Allgemeiner Arbeiter-Sänger-Verein« gegründet, doch bereits im folgenden Jahr infolge des Sozialistengesetzes verboten. Nach Aufhebung des Sozialistengesetzes 1890 erlebte die Arbeitersängerbewegung einen raschen Aufschwung, der nicht zuletzt mit der Hinzuziehung der Frauen zusammenhing, was der »Deutsche Sängerbund« bisher strikt abgelehnt hatte. 1908, in dem Jahr, in dem die Frauen durch das Reichsvereinsgesetz das Recht auf politische Betätigung erhielten, wurde in Köln der »Deutsche Arbeiter-Sängerbund (DAS)« gegründet, der sich bis zum Ende der Weimarer Republik neben dem DSB zum mitgliederstärksten und musikpolitisch diesem ebenbürtigen Chorverband entwickeln sollte.[45]

Am 27. Januar 1895, an Mozarts 139. und an seinem eigenen 36. Geburtstag, stiftete Kaiser Wilhelm II. (1859–1941) »eingedenk dessen, daß deutsches Lied und deutscher Sang alle Zeit auf die Veredelung der Volksseele einen segensreichen Einfluß ausgeübt und die Nation in der Treue gegen Gott, Thron, Vaterland und Familie gestärkt haben«, einen Wanderpreis für Männergesangvereine.[46] Vier Jahre später, vom 25. bis 27. Mai 1899, fand der »I. Gesang-Wettstreit Deutscher Männer-Gesangvereine um den von Sr. Majestät dem Kaiser und

König gestifteten Wanderpreis« in Kassel statt, vom 3. bis 6. Juni 1903 der zweite in Frankfurt am Main, wo 1909 und 1913 dann auch das dritte und das vierte »Kaiserpreissingen« veranstaltet wurden.[47] In deren Zusammenhang ist auch das ambitionierte Projekt der *Volksliederbücher* für Männerchor (1908) und gemischten Chor (1915) zu sehen, das in den 1920er-Jahren weitergeführt wurde und mit dem Erscheinen des *Volksliederbuchs für die Jugend* (1930) seinen Abschluss fand.[48]

Hatte der Erste Weltkrieg Mitglieder von DSB und DAS einander nähergebracht, zeigte sich nach Kriegsende rasch, dass es sich nur um eine Notallianz gehandelt hatte. Beide Chorverbände suchten sich bei den Bundesfesten der 1920er-Jahre mit Monsterkonzerten zu übertreffen. Längst hatte die politische Situation aber nicht nur den beiden großen, sondern auch anderen Chorverbänden klargemacht, dass die Zeit drängte, die Idee Leo Kestenbergs (1882–1962) aufzugreifen, sich 1927 zu einer »Interessengemeinschaft für das deutsche Chorgesangwesen« zusammenzuschließen und 1928 beim »I. Kongress für Chorgesangwesen« über gemeinsame Sorgen und Ziele nachzudenken.[49] Wie deutlich dem »Deutschen Sängerbund« jedoch auch das Problem einer unzeitgemäßen Repertoirepflege war, zeigte sich vor 1933 mit den Veranstaltungen der »Nürnberger Sängerwochen« 1927, 1929, 1931, die ein Forum für neue Chorwerke bieten und einen Ausweg aus der als »Liedertafelei« empfundenen musikalischen Sackgasse erkennen lassen sollten.[50] Bezeichnend ist dann auch das Motto des »11. Deutschen Sängerbundesfestes« in Frankfurt am Main: »Bringt Neues!« Doch ungeachtet der Mahnung, »vom guten Alten fortzuschreiten zum vielleicht besseren Neueren« und der tatsächlich erstaunlich zahlreichen neuen Chorkompositionen, namentlich von dem enthusiastisch gefeierten Erwin Lendvai (1882–1949),[51] sowie der Mitwirkung von Mitgliedern des »Dessoffschen Frauenchors« ließen Auftritte und Reden der DSB-Funktionäre wie Aufführungen mit Werken »vaterländischen Charakters« keinen Zweifel daran, dass sich der »Deutsche Sängerbund« mit einem unmissverständlichen Perspektivenwechsel schwertat. Besonders deutlich wurde die politische Positionierung bei der »Volksdeutschen Weihestunde«, vor allem aber bei der »Kundgebung im Stadion« zum Beweis der »vaterländischen Sendung des DSB«, »mit elementarer Kraft« und zur »Demonstration für das deutsche Lied und das Vaterland« mit einem »Treugelöbnis der Vierzigtausend«.[52] Es gab viele Zeichen, die auf »eine Zeit der sich ankündigenden Kulturwende – besser gesagt: Unkulturwende« hindeuteten, wie der bereits 1932 zwangspensionierte Leo Kestenberg in seiner Autobiographie rückblickend schrieb,[53] auch wenn das »11. Deutsche Sängerbundesfest« in Frankfurt am Main 1932 äußerlich noch im Zeichen von Goethe und Zelter stand.

Titelseite der Festblätter für das XI. Deutsche Sängerbundesfest Frankfurt am Main Juli 1932, Heft 12, Frankfurt am Main September 1932.

Dig. der Stiftung Dokumentations- und Forschungszentrum des Deutschen Chorwesens, Sign. Var. II.2 Frankfurt 1932

Festblätter

FÜR DAS XI. DEUTSCHE SÄNGERBUNDESFEST FRANKFURT A. MAIN
JULI · 1932

Das dritte Hauptkonzert in der Festhalle   Phot. Schmidt   September 1932 / Heft 12

1 Der nachstehende Beitrag stellt auf Wunsch der Herausgeber im Wesentlichen eine Kompilation von Forschungsergebnissen des Verfassers seit 1995 dar: Friedhelm Brusniak, *Das große Buch des Fränkischen Sängerbundes*, München 1991; Ders., *Chor und Chormusik: II. Chorwesen seit dem 18. Jh.*, in: *MGG2. Sachteil 2*, hrsg. von Ludwig Finscher, Kassel etc. 1995, Sp. 774-824; Ders., *Zur Entwicklung der Chorkultur in Deutschland - Eine Einführung in Institutionen und Organisationsformen*, in: *Chorgesang als Medium von Interkulturalität: Formen, Kanäle, Diskurse*, hrsg. von Erik Fischer, Stuttgart 2007, S. 19-25; Ders., *Zur Schubert-Rezeption durch Christian Carl André (1763-1831), einen Protagonisten der Männerchorbewegung in der ersten Hälfte des 19. Jahrhunderts*, in: *Schubert und die Nachwelt*, hrsg. von Michael Kube, Walburga Litschauer und Gernot Gruber, München/Salzburg 2007, S. 271-280; Ders., *»Das volkstümliche Streben war das karakteristische Merkmal der schwäbischen Liederkränze«. Zu den Hintergründen der Entstehung und Entwicklung des »volkstümlichen deutschen Männergesangs« aus der Sicht von Hans Georg Nägeli (1771-1837) und Otto Elben (1823-1899)*, in: *Vom Minnesang zur Popakademie. Musikkultur in Baden-Württemberg*, hrsg. vom Badischen Landesmuseum Karlsruhe, Karlsruhe 2010 (= [Katalog] Große Landesausstellung Baden-Württemberg 2010 im Badischen Landesmuseum Schloss Karlsruhe 16.4.-12.9.2010), S. 341-346; Ders., *Carl Friedrich Zelters Entwurf einer Tischordnung für die Liedertafel am 6. Juni 1809. Anmerkungen zur II. ordentlichen Zusammenkunft der Berliner ›Urliedertafel‹*, in: *Urbane Musikkultur. Berlin um 1800*, hrsg. von Eduard Mutschelknauss, Hannover 2011, S. 333-335; Ders., *Kritische Anmerkungen zur Historiographie des deutschen Männergesangs im frühen 19. Jahrhundert*, in: *Integer vitae. Die Zeltersche Liedertafel als kulturgeschichtliches Phänomen (1809-1832)*, hrsg. von Axel Fischer und Matthias Kornemann, Hannover 2014, S. 61-90; Ders., *Es lebe die freie Schweiz, im Guten unser Vorbild!«: Schweizerische Impulse für die Entwicklung der Sängerbewegung im deutschsprachigen Raum von den Anfängen um 1800 bis in die 1860er-Jahre*, in: *Schweizer Jahrbuch für Musikwissenschaft* Neue Folge 34/35 (2014/2015) [2017], S. 147-192.
2 Berthold Auerbach, *Das Sängerfest zu Frankfurt a. M.*, in: *Europa. Chronik der gebildeten Welt* 3 (1838), S. 481-496, die folgenden Zitate S. 481-482, 491..
3 Otto Dann, *Vereinsbildung in Deutschland in historischer*

Perspektive, in: *Vereine in Deutschland*, hrsg. von Heinrich Best, Bonn 1993, S. 119-142, hier S. 119.
4 Hans Georg Nägeli, *Die Pestalozzische Gesangbildungslehre nach Pfeiffers Erfindung kunstwissenschaftlich dargestellt im Namen Pestalozzis, Pfeiffers und ihrer Freunde*, Zürich [1809], S. 53-55, hier S. 55.
5 Ulrike Kienzle, *Neue Töne braucht das Land. Die Frankfurter Mozart-Stiftung im Wandel der Geschichte (1838-2013)*, Frankfurt am Main 2013 (= Mäzene, Stifter und Stadtkultur; 10).
6 Auerbach, *Sängerfest*, S. 491-492.
7 Auerbach, *Sängerfest*, S. 490-491. Vgl. in diesem Zusammenhang Jürgen Steen, *Nationalfeste - Geschichte als reale Utopie (1838 - 1862)*, in: *100 Jahre Historisches Museum Frankfurt am Main 1878 bis 1978*, Frankfurt 1978, S. 135-149.
8 [Schweinfurter Liederkranz (Hrsg.)], *Verzeichniss deutscher Musik- und Gesang-Feste. Den beim großen deutschen Sängerfeste in Lübeck am 26. bis 29. Juni 1847 versammelten Liedertafeln gewidmet*, Schweinfurt 1847.
9 [Michael Traugott] Pfeiffer/[Hans Georg] Nägeli, *Gesangbildungslehre für den Männerchor. Beylage A zur zweyten Hauptabtheilung der vollständigen und ausführlichen Gesangschule. In zwey Heften. (Der zweyte enthält Männerchöre mit untermischten vierstimmigen Solosätzen.)*, Zürich 1817; Johann Gottfried Hientzsch, *Kritischer Bericht über den Männer-Gesang*, in: *Eutonia* 4 (1830), S. 36-68, hier S. 36-42.
10 Gottfried Eberle, *Den feinsten Sinn bildsamer Menschen ergötzen. Zelters ,Singe-Academie' und ihr Bildungsideal*, in: *Der Singemeister Carl Friedrich Zelter*, hrsg. von Christine Filips, Mainz 2009, S. 104-111, hier S. 106-107.
11 Hans-Günther Ottenberg/Edith Zehm (Hrsg.), *Briefwechsel zwischen Goethe und Zelter zwischen den Jahren 1799 bis 1827. Dokumente*, München 1991, S. 206-209, hier S. 206-207.
12 Protokoll der 1. Versammlung der Liedertafel am 2. Mai 1809, in: *Integer vitae*, S. 254 (Quelle: Archiv der Sing-Akademie zu Berlin, N. Mus. SA 280, fol. 12r-12v).
13 Habakuk Traber, *Stimmen der Großstadt. Chöre zwischen Kunst, Geselligkeit und Politik*, Berlin 2001, S. 32- 33.
14 Vgl. die Lit. bei Brusniak, *Carl Friedrich Zelters Entwurf*, S. 344.
15 Vgl. die Lit. bei Brusniak, *Carl Friedrich Zelters Entwurf*, S. 347.
16 Martin Loeser, *Nähe und Distanz. Überlegungen zum Verhältnis von Zelterscher Liedertafel und Liedertafel-Bewegung*, in: *Dichten, Singen, Komponieren. Die Zeltersche Liedertafel als kulturgeschichtlichs Phänomen (1809-1945)*, hrsg. von Axel Fischer und Matthias Kornemann, Hannover 2016, S. 149-167.

17 Hans Spreng, *Die Alphirtenfeste zu Unspunnen*, in: *Berner Zeitschrift für Geschichte und Heimatkunde* 1946, Heft 3, S. 133-174, hier S. 143 f., 148, 150-154.
18 Martin Staehelin, *Nägeli, Hans Georg*, in: *MGG²*, *Personenteil*, Bd. 12 (2004), Sp. 890-894, hier Sp. 890; ders., *Hans Georg Nägeli und der frühe schweizerische Männergesang*, in: *Integer vitae*, S. 91-103, hier S. 92-96.
19 Friedhelm Brusniak, *Zur Entwicklung der Chorkultur*; ders., *Kritische Anmerkungen*.
20 Hientzsch, *Kritischer Bericht*; dazu Brusniak, *Kritische Anmerkungen*, S. 86- 87.
21 Otto Elben, *Der volksthümliche deutsche Männergesang, seine Geschichte, seine gesellschaftliche und nationale Bedeutung*, Tübingen, 1855, S. 72; ders., *Der volksthümliche deutsche Männergesang. Geschichte und Stellung im Leben der Nation; der deutsche Sängerbund und seine Glieder*, Tübingen ²1887, Reprint hrsg. von Friedhelm Brusniak und Franz Krautwurst, Wolfenbüttel 1991, S. 57; dazu Brusniak, *Das volksthümliche Streben*, S. 345-346.
22 Michael Traugott Pfeiffer/Hans Georg Nägeli, *Gesangbildungslehre nach Pestalozzischen Grundsätzen pädagogisch begründet. Erste Hauptabtheilung der vollständigen und ausführlichen Gesangschule mit drey Beylagen ein- zwei- und dreystimmiger Gesänge*, Zürich, 1810, Reprint hrsg. von Reinhold Schmitt-Thomas, Frankfurt am Main 1986 (= MPZ Quellen-Schriften; 5); Karl August Gottlieb Dreist, *Zweytes Wort über die Gesangbildungslehre nach Pestalozzi's Grundsätzen von M. J. Pfeiffer und H. G. Nägeli*, in: *Allgemeine Musikalische Zeitung* 13 (1811), Nr. 50, Sp. 833-842, hier Sp. 839 (Forts. ebd., Nr. 51, Sp. 858-870, Nr. 52, Sp. 876-878); Elben, *Der volksthümliche deutsche Männergesang* 1855, S. 42 und Elben, *Der volksthümliche deutsche Männergesang* ²1887, S. 36; Brusniak, *Kritische Anmerkungen*, S. 90, Anm. 89.
23 Hientzsch, *Kritischer Bericht*, S. 40 f.; Brusniak, *Kritische Anmerkungen*, S. 87-88.
24 Pfeiffer/Nägeli, *Gesangbildungslehre*.
25 Carl Hoffmann (Hrsg.), *Des Teutschen Volkes feuriger Dank- und Ehrentempel oder Beschreibung wie das aus zwanzigjähriger französischer Sklaverei durch Fürsten-Eintracht und Volkskraft gerettete teutsche Volk die Tage der entscheidenden Völker- und Rettungsschlacht bei Leipzig am 18. und 19. Oktober 1814 zum erstenmale gefeiert hat*, Offenbach 1815; dazu Dieter Düding, *Organisierter gesellschaftlicher Nationalismus in Deutschland (1808-1847). Bedeutung und Funktion der Turner- und Sängervereine für die*

deutsche Nationalbewegung, München 1984, S. 114-117 sowie Friedhelm Brusniak, *Karl Hoffmanns Dokumentation Des Teutschen Volkes feuriger Dank- und Ehrentempel (1815) als Quelle zur Historiographie des chorischen Singens*, in: *Rollenspiele. Musikpädagogik zwischen Bühne, Popkultur und Wissenschaft. Festschrift für Mechthild von Schoenebeck zum 65. Geburtstag*, hrsg. von Thomas Erlach und Burkhard Sauerwald, Frankfurt a. M. 2014, S. 327-340, hier S. 332 f. (durch Nägeli vertonte Texte).

26 Pfeiffer/Nägeli, *Gesangbildungslehre für den Männerchor*, S. XII.

27 Pfeiffer/Nägeli, *Gesangbildungslehre für den Männerchor*, S. XII.

28 Vgl. hierzu Wolfgang Ruf, *Liedertafel und Liederkranz - Formen der bürgerlichen Sängerbewegung und ihr Repertoire*, in: *Von Reisen und vom Trinken. Zwei Symposien der Internationalen Wilhelm-Müller-Gesellschaft Berlin 2003 und 2006*, hrsg. von Maria-Verena Leistner, Berlin 2007, S. 113-124, hier S. 120.

29 Walter Salmen, *Chorisches Singen in privaten Zirkeln um 1800*, in: *Chöre und Chorisches Singen. Festschrift für Christoph-Hellmut Mahling zum 75. Geburtstag*, hrsg. von Ursula Kramer unter Mitarbeit von Wolfgang Birtel, Mainz 2009, S. 71-94; ders., *»In Gesellschaft singen«* um 1800, in: *Urbane Musikkultur*, S. 171-185.

30 Brusniak, *Karl Hoffmanns Dokumentation*, S. 335-336.

31 Gabriele Busch-Salmen, *«... jeden Donnerstag, abends 6 Uhr«*. Goethes *»Hauskapelle«* und *»Musicalische Unterhaltungen«*, in: *Weimar-Jena: Die große Stadt* 4/3 /2011, S. 198-209.

32 Rita Steblin, *Die Unsinnsgesellschaft. Franz Schubert, Leopold Kupelwieser und ihr Freundeskreis*, Wien-Köln-Weimar 1998.

33 Zur Thematik vgl. Stefan-Ludwig Hoffmann, *Geselligkeit und Demokratie. Vereine und zivile Gesellschaft im transnationalen Vergleich 1750-1914*, Göttingen 2003; Klaus Nathaus, *Organisierte Geselligkeit. Deutsche und britische Vereine im 19. und 20. Jahrhundert*, Göttingen 2009.

34 Carl Gollmick, *Auto-Biographie. Nebst einigen Momenten aus der Geschichte des Frankfurter Theaters*, Frankfurt am Main 1866, S. 91.

35 [Frankfurter Liederkranz (Hrsg.)], *Erinnerung an das erste Saengerfest der Mozartstiftung[,] gehalten zu Frankfurt a/Main 29. u. 30. July 1838. Fest-Gabe. Den Sängern gewidmet vom Lieder-Kranz*, [Frankfurt am Main: Liederkranz, 1838], *Statuten*, S. 4-6; dazu Kienzle, *Neue Töne, Statuten*, S. 349-352.

36 Friedhelm Brusniak, *The Involvement of Freemasons in the 'Erstes Deutsches Sängerfest' in Frankfurt-on-Main in 1838: Observations from a Choral-Sociological Perspective*, in: *Choral Singing: Histories and Practices*, ed. by Ursula Geisler and Karin Johansson, Newcastle upon Tyne 2014, S. 113-121.

37 Friedhelm Brusniak, *Der Deutsche Sängerbund und das ‚deutsche Lied'*, in: *Nationale Musik im 20. Jahrhundert. Kompositorische und soziokulturelle Aspekte der Musikgeschichte zwischen Ost- und Westeuropa. Konferenzbericht Leipzig 2002*, hrsg. von Helmut Loos und Stefan Keym, Leipzig 2004, S. 409-421.

38 Hermann Schollenberger, *Joh. Jakob Sprüngli 1801-1889. Ein Lebensbild*, Zürich [1922], S. 30-49, hier S. 30-32; Kienzle *Neue Töne*, S. 45-46.

39 Elben, *Der volksthümliche deutsche Männergesang*, 1855, S. 139 und Elben, *Der volksthümliche deutsche Männergesang*, ²1887, S. 110. Zum Würzburger Sängerfest vgl. Brusniak, *Das große Buch*, S. 59-70; Ders.: *Nationalbewegung und Sängerstolz. Das erste deutsche Sängerfest in Würzburg 1845*, in: *Musikpflege und ‚Musikwissenschaft' in Würzburg um 1800. Symposiumsbericht Würzburg 1997*, hrsg. von Ulrich Konrad, Tutzing 1998, S. 37-48; Dietmar Klenke, *Der singende »deutsche Mann«. Gesangvereine und deutsches Nationalbewusstsein von Napoleon bis Hitler*, Münster 1998, S. 55-63; Henning Unverhau, *Gesang, Feste und Politik. Deutsche Liedertafeln, Sängerfeste, Volksfeste und Festmähler und ihre Bedeutung für das Entstehen eines nationalen und politischen Bewußtseins in Schleswig-Holstein 1840-1848*, Frankfurt a. M. 2000, S. 190-194.

40 Vgl. hierzu Friedhelm Brusniak/ Dietmar Klenke, *Sängerfeste und die Politik der deutschen Nationalbewegung*, in: *Die Musikforschung* 52 (1999), S. 29-54, hier S. 45-49.

41 Unverhau, *Gesang, Feste und Politik*, S. 407-410.

42 Elben, *Der volksthümliche deutsche Männergesang*, 1855, S. 164 und Elben, *Der volksthümliche deutsche Männergesang*, ²1887, S. 133.

43 Brusniak, *Das große Buch*, S. 86-120.

44 Friedhelm Brusniak, *»Wie auch die Zeiten sich, die wechselnden, gestalten«. Zur Gründung des Deutschen Sängerbundes am 21. September 1862*, in: *Fränkische Sängerzeitung* 59 (2012), Nr. 6, S. 21-23.

45 Dietmar Klenke/Franz Walter, *Der Deutsche Arbeiter-Sängerbund*, in: *Arbeitersänger und Volksbühnen in der Weimarer Republik*, hrsg. von Dietmar Klenke, Peter Lilje und Franz Walter, Bonn 1992, S. 15-248; Dietmar Klenke, *Nationale oder proletarische Solidargemeinschaft? Geschichte der deutschen Arbeitersänger*, Heidelberg 1995; Friedhelm Brusniak, *»Das erwachte Bewußtsein«. Ausgewählte Quellen zur Geschichte des deutschen Arbeitergesanges*, in: *125 Jahre »Eintracht« Innsbruck - 125 Jahre sozialdemokratischer Kulturarbeit in Tirol*, hrsg. von Gabi Rothbacher, Hartmut Krones und Martin Ortner, Innsbruck 2009, S. 24-49.

46 Friedhelm Brusniak, *Repertoirebildung und -pflege bei Chorvereinen*, in: *Chor - Visionen in Musik. Essener Thesen zum Chorsingen im 21. Jahrhundert*, hrsg. von Friedhelm Brusniak, Kassel 2003, S. 69-84, hier S. 76-79.

47 Brusniak, *Das große Buch*, S. 186-169.

48 Friedhelm Brusniak, *»Keine Sammlung, die die praktische Musikübung der Vereine widerspiegelt« - zur Kritik am »Kaiserliederbuch«*, in: *Querstand. Beiträge zu Kunst und Kultur* 4 (2009), S. 19-48.

49 Interessengemeinschaft für das deutsche Chorgesangwesen/Zentralinstitut für Erziehung und Unterricht, Berlin (Hrsg.), *Organisationsfragen des Chorgesangwesens. Vorträge des I. Kongresses für Chorgesangwesen in Essen*, Leipzig 1929, Reprint hrsg. von Friedhelm Brusniak, Kassel 2003, in: *Chor - Visionen in Musik*; Ders., *Leo Kestenberg und die »erste musikalische‚Volkszählung'«* - Das Jahrbuch der deutschen Musikorganisation 1931 als Quelle für die historische Chorforschung*, in: Leo Kestenberg und musikalische Bildung in Europa*, hrsg. von Damien Sagrillo, Alain Nitschké und Friedhelm Brusniak, Weikersheim 2016, S. 241-258; Ders., *New perspectives of Kestenberg-research: the significance of »Chorgesangwesen« in the life and work of Leo Kestenberg (1882-1962)*, in: *Music Education in Continuity and Breakthrough: Historical Prospects and Current References in a European Context*, ed. by Jarosław Chaciński and Friedhelm Brusniak, Słupsk 2016, S. 247-256.

50 Brusniak, *Das große Buch*, S. 91; Helmke Jan Keden, *Zwischen »Singender Mannschaft« und »Stählerner Romantik«. Die Ideologisierung des deutschen Männergesangs im Nationalsozialismus«*, Stuttgart 2003.

51 Friedhelm Brusniak, *Erwin Lendvai (1882-1949), der »kühne Neuerer des Männerchors«*, in: *Glasba v dvajsetih letih 20. stoletja / Music in the twenties of the twentieth century*, hrsg. von Primož Kuret, Ljubljana 2009, S. 197-206.

52 Ph.[ilipp] Conrad, *Die Kundgebung im Stadion*, in: *Festblätter für das XI. Deutsche Sängerbundesfest Frankfurt a. Main Juli 1932*, Heft 12/September 1932, S. 173-174, hier S. 173.

53 Leo Kestenberg, *Bewegte Zeiten. Musisch-musikantische Lebenserinnerungen*, Wolfenbüttel/Zürich 1961, S. 63.

AUS DER ZEIT 1850-1900

In der zweiten Hälfte des 19. Jahrhunderts wuchsen die Möglichkeiten des
bürgerlichen Musiklebens erheblich an. Dabei war die Eröffnung des Saalbaus
1861 als Konzertstätte ebenso bedeutsam wie das allgemeine Aufblühen
des Konzertwesens der Stadt Frankfurt. Der Cäcilien-Verein hatte mit seinen
jeweils langjährig tätigen Dirigenten Glück und konnte zunehmend große
oratorische Werke unterschiedlicher Musikepochen aufführen.
Die folgenden Dokumente veranschaulichen dies.

Titelseite des Programmzettels zum Konzert anlässlich des 100. Geburtstages von Wolfgang Amadeus Mozart, 1856. Die Aufführung von Mozarts *Requiem* KV 636 in der Paulskirche wurde durch mehrere Chorvereinigungen, die sämtlich auf der Titelseite genannt werden, realisiert.

D-F, Programmarchiv, Mus. W 304

Der Vorstand des Cäcilien-Vereins und Dirigent Franz Messer.

HMF, C25136

Titelseite der Statuten des Cäcilien-Vereins, am 1. Oktober 1863 in Kraft getreten. Die Statuten umfassen 38 Paragrafen, der erste lautet: »Zweck des Vereins ist die Förderung des Sinnes für ernste classische Musik, insbesondere für sogenannte Oratorienmusik.« Das auf der Einbandinnenseite angebrachte Exlibris mit dem Textzug »Freiherrlich Carl von Rothschild'sche Oeffentliche Bibliothek« zeigt die Provenienz des Exemplars an.

D-F, HB 20, P 150

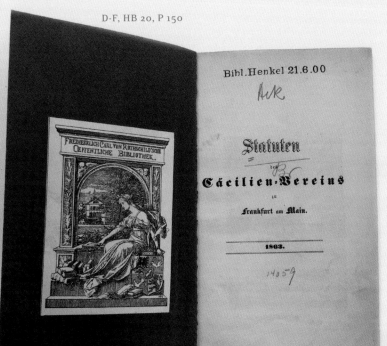

Franz Messer, Dirigent des Cäcilienchors von 1841 bis 1859, Lithografie von Valentin Schertle, fotografische Reproduktion.

D-F, Porträtsammlung Manskopf, S 36/F10976, Dig. urn:nbn:de:hebis:30:2-160533

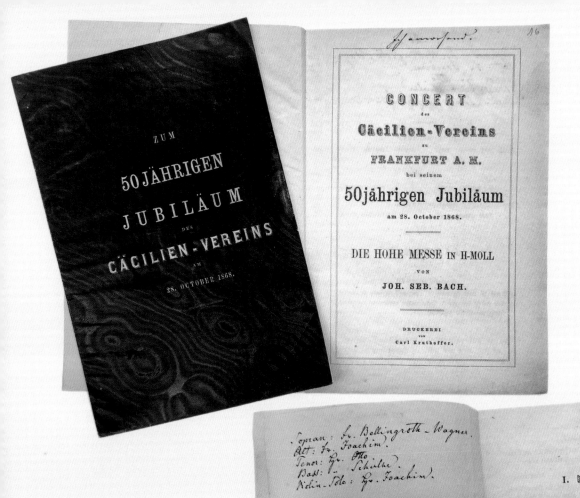

Blauer Schmuckumschlag
mit Außentitel sowie Titelseite
des Konzert-Programmheftes
zum 50-jährigen Jubiläum
und die beiden nachfolgenden
Seiten mit handschriftlicher
Eintragung der Solistennamen
und Textbeginn der Messe, 1868.
Walter Melber (1918) schreibt
hierzu: »Am Abend [des
28. Oktober 1868] wurde als
Festkonzert die *H=moll=Messe*
von Bach aufgeführt, bei der
Frau Emilie Bellingratt=Wagner aus Dresden,
Frau Amalie Joachim aus Berlin, Rudolf Otto aus Berlin und
Adolf Schulze aus Hamburg die Soli übernommen hatten.
Das Violin=Solo spielte Josef Joachim.«

D-F, ACV, Mus. S 42, Kapsel 14, Nr. 16

Johann Sebastian Bach, Kantate »Gottes Zeit« BWV 106 in der Instrumentation von Karl Müller, Partiturabschrift mit zahlreichen Eintragungen zur musikalischen Gestaltung (blauer Stift und Bleistift). Beginn des Eingangssatzes: Sonatina, Molto Adagio (S. 1) und Beginn des Adagios »In deinen Händen« (S. 33). Der Cäcilienchor führte diese Kantate bis in die 1880er-Jahre besonders häufig auf, d.h. im Zeitraum von 1833 bis 1888 zwanzig Mal.

Karl Müller, Dirigent des Cäcilienchors von 1860 bis 1893. Foto von J. Schäfer.

Johann Sebastian Bach, *Messe in h-Moll BWV 232*, Partiturabschrift mit Eintragungen zur musikalischen Gestaltung (roter und blauer Stift sowie Bleistift).
Vorsatzblatt u.a. mit Erläuterung der Farbauswahl für Eintragungen (Orchester rot, Chor blau, Bleistift für I. Sopran) und Beginn des Sanctus (S. 273). Die saubere Abschrift enthält Eintragungen von mehr als nur einer Dirigenten-Hand, d.h. sie hat vermutlich verschiedene Eigentümer gehabt. Die Angaben auf dem Vorsatzblatt verweisen auf eine Aufführung in Stockholm im Jahr 1896 durch die dortige Chorvereinigung Musikföreningen, für die Aufführung ist Franz Xaver Neruda als Dirigent belegt. D-F, ACV – Bibliothek, Mus. Hs. 146 / 10b

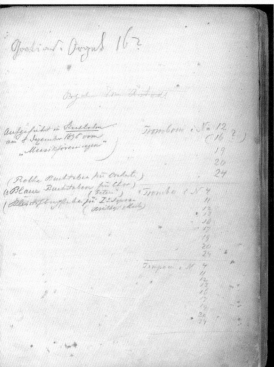

Titelseite und die beiden nachfolgenden Seiten des Programmheftes zum Konzert mit Joseph Haydns Oratorium *Die Jahreszeiten*, 1900

D-F, ACV, Mus. S 42, Kapsel 17,1, Nr. 53

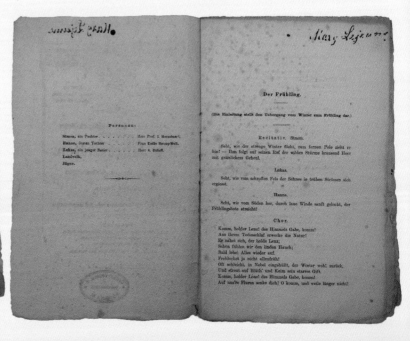

Titelseiten vierer Konzert-Programmhefte des Cäcilienchores aus den 1880er-Jahren mit älteren und neueren Werken: Friedrich Kiels *Christus* (aus dem Jahr 1870), Ludwig van Beethovens *Missa solemnis* (1823), Felix Mendelssohn Bartholdys *Paulus* (1836) und Max Bruchs *Die Glocke* (1872).

D-F, ACV, Mus. S 42, Kapsel 17,1, Nr. 71, 73, 73a und 74

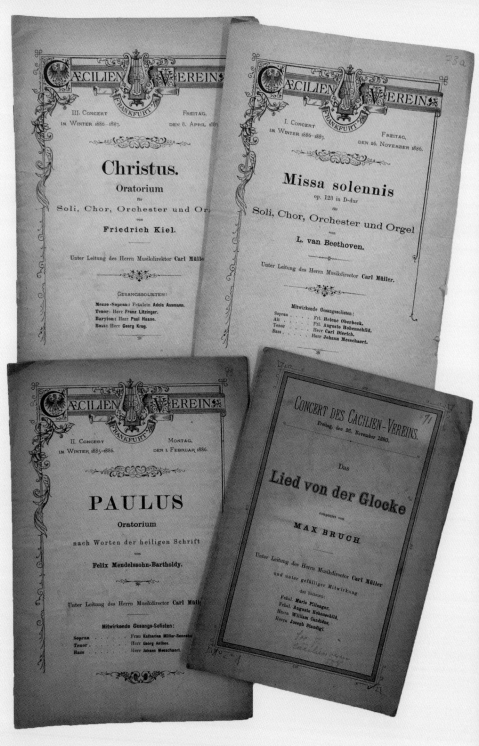

August Grüters, Dirigent des Cäcilienchors von 1893 bis 1908. Foto von Arthur Marx.

D-F, Porträtsammlung Manskopf, S 36/F08047, Dig. urn:nbn:de:hebis:30:2-130363

ANDREAS BOMBA

Über Orte, Räume und Motivationen des Chorsingens

Das wohl älteste Denkmal Frankfurter Chorkultur steht – im Wald. Im Stadtwald, nahe der Oberschweinstiege. Ein Findling mit eingelassener Bronzetafel erinnert an ein Fest, das hier im Juli 1839 »Frankfurter Familien« zu Ehren von Felix Mendelssohn Bartholdy feierten. Der Gefeierte selbst berichtete seiner Mutter von der »schönsten Gesellschaft«, die er in seinem Leben bislang gesehen habe. Von hohen Buchen, die ein großes Dach bilden, »mit dicken Blumenkränzen verbunden waren« und so einen »Concertsaal vorstellten«. »Ein Chor von etwa zwanzig guten Stimmen« stellte sich unter die Bäume; »bei einer Probe im Zimmer hatte manches gefehlt, und alles war unsicher gewesen.« Nun aber, unter den Bäumen, »war es in der Waldstille bezaubernd, daß mir beinahe die Thränen in die Augen kamen. Wie lauter Poesie klang es!«

Wikipedia kann es sich nicht verkneifen, diesen Ort, der seither *Mendelssohnruhe* heißt (und dessen Andenken couragierte Waldarbeiter durch die Nazizeit hindurch bewahrten), in Kontrast zum Lärm des nahen Flughafens zu setzen. Was sich die Online-Enzyklopädie zu sagen verkneift: Mendelssohn, ein Superstar seiner Zeit, wäre der Erste gewesen, der mit Hilfe des Flugzeugs seine internationale Karriere beschleunigt hätte! Ob er dann aber noch Goethes Texte wie »Leise Bewegung bebt in der Luft, reizende Regung, schläfernder Duft« vertont hätte, sei dahingestellt. Drei seiner *Lieder im Freien zu singen* jedenfalls

Zur Erinnerung
an
Felix Mendelssohn Bartholdy
zu dessen Ehren hier
im Juli 1839
von Frankfurter Familien
ein Fest gefeiert wurde

wurden am 3. Juli 1839 im Frankfurter Stadtwald uraufgeführt, gesungen von Mitgliedern des Cäcilien-Vereins, die einer Idee von Mendelssohns Schwiegereltern, August und Elisabeth Jeanrenaud geb. Souchay, unter die Bäume gefolgt waren.

OPEN AIR – UNTER FREIEM HIMMEL

Musik macht man im Wald und überhaupt im Freien eher nicht mehr; die Open-Air-Kultur sucht sich andere, eigens hergerichtete Plätze. In Frankfurt beginnend in den 1930er-Jahren mit den Römerberg-Festspielen, bei denen der Cäcilien-Verein mitwirkte und die das spektakuläre Ambiente der Kaiserkrönungen hervorrufen und kultivieren sollten. Carl Orffs derbe *Carmina burana* jedoch wurden 1937, ebenfalls unter Mitwirkung des Cäcilien-Vereins, im Opernhaus aus der Taufe gehoben – in jener Hülle, die heute die Alte Oper beherbergt. Unter freiem Himmel gesungen wird heutzutage, ohne Cäcilienchor, wohl nur noch im Stadion, bei Chorfesten oder speziellen Gottesdiensten, in jedem Fall stark ritualisiert und organisiert. Dabei wäre, von allen Musikarten, das Chorsingen im Freien am einfachsten. Man braucht seine Stimme – sonst nichts!

Dem zwanglosen Gesang entgegen steht der Anspruch, Kunst zu produzieren und damit der Kunstfertigkeit von Musik gerecht zu werden. Musik als Kunst braucht den geschlossenen Raum, den Widerhall von Flächen, die Klang und Schall zugleich begrenzen und sich im Saal verteilen. »Man hört sich hier gut«, sagen die Chorsänger über einen guten Saal. Darin äußert sich das Ziel seines Bemühens. Natürlich möchte ein Chor dem Publikum etwas vortragen, auch dem jeweiligen Kunstwerk gerecht werden, es verstehen und verinnerlichen, sich mit ihm, während des langen Probenprozesses, identifizieren. Nicht zuletzt singt der Chorsänger, die Chorsängerin auch für sich selbst, und deshalb reagieren er und sie gegenüber Kritik von außen, selbst aus dem Mund sachverständiger, professioneller Fachleute, rasch allergisch. Alles aber muss im geschlossenen Raum stattfinden: das genaue Hören, das präzise Gestalten. Geschlossene Räume helfen auch dem Publikum, sich auf die Darbietungen zu konzentrieren, vorausgesetzt das Handy oder iPhone und – als Vorläufer, wer erinnert sich noch? – piepende Uhren zerstören diese Konzentration nicht.

VON DER SCHLIMMEN MAUER ZUM SAALBAU

So beginnt auch die Geschichte des Cäcilien-Vereins in einem Raum: der Wohnung des Gründers und langjährigen Leiters Johann Nepomuk Schelble, Hinter der Schlimmen Mauer, in der Nähe des Eschenheimer Turmes. Sehr repräsentativ hört sich diese Adresse nicht an, und man wüsste gerne, ob für die (in einer Festschrift von 1868 namentlich genannten) sechzehn Frauen und zehn Männer aus der sogenannten besseren

Gesellschaft Frankfurts und den Sänger-Dirigenten überhaupt genug Platz war und wie sich der Gesang anhörte. Zur Geschichte des Chorwesens in Deutschland und fast nur hier gehört eine gewisse Selbstbezogenheit. Wer z.B. in der Berliner Singakademie, die am Ende des 18. Jahrhunderts die Idee einer bürgerlichen Sing-Vereinigung aufgebracht hatte, mehrstimmigen Gesang erleben wollte, musste mitmachen. Öffentliche Auftritte hatten zunächst eher wohltätige Gründe. Erst später dienten für konzertante Darbietungen eingenommene Eintrittsgelder der Finanzierung dieser Konzerte.

Für die Proben genügte deshalb der vergleichsweise zwanglose Charakter privater Salons. Für die öffentlichen Konzerte mietete der Cäcilien-Verein – er wagte den Schritt in die Öffentlichkeit sehr schnell, das erste Konzert mit Mozarts *Requiem* fand bereits 1819 statt – Säle von Gasthöfen. So entwickelte sich der Weidenbusch im Steinweg oder das Rote Haus auf der Zeil zum Schauplatz des frühen bürgerlichen Musiklebens, bis im Jahre 1861 mit dem Saalbau Frankfurts repräsentativer Konzertsaal eröffnet wurde. Natürlich spielte der Cäcilien-Verein hierbei – gegeben wurde passgenau Joseph Haydns Oratorium *Die Schöpfung* – eine wesentliche Rolle; drei Jahre später begründete der Chor sogar einen Fonds, mit dem die große Orgel bezahlt werden konnte.

LIEBHABER ALS FORTSCHRITTLICHE KRÄFTE DES MUSIKBETRIEBS

Der Chor ist also eine genuine Erfindung des Bürgertums. Er löst die exklusive Bindung der (Kunst-)Musik an Hof und Kirche ab. Und er etabliert den Amateurmusiker als gleichberechtigte, treibende, fortschrittliche Kraft des Musikbetriebs. Seit dem Ende des 18. Jahrhunderts sind Chorsängerinnen und -sänger stolz auf diesen Status. Amateure, Liebhaber, Dilettanten, Laien – die deutsche Sprache kennt viele, aber keine präzisen Begriffe für dieses Phänomen: Musikbegeisterte Damen und Herren, die gerne gemeinsam singen und sich trauen, dies auch in der Öffentlichkeit zu tun. Berufssänger engagieren diese Chöre höchstens punktuell und unter der Hand, um die Courage führender Frauenstimmen anzufachen oder als Aushilfe für stützschwache Tenöre oder Bässe. Bis zum Aufkommen der Rundfunkchöre in den dreißiger Jahren des 20. Jahrhunderts wurden die großen Oratorien und geistlichen Konzertwerke der Chorliteratur ausschließlich von Amateursängern vorgetragen. Die in der Regel erhebliche Größe dieser Chöre beeindruckte das Publikum nicht weniger als die Musik an sich.

Damit die Sache funktioniert, bedarf es zusätzlich zur Musik weiterer, sozial motivierter oder prestigefördernder Anreize. Die Chormitglieder müssen sich nicht lieben, aber doch respektieren; der Chor als selbstverwaltete Vereinigung ist eine Urzelle der Demokratie (weshalb es, marketingtechnischer Vernunft zum Trotz, schade ist, dass der *Cäcilien-Verein* sich seit ungefähr dreißig Jahren

Römerberg-Festspiele am 30. Juli 1935: In der Inszenierung von Goethes *Faust* auf dem Frankfurter Römerberg wirkte der Cäcilienchor in einzelnen Szenen mit.

Cäcilien-Chor nennt). Der Chorleiter – noch immer sind es meist Männer! – und sein Charisma sind wichtig, natürlich auch die gesungenen, mehr oder weniger attraktiv erscheinenden Stücke, und schließlich die Orte, an denen der Chor auftritt: im städtischen Konzerthaus, in berühmten »Locations«, die man auf Chorreisen vielleicht kennenlernt.

DER BLICK VON DER BÜHNE – WECHSEL DER PERSPEKTIVE

Im Kern geht es um einen Wechsel der Perspektive. Während der Blick vom Zuschauerraum auf die Bühne jedem Musikfreund geläufig ist, kennen Chorsänger auch den Backstage-Bereich und den Blick von der Bühne in den Saal. Hinter der Bühne scheint, bei aller schmucklosen Funktionalität, noch der inspirierende Geist der Künstlerprominenz zu wehen, die hier normalerweise auftritt und sich mit dem Betreten der Bühne vom »normalen« Menschen zum unnahbaren Objekt der Verehrung wandelt. Vom Podium herab lässt sich hingegen (besonders gerne während langweiliger Arien) Präsenz und Aufmerksamkeit des Publikums bemessen, das dem Chor – hoffentlich – gebannt zuhört. Aus dieser Selbstrepräsentation entsteht Prestige. Das ist wichtig und wertet, gerade in einer dem Professionalismus und Spezialistentum huldigenden Zeit, die Leistung von Chören auch nicht ab.

Die Raumfrage hängt auch an den Werken, die gesungen werden. Dazu an aufführungspraktischen Entwicklungen. Die Wiederaufführung der Bach'schen *Matthäuspassion* durch Felix Mendelssohn Bartholdy war nicht nur ein Paukenschlag im Sinne einer die »Alte Musik« einschließenden Musikpflege, sondern überführte ein ursprünglich für den kirchlich-liturgischen Gebrauch gedachtes Werk in den Konzertsaal. Konzert statt Predigt – das war neu. Die religiöse, jedoch nicht kirchliche Konnotation nahm man gerne mit. Das Ereignis im März 1829 fand in der Singakademie zu Berlin statt (dieser älteste deutsche Chor hatte also eine Heimat!); der Raum steht heute noch, man fragt sich, wo die vielen hundert Mitwirkenden damals wohl Aufstellung gefunden haben. Der Frankfurter Cäcilien-Verein – Schelble gehörte in Berlin zu den Zuhörern – sang das Werk nur wenige Wochen später, im Saal des Gasthofs Zum Weidenbusch. Ebenso Ausschnitte aus der *h-Moll-Messe*, ein Werk auf liturgischen Text, dessen ursprüngliche Bestimmung man freilich bis heute nicht kennt.

SÄLE UND KIRCHEN –
FRANKFURTER BESONDERHEITEN

Es lag also nahe, für bestimmte Konzerte den Rahmen einer Kirche zu wählen und die hier gesungenen Werke mit einer geistlichen Aura zu umgeben, obwohl der Cäcilien-Verein, seinem Namen zum Trotz, kein Kirchenchor ist. In Frankfurt hatte bereits Georg Philipp Telemann, hier bis 1721 städtischer Musikdirektor, öffentliche geistliche Konzerte in der Katharinen- und der Barfüßerkirche veranstaltet. Der Cäcilien-Verein wählte die gleichen Räume; an Stelle der 1786 abgerissenen Barfüßerkirche stand seit 1833 aber die Paulskirche, die nach 1848 zum nationalen Bezugspunkt wurde und deren Wiedereröffnung 1948, jetzt als nationales Denkmal, nicht ohne Mitwirkung des Cäcilien-Vereins geschehen konnte – aufgrund von Problemen mit der Akustik allerdings nicht im Oval der Paulskirche, sondern im Gesellschaftssaal des Palmengartens. Dazu kam mit der evangelisch-reformierten Kirche ein weiterer der protestantischen Konfession zugehöriger Ort. Ob der Chor je im (katholischen) Dom gesungen hat?

Nach dem Zweiten Weltkrieg folgte das Publikum dem Chor sogar in die St. Josefskirche im Stadtteil Bornheim, einen der wenigen großen, unzerstörten Räume. Die in der Ära Kurt Thomas und Theodor Egel denkwürdigsten Konzerte hatten allerdings die Dreikönigskirche am Sachsenhäuser Mainufer zum Schauplatz. Das neugotische Ambiente sorgte für ehrfürchtige Atmosphäre, obwohl die meisten, im Kirchenschiff Sitzenden, Chor und Orchester gar nicht sehen konnten. Die musizierten nämlich auf der Nordempore; die begehrten Plätze auf der gegenüberliegenden Empore sicherten sich in der Regel die besten Freunde, oft auch Angehörige der Sänger, und engsten Förderer des Cäcilien-Vereins, der »harte Kern« also, vergleichbar Logenplätzen, wie sie das Theater nicht mehr bot (und wie sie in modernen Fußballarenen wieder Einzug halten, um das Sozialprestige zu fördern).

Die aktuelle Konzertsaal-Diskussion scheint an Frankfurt vorbeizugehen. So müssen die Frankfurter Chöre und also auch der Cäcilienchor weiterhin mit der meist zu großen Alten Oper leben. Früher stand die wegen ihrer künstlichen Akustik ungeliebte Hoechster Jahrhunderthalle noch zur Auswahl, der ehrfurchtgebietende, exklusive Saal der Deutschen Bank, die eher notdürftige Konzertbühne des Opernhauses und noch früher, nach dem Zweiten Weltkrieg, als ein Dach über dem Kopf wichtiger war als kultureller Charme, der Saal der Börse, die längst schon wieder abgerissene Kongresshalle und das düstere Volksbildungsheim. Der akustisch beste Raum der Stadt, der Sendesaal des Hessischen Rundfunks, ist für seine Größe leider sehr teuer. Auch das gehört dazu: die Frankfurter Oratorienchöre haben zwar für ihre Proben mit dem 2005 eröffneten Haus der Chöre eine Heimat, nicht aber für Ziel und Zweck

Auf der Nordempore der Dreikönigskirche. Mit Bachs *h-Moll-Messe* gab der junge Enoch zu Guttenberg am 15. November 1980 seinen Einstand beim Cäcilien-Verein, hier gemeinsam mit dem Bayerischen Kammerorchester.

Foto: Tobias Pfeil

Seit 2005 probt der Cäcilienchor im neugebauten Haus der Chöre in der Kaiser-Sigmund- Straße. Für die beliebten Förderkonzerte, wie »Cäcilienchor beswingt« 2011, verwandelt es sich auch in einen Konzertsaal.

der Proben, die Konzerte. Chöre müssen ihre Auftrittsorte mieten, zusätzlich zu Orchestern, Solisten und stetig steigenden Nebenkosten. Die Begeisterung der Sänger schließt also auch den Griff in ihr Portemonnaie ein - einfach in den Wald gehen ist heute nicht mehr - warum eigentlich nicht?

Das Haus der Chöre in der Kaiser-Sigmund-Straße 47 · Architekt: Wolfgang Ott, Architekt BDA. Foto: Achim Reissner

DANIELA PHILIPPI

Höhen und Tiefen – Zur Geschichte des Cäcilienchors von 1900 bis 1945

Mit der Wende zum 20. Jahrhundert vollzog sich in der zeitgenössischen europäischen Musik kein gravierender Wandel, er folgte erst in den 1910er-Jahren. Zunächst blieben Klangfarbenreichtum, erweiterte Funktionsharmonik und ausgedehnte musikalische Formen, die sich im Laufe des 19. Jahrhunderts immer stärker ausdifferenziert hatten, bestimmend; häufig spricht die Musikgeschichtsschreibung daher auch vom l a n g e n 19. Jahrhundert. Und selbst, als sich signifikante Neuerungen der Harmonik und musikalischen Formbildung abzeichneten, geschah dies primär im kammermusikalischen Bereich. Für groß besetzte Vokal- und Instrumentalkompositionen übernahmen Komponisten der ersten Hälfte des 20. Jahrhunderts viel umfangreicher traditionelle Normen und blieben den prägenden Formen verhaftet. In Bezug auf das Repertoire eines großen Oratorienchores, wie den Frankfurter Cäcilienchor, bedeutete dies, dass er an seiner Aufführungstradition festhalten, und somit gleichermaßen die zu seinem Kanon gehörenden Werke der Musikgeschichte pflegen, wie auch neue Kompositionen entdecken und erst- oder sogar uraufführen konnte.

Erheblicher als die Entwicklung des Repertoires erscheinen aus heutiger Sicht die Veränderungen der Musikpflege und -rezeption gewesen zu sein. Sie zeichnen sich durch ein enormes Anwachsen von Vielfalt und Quantität aus.

So verbreitete sich das generelle Angebot der musikalischen Bühnen-Genres und Stilrichtungen rasch, man denke an Operette, Musical und Varieté, bei gleichzeitigem Fortbestand der tradierten Musikpflege. Zudem überragte die Größe neuer Veranstaltungsstätten die bis dahin bekannten Ausmaße beträchtlich, so auch in Frankfurt. Hier sei an das Schumann-Theater[1] oder die Festhalle erinnert, die, 1905 und 1909 eröffnet, einem zahlreichen Publikum Platz boten und mehreren Zwecken dienten. Überdies wuchs das Veranstaltungsprogramm diverser Podien der Stadt. Ihre starke Ausrichtung auf Unterhaltung mag eine Ursache für den enormen Zulauf gewesen sein, doch auch Veranstaltungen der traditionellen Musikinstitutionen und Musikvereine konnten hohe Publikumszahlen verzeichnen. Hiermit korrespondierend steigerte sich zu Beginn des 20. Jahrhunderts die Tendenz zu erstaunlichen Quantitäten auf Seiten der Ausführenden, was durch Zusammenlegung mehrerer Ensembles erreicht wurde. Zwar hatte es auch im 19. Jahrhundert grandios dimensionierte Veranstaltungen gegeben, insbesondere im Bereich der Chorpflege, doch waren solche eher mit herausragenden Ereignissen verbunden, wie etwa dem Ersten Deutschen Sängerfest des Jahres 1838 oder der Eröffnung der Konzertstätte Saalbau im Jahr 1861.

Unter der Bezeichnung Volkskonzert wurden in Frankfurt seit 1896 Werke des anerkannten Repertoires zu günstigen Eintrittspreisen, und so für breitere Rezipientenschichten leicht zugänglich, angeboten.[2] Der Cäcilienchor beteiligte sich an solchen Konzerten und gestaltete außerdem erstmalig am 1. November 1903 ein eigenes Programm in diesem Veranstaltungsformat, das er auch weiter pflegte. Bezeichnet als »Erstes Volks=Konzert« fand es im großen Saal des Saalbaus statt und wurde vom damaligen Dirigenten des Cäcilienchores, August Grüters,[3] geleitet. Musiziert wurden gemäß des überlieferten Programmzettels, der die gesungenen Texte abdruckt, Johann Sebastian Bachs Kantate *Wie schön leuchtet der Morgenstern* sowie das *Deutsche Requiem* von Johannes Brahms. – Die eingangs erwähnte Berücksichtigung zeitgenössischer Werke begegnet daneben beispielsweise mit einer am 21. November 1906 (Buß- und Bettag) realisierten Frankfurter Erstaufführung: des *Totentanzes* für Solisten, Chor, Orchester und Orgel (ad lib.) von Felix Woyrsch (1860-1944). Das als groß dimensioniert angekündigte Werk war erst wenige Monate zuvor, im Februar, uraufgeführt worden. Der Musikverlag F. E. C. Leuckart hatte alle zu Aufführungszwecken nötigen Materialien gedruckt und bewarb die Komposition wortmächtig: »Das ganze Werk ist von Holbeinschem Realismus genährt, welche[r] gerade durch seine wurzelechte Kraft die mystische Gewalt des Todes zur ergreifenden Wirkung bringt.«[4] Dieser Vergleich weist auf den künstlerischen Bezug zum gleichnamigen Holzschnitt-Buch von Hans Holbein d.J. (ca. 1497-1543) hin, das den Tod als handelnde Person ins Zentrum der Darstellungen rückt. Woyrsch hat fünf Motive aus dem Zyklus übernommen und sie – ebenso

Titelseite des Programmzettels zum ersten Volks-Konzert des Cäcilienchores am 1. November 1903.

D-F, ACV, Na Mus V01, Kapsel 14

Volks-Konzerte zu Frankfurt a. M.

→ Winter 1903—1904. ←

Erstes
Volks-Konzert

Sonntag, den 1. November 1903,

abends 5½ Uhr

im großen Saale des Saalbaues,

veranstaltet von dem

Cäcilien-Verein

unter Leitung des Herrn Professor August Grüters.

⁂

Programm:

Wie schön leuchtet der Morgenstern.

Kantate für Soli, Chor, Orchester und Orgel,

komponiert von

Joh. Sebastian Bach.

Ein deutsches Requiem.

Nach den Worten der heiligen Schrift,

für

Soli, Chor, Orchester und Orgel,

komponiert von

Johannes Brahms.

Mitwirkende Gesangssolisten:

Frau **Clotilde Spieß** (Mitglied des Vereins), Sopran,

Herr **Antoni Kohmann** (Tenor),

Herr **Horatio Connell** (Baß).

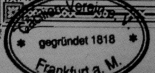

wie Holbein seinen Zyklus – unter das Motto des gleichnamigen Chorals *Media vita in mortis sumus* (*Mitten wir im Leben sind vom Tod umgeben*) gestellt. Die geforderte Besetzung machte es in Frankfurt notwendig, zusätzlich zum Cäcilienchor und dem erweiterten Frankfurter »Theaterorchester« einschließlich Solo-Violine, Schüler des Goethegymnasiums als Knabenchor und den Domkapellmeister an der Orgel hinzuzuziehen. Der Untertitel *Mysterium* der – einschließlich Eingangs- und Schlusschor – siebenteiligen Komposition erweckt überdies eine Assoziation zu den Mysterienspielen des Mittelalters und ihren liturgisch-volkssprachigen Traditionen. All dies korrespondiert mit der zu Beginn des 20. Jahrhunderts stärker werdenden Rückbesinnung auf altes Kulturgut, die von vielen Künstlern gepflegt wurde. Gegenüber dem Historismus des 19. Jahrhunderts, der sich in der Musik sowohl in Kompositionen als auch der verstärkten Pflege »alter Musik« gezeigt hatte, kam nun mit der Jugendbewegung eine Hinwendung zu volksnahem Musizieren hinzu.[5] Obwohl die hieraus resultierenden Strömungen insbesondere zur Vervielfältigung der Volksmusikpflege und im Alltag nützlichen Gebrauchsmusik führten, blieben die ab den 1920er-Jahren auf eine »Neue Einfachheit« gerichteten Ideen der Bewegung nicht ohne Einfluss auf Künstler unterschiedlicher Disziplinen sowie auch auf Musikschaffende, die sich weiterhin artifizieller Musik verpflichtet fühlten. So integrieren insbesondere Kompositionen für szenische Präsentationen, die in den folgenden Jahrzehnten entstanden sind, vermehrt mystische Stoffe und frühe Theaterformen. Erinnert sei hier an die Künstleroper *Mathis der Maler* von Paul Hindemith (1895–1963) und die *Carmina burana* von Carl Orff (1895–1982).[6] – Das als zeittypisch anzusehende oratorische Werk von Woyrsch,[7] wurde von der Frankfurter Musikkritik[8] mit einer gewissen Skepsis aufgenommen, die zugleich aber die sängerischen Leistungen der Chöre und Solisten lobend hervorhob.

Neben den eingangs erwähnten musikalischen Merkmalen gewann auch die zunehmende Durchlässigkeit der Gattungsgrenzen an Bedeutung. So entstanden vielfach Kompositionen, die sich einer klaren Zuordnung zu den tradierten Musikgattungen entziehen, da sie unübliche Formkonzepte und Besetzungen erproben. Beispielhaft und früh zeigt sich diese Tendenz im symphonischen Schaffen von Gustav Mahler (1860–1911), das nicht nur die solistische Vokalstimme, sondern zuweilen auch Vokalensembles integriert. Für einen Oratorienchor bedeutete dies eine neue Herausforderung. Unter Willem Mengelberg,[9] der im Jahr 1908 musikalischer Leiter des Cäcilienchores und ein Jahr zuvor des Museums-Vereins geworden war, konnte sogar die 8. Symphonie von Mahler, die aufgrund der Ausmaße ihrer Besetzung auch den Titel *Symphonie der Tausend* trägt, realisiert werden. Anderthalb Jahre nach ihrer Uraufführung am 12. September 1910 in München wurde sie in Frankfurt gespielt, und zwar zunächst im Saalbau und dann, wenige Wochen später, in der Festhalle. Der

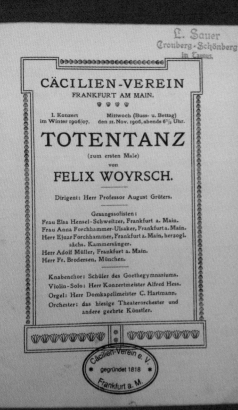

Titelseite des Programmheftes zum ersten Konzert des Cäcilienchors in der Saison 1906/07 am 21. November 1906.

D-F, ACV, Na Mus Vo1, Kapsel 14

Titelseite des Programmheftes zum großen Kooperations-Konzert des »Geistlichen Musikfestes in der Charwoche« am 3. April 1912 und Besetzungsliste im gleichen Programmheft.

D-F, ACV, Na Mus Vo1, Kapsel 14

Vorstand des Cäcilien-Vereins vermerkt hierzu im Konzertprogramm vom 19. Februar 1912, also zur ersten der beiden Aufführungen:

»Gustav Mahler hat sich des öfteren und noch zuletzt bei Aufführung seiner 8. Symphonie in München unzweideutig darüber ausgesprochen, daß er sich die Aufführung der 8. Symphonie in einem weit größeren Raum gedacht habe, als ihn unsere gewöhnlichen Konzertsäle bieten könnten und daß die Wiedergabe dieses Werkes einen mitwirkenden Tonkörper von mindestens 1500 Personen erfordere.

Die heutige Aufführung im großen Saalbausaal kann weder nach der einen noch nach der anderen Richtung diesen Wünschen gerecht werden.

Die Zahl der Mitwirkenden beträgt annähernd 500 Personen, also noch nicht ein Drittel dessen, was Gustav Mahler für erforderlich erklärt hat. Auch der Saalbausaal genügt seinen Ansprüchen nicht. Er ist kleiner als der in München zur Verfügung stehende Raum, den Mahler selbst noch für unzureichend erklärt hat.

Wir bitten daher unsere geehrten Zuhörer, die heutige Aufführung der 8. Symphonie nur als eine Einführung in das Werk zu betrachten. Eine Darbietung im Sinne des Komponisten wird erst das Konzert in der Festhalle am 3. April ds. Js. ergeben.«

Obwohl das erste Konzert hier also lediglich als eine »Vorab«-Präsentation angekündigt wird, da es hinsichtlich des Besetzungsumfanges nicht den Wünschen des Komponisten entsprach, ist die genannte Zahl von 500 Ausführenden doch beträchtlich. Und den Musikkritiken ist zu entnehmen, dass die Aufführung sehr großen Beifall fand.[10] Die als freundschaftlich beschriebene Verbindung Mengelbergs zu Mahler und dessen nach dem Eindruck der Münchner Uraufführung ausgesprochene, »eindringliche Bitte«, das »Werk doch in allergrößtem Rahmen aufzuführen«,[11] bewogen den Dirigenten des Cäcilienchores jedoch, alle ihm erreichbaren Möglichkeiten zu nutzen und umfangreich Unterstützung einzuwerben. Äußere Voraussetzungen hierfür waren einerseits seine Positionen als Dirigent mehrerer Ensembles in Frankfurt und Amsterdam und andererseits die Existenz der neuen Festhalle in Frankfurt,[12] deren Klangqualitäten der Cäcilienchor bereits ein Jahr zuvor ausgelotet hatte.[13] So konnte die 8. Symphonie Mahlers im Rahmen des »Geistlichen Musikkfestes in der Charwoche 1912«[14] unter Mitwirkung von vier Chören, einem eigens zusammengestellten Knabenchor und dreier Orchester sowie der geforderten Solistenzahl realisiert werden (siehe hierzu die Abbildungen aus dem Programm auf S. 107).

Ungeachtet der außerordentlichen Leistung, brachten die neuen Dimensionen allerdings durchaus akustische Probleme mit sich, die Hugo Schlemüller, der Rezensent der Musikzeitschrift *Signale*, unter Berücksichtigung der musikalischen Faktur des Mahler'schen Kompositionsstils wie folgt bewertet: »In dem ungeheuer grossen Raum klang alles wie aus überirdischer Ferne, und unsere irdischen Ohren hatten Mühe, den tonlichen Zusammenhang zu erfassen. Feinere dynamische Schattierungen gingen verloren. So lange wir noch keine Operngläser für die Ohren haben, werden wir durch das angestrengte Hinhören bei solchen Entfernungen das beste verlieren. Aber noch ein anderes Moment kommt hinzu. Mahler's Achte ›schreit‹ durchaus nicht nach einer Massenbesetzung, nach einer Monstre-Aufführung.«[15] Neben der Aussage zu Mahlers Musik scheint hier also auch die deutliche Abgrenzung gegenüber musikalischen Darbietungen auf, die gezielt Massenwirkungen anstrebten. Dies ist insbesondere deswegen bemerkenswert, weil der Rezensent offenbar kein Klangideal hatte, das sich in orthodoxer Strenge auf einen vermuteten Originalklang richtete. So urteilt er über die Darbietung von Bachs *Matthäuspassion*, die am 5. April 1912 als letztes Konzert des Geistlichen Musikfestes im gleichen Raum gegeben wurde: »Obgleich die starke Besetzung ein stilistischer Fehler ist, wirkte sie in diesem Raum doch machtvoll und pompös, erhebend und feierlich. Das war Chorklang von reinster Kultur.«[16] Das heißt, der Zeitzeuge bekundet, dass die klanglichen Effekte in dem riesigen Raum vereinnahmend waren und die Qualität des Chorklanges makellos, und dies, obwohl er die unangemessene Nichtbeachtung der damals bereits bekannten aufführungspraktischen Bedingungen der Musik von Bach ebenso konstatiert.

Dank der Musikerpersönlichkeit Mengelbergs konnte der Cäcilienchor viele große oratorische Werke aufführen.[17] Und auch während des Ersten Weltkrieges setzte man die chorische Musikpflege fort, obwohl das Fehlen mehrerer Mitsänger sowie Einschränkungen jeglicher Art behindernd wirkten. Umso wichtiger stellte sich der Zusammenhalt im Chor dar, der nicht nur durch gesellschaftliche Teilhabe, sondern ebenso durch die Wertschätzung von Musik und gemeinsamer Musizierfreude getragen war. Ein Spendenaufruf aus dem Jahr 1918 macht die kulturelle Vernetzung und Einbindung von Mitgliedern, Abonnenten und Freunden des Cäcilien-Vereins deutlich.[18] Einleitend wird ausdrücklich auf das lange Bestehen des Vereins sowie auf seine Leistungen und Ziele hingewiesen: »Am 28. Oktober dieses Jahres begeht der Cäcilien-Verein den Gedenktag seines 100jährigen Bestehens. In dieser langen Zeit hat er sich bemüht, getreu dem in seinen Satzungen niedergelegten Zweck, den Sinn für ernste, klassische Musik, insbesondere für Oratorien-Musik zu fördern, und die Mission zu erfüllen, den Mitbürgern Gelegenheit zu geben, die Chorwerke der großen Meister aller Zeiten kennen und verstehen zu lernen.«[19] Von Seiten der Stadt erhielt der Verein nebst einer Spende die städtische Ehrenplakette in Silber, das Gratulationsschreiben von Oberbürgermeister Georg Voigt benennt das zentrale Moment:

»In ernster, bedeutungsvoller Zeit, da Mars immer noch die Stunde regiert und seine eiserne Faust auch auf das Leben in der Heimat legt, jährt sich der Tag, an dem der Caecilien-Verein auf eine 100 jährige, von ernsten, künstlerischen Wollen beseelte und hohen Erfolgen gekrönte Tätigkeit im Reich des Schönen zurückblickt. Des unvergeßlichen Gründers Johann Nepomuk Schelble idealer Sinn hob ihn ans Licht, eigene Kraft trug und förderte ihn, begeisterungsvolle Hingabe strebsamer Mitglieder an die Führerschaft zielbewußter Vereinsleiter bildete die Grundlage seines Werdens und Wachsens. So war und blieb der Verein, getreu seinem Beruf, Licht zu senden in die Tiefen der Menschenherzen, ein Hort der deutschen Kunst und des deutschen Idealismus, in freud- und leidvollen Stunden eine Stätte weihevoller Erhebung und innerer Sammlung, ein wirkungsvoller Vermittler der erhabensten Schöpfungen der großen Meister aller Zeiten und zwar nicht nur an die Oberschicht der Frankfurter Bevölkerung sondern in sozialem Verständnis auch in einer Reihe von Volkskonzerten.

Das künstlerische Leben unserer Stadt hat er reich befruchtet und veredelt; unter den Oratorienvereinen der engeren und weiteren Heimat nahm er stets eine hervorragende Stellung ein. [...]«[20]

Nach dem Ende des Ersten Weltkrieges wurde es für den aus den Niederlanden kommenden Mengelberg sehr schwierig, nach Frankfurt zu reisen, weswegen Gustav Bischoff, der den Chor bereits einstudierte, und auch Gastdirigenten Konzerte leiteten.[21] 1920 legte Mengelberg schließlich die Leitung des Cäcilienchores nieder und verabschiedete sich mit einem Sonderkonzert im Juni des Jahres. Von Chor und Publikum verehrt, wurde er zugleich zum Ehrendirigenten des Vereins ernannt.[22] In den Jahren der Inflation war dann jedoch vieles, was zur Pflege oratorischer Chormusik nötig ist, schwer oder kaum realisierbar: die Bezahlung eines Dirigenten sowie der Miete für einen Probenraum, die Kooperation mit einem Orchester, die Vermeidung eines weiteren Rückgangs der Mitgliederzahl, ein Erhalt der Besucherzahlen bei Konzerten etc. Trotz dieser Erschwernisse konnte sich der Cäcilienchor in den 1920er-Jahren umfangreich in das Musikleben Frankfurts einbringen. Neben der obligatorischen Aufführung von Bachs *Matthäuspassion* gab es Konzerte mit A-cappella-Werken und Kooperationen mit anderen Chören. Die Suche nach einem Chorleiter, mit dem eine vertragliche Bindung einzugehen war, wurde 1921 zugunsten von Stefan Temesváry[23] entschieden. Er hatte zuvor bereits als Gastdirigent zwei Konzerte des Vereins geleitet.[24]

Zu den Veränderungen, die den Cäcilienchor stark tangierten, gehörte unter anderem die Gründung der Frankfurter Singakademie im Jahr 1922[25] sowie die Vereinigung mit dem Rühl'schen Gesangverein. Aufgrund der erwähnten Probleme konkretisierte sich 1926 die Fusion, wobei der jüngere Rühl'sche Verein[26] in den Cäcilien-Verein integriert wurde. Im Protokoll der Mitgliederversammlung vom 7. März 1927 heißt es hierzu: »Der Rühl'sche Gesangverein vereinigt

Stefan Temesváry,
um 1925
1921-1926 musika-
lischer Leiter des
Cäcilienchores.

Plakat zum Konzert, das der Cäcilienchor
am 18. November 1925 gemeinsam mit dem
Rühl'schen Gesangverein veranstaltete.
Mit Giuseppe Verdis *Requiem* stand ein
Werk auf dem Programm, das seinerzeit auf
deutschsprachigen Bühnen noch nicht
häufig gespielt wurde.
Die wenig später erfolgte Fusion der beiden
Chöre sicherte den Fortbestand trotz der
gravierenden Veränderungen, die die
Inflation mit sich brachte.

Fotografie eines
Szenenbildes der
Uraufführung der *Carmina
burana* von Carl Orff
am 8. Juni 1937,
Städtische Bühnen -
Frankfurt a.M.
Inszenierung:
Oscar Wälterlin,
Musikalische Leitung:
Bertil Wetzels-
berger, Bühnenbild:
Ludwig Sievert.

Foto: L. u. M. Neithold,
Frankfurt a.M., Maria Magdalena
Schumpp, Frankfurt a.M.
D-F, Sammlung Prof. Albert
Richard Mohr, Nr.12, U1 287

sich mit dem Cäcilienverein mit Wirkung vom 1. Mai 1926 derart, dass der Rühl'sche Gesangverein seine Aktiven und Passiven [gemeint sind die Mitglieder] dem Cäcilien-Verein überträgt, im Vereinsregister gelöscht wird und der Cäcilien-Verein seinen Namen wie folgt ändert: ›Cäcilien-Verein, vereinigt mit dem Rühl'schen Gesangverein‹.«[27]

Wenig zuvor, am 18. November 1925, hatte es ein gemeinsames Konzert beider Vereine gegeben, in dem Giuseppe Verdis (1813-1901) *Messa da Requiem* zur Aufführung kam. Es fand unter Beteiligung des Frankfurter Symphonie-Orchesters im großen Saal des Saalbaus statt und stand unter der Leitung von Temesváry.[28] Karl Holl bemerkt in seiner Konzertkritik allerdings: »Die gestrige Aufführung durch die unter dem Druck der Zeitverhältnisse zu gemeinsamem Wirken verschmolzenen Chöre des Caecilien=Vereins und des Rühlschen Gesangvereins kann auch beim besten Willen und bei voller Würdigung der geleisteten technischen Vorarbeit im künstlerischen Sinne nicht als vollkommen bezeichnet werden.«[29] Holl lässt dieser Feststellung zwar eine Anerkennung der prinzipiellen Qualitäten des Dirigenten und der Chöre folgen, aber bemängelt, »es fehlte doch oft der Nerv für das Naturhafte dieser Musik und vor allem auch die letzte Herausarbeitung ihrer absichtsvoll reich differenzierten Dynamik.«[30] Einzig zwei der vier Solisten konnten den Rezensenten musikalisch überzeugen: »Glückliche Fügung, daß das hier mit außerordentlichen Aufgaben betraute Soloquartett wenigstens in seinem weiblichen Teil Kräfte von überragender Stimmqualität und stilistischer Einfühlungsfähigkeit einzusetzen hatte. Der Sopran von Beatrice Sutter=Kottlar und der nach dem Willen des Autors [Verdi] noch gestalthafter hervortretende Alt von Magda Spiegel krönten das Erleben des Meisterwerkes.«[31] Besonders begrüßt wurde zudem die Wahl eines Werkes von Verdi, da sein kompositorischer Stil, der sich im *Requiem* zeigt, bislang viel zu wenig wahrgenommene »Kostbarkeiten« aufweise.[32]

Während die großbürgerlichen Vereine also durch die Zeitumstände erheblich eingeschränkt waren, gab es auf der Ebene der Programmwahl eine Offenheit, die teils noch nicht beachtete, teils neue Vokalwerke berücksichtigte. Die verschiedentlich bereits beobachtete Vielfalt der musikalischen Ereignisse in den 1920er-Jahren in Frankfurt war durch ein reges Musikleben, das herausragende Künstler anzog, möglich geworden.[33] Dabei evozierte das Nebeneinander vieler, auch jüngerer Einrichtungen, verschiedener Stätten der Musikpflege und einzelner Initiativen eine Pluralität der Stilrichtungen, die zu den zeittypischen Phänomenen der Musikgeschichte zählt.[34] Für den Cäcilienchor sind in den folgenden Jahren weiterhin häufige Dirigenten-Wechsel zu verzeichnen. Zum Herbst 1926 übernahm Klaus Nettstraeter[35] die Leitung des Chores, vier Jahre später folgte ihm Hermann Ritter von Schmeidel. Dieser verließ Frankfurt 1933 jedoch.[36]

Mit der Machteroberung der NSDAP im März 1933 geriet das gesamte Leben und somit auch die Chorpflege unter ihre regulierende Zentralgewalt. In Frankfurt wurde Oberbürgermeister Ludwig Landmann aus seinem Amt vertrieben; er suchte am 11. März um Versetzung in den Ruhestand nach.[37] Bereits am 13. März bestellte Gauleiter Jacob Sprenger einen Nachfolger: Friedrich Krebs, der seit 1932 Abgeordneter der NSDAP im Preußischen Landtag und Reichsratsbevollmächtigter war. Dieser übernahm das Amt zunächst kommissarisch, bis er im Juni darin bestätigt wurde. Krebs blieb bis 1945 Oberbürgermeister der Stadt Frankfurt.[38] Seine vorangegangene politische Karriere galt den Nationalsozialisten als Gewähr für die Umsetzung ihrer Vorhaben, und sie hatten sich hierin nicht getäuscht. Bereits vor Inkrafttreten des »Gesetzes zur Wiederherstellung des Berufsbeamtentums« vom 7. April 1933 veranlasste er die Beurlaubung oder Entlassung städtischer Beamter und Angestellter, die nicht den parteipolitischen Vorgaben entsprachen. Gemäß der §§ 3 und 4 waren dies »Nichtarier« oder Personen, die als »national unzuverlässig« einzustufen waren, in der konkreten Umsetzung in Frankfurt traf dies im Bereich der kulturellen Einrichtungen vor allem Mitarbeiter und Mitarbeiterinnen, deren Wirken als »undeutsch« eingestuft wurde und – wie in allen anderen Bereichen auch – jene »jüdischer Abstammung«.

Das Ehepaar Gertrud und Heinrich Kirchholtes, um 1948.

Zwar wurden die Entlassenen gemäß Gesetz zunächst nur in den Ruhestand versetzt oder beurlaubt, de facto bedeutete dies aber aufgrund weiterer Maßnahmen ihre berufliche und materielle Vernichtung, wenn sie sich nicht im Ausland eine neue Existenz aufbauen konnten. An Dr. Hoch's Konservatorium wurde diese Eliminierung besonders hinterhältig betrieben, aber auch an der Oper und dem Schauspiel der Städtischen Bühnen erfolgte sie mit Härte und war folgenreich.[39] Es verwundert also nicht, dass der Machtapparat der NSDAP auch in die Strukturen der Vereine eingriff. Zunächst wurden Personen verdrängt: Den Cäcilienverein traf dies an repräsentativer Stelle, denn sein erster Vorsitzender, Heinrich Kirchholtes, wurde zum Rücktritt genötigt, da er mit einer jüdischen Frau verheiratet war.[40] Zudem mussten zahlreiche aktive Mitglieder den Chor verlassen, sie durften bei Aufführungen nicht mehr mitsingen. Die wenigen erhaltenen Zeugnisse zu den Umschichtungen des Chores erlauben kaum belegbare Aussagen, doch sie lassen erahnen, dass das gegenseitige Vertrauen der Mitglieder stark beschädigt, ein unbeschwertes Musizieren nur noch für wenig sensible Zeitgenossen möglich und die Gemeinschaft des Chores zerstört war.[41] In die Strukturen des Chorvereinswesens griff die NSDAP insbesondere durch Vereinsauflösungen, -zusammenlegungen und -neugründungen ein. In Frankfurt betrieb daher das Kulturamt die Unterstützung eines N.S.-Chores, der die etablierten Chöre zwecks »Neuaufbau des Konzertlebens« ersetzen sollte.[42] Doch offenbar fanden die älteren Chöre genügend Unterstützung und agierten günstig, so dass sie weiterbestehen konnten. Ein Argument dabei war, dass der N.S.-Chor »weder musikalisch noch stimmlich die Voraussetzungen für künstlerische Spitzenleistungen bietet«.[43]

Die vakante Position des musikalischen Leiters des Cäcilienchores konnte erst 1935 wieder besetzt werden,[44] wobei jedoch keine länger dauernden Bindungen entstanden. Zunächst wurde Paul Belker engagiert, er wechselte bereits zwei Jahre später als Kapellmeister nach Kiel.[45] Ihm folgte 1937 Hugo Holle, der auch an Dr. Hoch's Konservatorium bzw. der 1938 zur Staatlichen Hochschule für Musik in Frankfurt erhobenen Institution tätig war.[46] Ab dem Frühjahr 1940 fand sich mit Kurt Thomas, der seit 1939 Direktor des Musischen Gymnasiums in Frankfurt war, schließlich ein Chorleiter, der für den Cäcilienchor eine prägende musikalische Bedeutung erlangen konnte.[47] Da während der nationalsozialistischen Zeit Werke von Komponisten wie Mendelssohn oder Mahler nicht aufgeführt werden durften, pflegte der Chor insbesondere sein traditionelles Repertoire mit einem Schwerpunkt auf dem Vokalschaffen von Johann Sebastian Bach. Unter einzelnen Kooperationen, die es gab, ist insbesondere die Mitwirkung des Cäcilienchores bei der sehr erfolgreichen Uraufführung der *Carmina burana* von Carl Orff an den Städtischen Bühnen hervorhebenswert.[48] Sie fand unter Leitung des damaligen Chefdirigenten der Oper, Bertil Wetzelsbacher, statt, der dem Cäcilienchor erstmals 1933 als Dirigent eines Konzertes ausgeholfen hatte.[49] – Die Beschwernisse der äußeren Umstände scheinen kaum sichtbar, schaut man sich den Probenplan vom Spätsommer 1943 an. Hier mögen zumindest Unverdrossenheit und Disziplin als Garanten erfolgreichen gemeinsamen Musizierens und der Enthebung aus dem Alltag gedient haben.

Es gehört zu den nicht beeinflussbaren Inzidenzien, dass sowohl das 100-jährige als auch das 125-jährige Bestehen des Cäcilien-Vereins in Kriegszeiten fielen. 1918 beging der Chor am 28. Oktober einen »Gedenktag seines 100jährigen Bestehens«, an dem Ludwig van Beethovens *Missa solemnis* aufgeführt wurde,[50] und es erschien eine Festschrift.[51] Auch 1943 veranstaltete der Cäcilienchor, der sein weitgehend eigenständiges Fortbestehen, trotz der Zentralisierungsbestrebungen der NSDAP, hatte behaupten können, ein Jubiläumskonzert. Es fand am 20. September im großen Saal des Saalbaus unter Mitwirkung des Städtischen Orchesters statt und brachte das *Triumphlied* von Johannes Brahms sowie das Oratorium *Saat und Ernte* von Kurt Thomas zur Aufführung.

Nur wenige Wochen später brach das Musikleben der Stadt zusammen, Luftangriffe der Alliierten zerstörten große Teile der Innenstadt und auch den Saalbau. Ein Dokument vom 3. Januar 1945[52] vermerkt: »Das Vereinsregister ist durch Feindeinwirkung am 22. März 1944 vernichtet worden.« Und es folgt der Neueintrag unter Nennung des Vereinsnamens »Cäcilien-Verein, vereinigt mit dem Rühl'schen Gesangverein, Frankfurt/Main«, dem Hinweis auf die gültige Satzung (vom 7. August 1902, einschließlich letzter Änderung vom 7. März 1927) sowie der Namen der Vorsitzenden und weiterer Verantwortlichen des Vereins.

Kurt Thomas, um 1950.
1940–1944 und
1950–1955 musikalischer
Leiter des
Cäcilienchores.

Probenplan des Cäcilienchores zur Vorbereitung des ersten Konzertes der Saison Herbst/Winter 1943/44.

D-F, ACV, Na Mus V01, Kapsel 7

Programmzettel zu den geplanten Konzerten des Cäcilienchores in der Saison Herbst/Winter 1943/44, vorderseitig Konzert vom 20. September 1943, rückseitig Ankündigung der zwei weiteren Konzerte.

D-F, ACV, Na Mus V01, Kapsel 7

Die Einstudierung für das 1. Konzert ist bereits abgeschlossen. Es können daher nur diejenigen Mitglieder mitwirken, die sich an den Proben im Sommer beteiligt haben. Die Abschlußproben sind wie folgt festgesetzt:

Probenplan:

Dienstag, den 24. August, 19,15 Uhr, im Haus Buchenrode
„Saat und Ernte" Sopran und Alt

Donnerstag, den 26. August, 19,15 Uhr, im Haus Buchenrode
„Saat und Ernte" Tenor und Baß

Montag, den 30. August, 19,15 Uhr, im Haus Buchenrode
„Triumphlied" 1. und 2. Sopran

Dienstag, den 31. August, 19,15 Uhr, im Haus Buchenrode
„Triumphlied" 1. und 2. Alt

Donnerstag, den 2. September, 19,15 Uhr, im Haus Buchenrode
„Triumphlied" Tenor und Baß

Dienstag, den 7. September, 19,15 Uhr, im Vereinshaus
„Triumphlied" 1. Teil, „Saat und Ernte" 1. Teil, ganzer Chor

Freitag, den 10. September, 19,15 Uhr, im Saalbau
„Triumphlied" 2. Teil und „Saat und Ernte" 2. Teil, ganzer Chor

Dienstag, den 14. September, 19,15 Uhr, im Vereinshaus
„Triumphlied" 3. Teil und „Saat u. d Ernte" 3. Teil, ganzer Chor

Donnerstag, den 16. September, 19,15 Uhr, im Saalbau
Letzte Klavierprobe

Sonntag, den 19. September, 10,00 Uhr
n i c h t öffentliche Hauptprobe

Montag, den 20. September, 18,30 Uhr
Aufführung

Wir bitten alle Mitwirkenden d r i n g e n d, alle Proben pünktlich zu besuchen.

Die Proben zu dem „Requiem" von Verdi beginnen am Dienstag, 21. September, 19,15 Uhr, im Vereinshaus.

Kartenvorbestellungen können nicht mehr entgegen genommen werden. Den Mitgliedern wird aber Gelegenheit gegeben, Karten vor Beginn des allgemeinen Vorverkaufs in den Vorverkaufsstellen zu erwerben. Die Ausgabe der Freikarten zu dem 1. Konzert erfolgt am Dienstag, den 7. Sept., vor und nach der Probe.

Die rückständigen Mitgliedsbeiträge wollen Sie bitte auf das Postscheckkonto (Ffm 401 50) überweisen oder an den Probeabenden an Frau Martha Harbers entrichten.

Heil Hitler!

Der Vorstand.

Horstmanndruck Frankfurtmain

Cäcilien-Verein

vereinigt mit dem Rühl'schen Gesangverein E. V., Frankfurt a. M.

Gegründet 1818

125 JAHRE
CÄCILIEN VEREIN

Erstes Konzert

Montag, 20. September 1943, 19 Uhr, im großen Saal des Saalbaues

VORTRAGS-ORDNUNG:

Triumphlied für achtstimmigen Chor und Orchester   Joh. Brahms

1. Lebhaft und feierlich   2. Mäßig belebt   3. Lebhaft

Pause

Saat und Ernte Oratorium nach Worten deutscher Dichter für Solostimmen, Chor und Orchester   Kurt Thomas

Eingangschor: Gabe   1. Teil: Saat   2. Teil: Reife
3. Teil: Ernte   Schlußchor: Ewige Saat

Leitung: Prof. Kurt Thomas

Solisten:

Susanne Horn-Stoll, Sopran / Heinz Marten, Tenor / Horst Günter, Baß

Instrumental-Solisten:

Konzertmeister Hermann Kraus, Violine / Karl Wilke, Bratsche / Otto Bogner, Cello / Kurt Richter, Flöte / Kurt Grüneberger, Oboe / Anton Kadletz, engl. Horn
Karl Maria Riehm, Orgel

Orchester: Städt. Orchester (Opernhaus- und Museums-Orchester)

Zweites Konzert   Weihnachtsoratorium

von Johann Sebastian Bach

Leitung: Prof. Kurt Thomas

im großen Saale des Saalbaues

Mittwoch, den 15. Dezember 1943
Donnerstag, den 16. Dezember 1943

Hauptprobe:
Dienstag, den 14. Dezember 1943

Drittes Konzert   Matthäuspassion

von Johann Sebastian Bach

Leitung: Prof. Kurt Thomas

im großen Saale des Saalbaues

Donnerstag, den 6. April 1944
Karfreitag, den 7. April 1944

Hauptprobe:
Mittwoch, den 5. April 1944

Stimmbegabte, musikalische Damen und Herren sind uns jederzeit herzlich willkommen. Anmeldungen werden erbeten an den Vereinsleiter Herrn Haus Hamacher, Hynspergstraße 2. Telefon: 541 12.

Horstmanndruck Frankfurtmain

1 Vgl. Oliver M. Piecha, *Zwischen Schumanntheater und Kristallpalast. Unterhaltungsmusik im Frankfurt der Weimarer Republik,* in: *Musik in Frankfurt am Main* (= Archiv für Frankfurts Geschichte und Kunst 71), hrsg. von Evelyn Brockhoff, Frankfurt am Main 2008, S. 85-98.

2 Zu den Bestrebungen der Volksbildung vgl. *Die Geschichte des Frankfurter Bundes für Volksbildung,* zusammengestellt von Lothar Voigt, unter: www.fbfv.de; letzte Abfrage am 31.05.2018.

3 Grüters (1841-1911) war von 1893 bis 1908 Dirigent des Cäcilienchors; vgl. u.a. die Nachweise gemäß *World Biographical Information System* unter: https://www.degruyter.com; letzte Abfrage am 03.06.2018.

4 Angabe auf S. [1] des Informations- und Textheftes des Verlages, das zugleich als Programmheft diente, und zwar dadurch, dass um das 32 Seiten umfassende Libretto ein Blatt (S.[I-II] vorne und S.[III-IV] hinten) herumgebunden wurde. Auf der ersten Seite dieses Umschlagblattes befinden sich die Angaben zum Frankfurter Konzert (vgl. die Abbildung, S.107). Auf dem hinteren Umschlagblatt ist eine Konzertankündigung des Cäcilienchores abgedruckt. Verwendetes Exemplar in: D-F, Archiv des Cäcilienvereins, Na Mus V01, Kapsel 14.

5 Zur Jugendbewegung zählte schon früh das gemeinsame Singen, das ausgehend von der Wandervogel-Bewegung die Laien- und Gebrauchs-musik pflegte und stärkte. Hinzu kam das Spiel einfacher Melodie- und Akkordinstrumente wie Blockflöte und Gitarre. Die verschiedenen Ausprägungen der sich bis in die 1930er-Jahre ausbreitenden Musikpflege werden unter dem Sammelbegriff Jugendmusikbewe-gung zusammengefasst, vgl. Heinz Antholz, Artikel *Jugendmusikbewe-gung,* in: MGG2, Sachteil, Bd. 4, Kassel/Stuttgart usw. 1996, Sp. 1569-1587.

6 Zur gegenseitigen Annäherung von Oper und Oratorium im 20. Jahrhun-dert vgl. auch Markus Kettern, *Entgrenzung der Gattungen - Beispiel szenisches Oratorium,* in: *Geschichte der Musik im 20. Jahrhundert: 1925-1945* (= Handbuch der Musik im 20. Jahr-hundert 2), hrsg. von Albrecht Riethmüller, Laaber 2006, S. 36-39.

7 Vgl. Günther Massenkeil, *Oratorium und Passion* (= Handbuch der musikalischen Gattungen 10/2), Laaber 1999, S. 259.

8 Vgl. u.a. Frankfurter Volksblatt, 24. November 1906.

9 Zu Mengelberg (1871-1951) vgl. den Beitrag von Eric Derom, S.119-127.

10 Vgl. u.a. Frankfurter Nachrichten, 20. Februar 1912, oder die Signale für

die musikalische Welt 70, 1912, Nr. 9, 28. Februar 1912, S. 292-293.

11 Hinweis im Programmheft zum Konzert vom 3. April 1912, S. [3]. Verwendetes Exemplar in: D-F, ACV, Na Mus V01, Kapsel 14.

12 Im Programmheft zum Konzert vom 3. April 1912, S. [3]-4, wird bezüglich des Raumes betont »daß in der Festhalle ein Raum zur Verfügung steht, der den Ansprüchen eines solchen Tonkörpers [die von Mahler verlangten 1500 Ausführenden] wohl besser entspricht als irgend einer sonst in deutschen Landen.«

13 Und zwar mit der Aufführung von Bachs Matthäuspassion am 14. April 1911, vgl. hierzu Friedrich Stichtenoth, *Der Frankfurter Cäcilien-Verein 1818-1968. Blätter zur Erinnerung an seine 150jährige Geschichte,* Frankfurt am Main 1968, S. 56. Der Amsterdamer Tonkunst-Chor widmete dem Cäcilienchor aus Anlass dieser gemeinsamen musikalischen Erfahrungen eine Medaille, siehe die Abbildung auf S. ***.

14 Ankündigung im Programmheft zum Konzert vom 19. Februar 1912, S. 8.

15 In: Signale für die musikalische Welt 70, 1912, Nr. 15, 10. April 1912, S. 506. Interessant ist in diesem Zusammenhang, dass der Rezensent auch die vorangegangene Aufführung im Saalbau besucht hatte und somit diesen Eindruck zum Vergleich nehmen konnte.

16 Ebenda.

17 Vgl. hierzu den Beitrag von Eric Derom, S. 119-127.

18 Doppelseitiger Aufruf des Vorstands zur Unterstützung des Vereins mit Hinweis auf das Jubiläumsdatum 28. Oktober sowie einer dreispaltigen Liste mit Namen von Förderern. Verwendetes Exemplar in: D-F, ACV, Na Mus V01, Kapsel 14.

19 Ebda., Vorderseite.

20 Schreiben mit Datum vom 28. Oktober 1918, gerichtet an den Vorstand des Caecilien-Vereins, z. H. seines Vorsitzenden, Herrn Walter Melber; zitiert nach der Kopie in: D-F, ACV, Na Mus V01, Kapsel 14.

21 Vgl. Stichtenoth, Frankfurt am Main 1968, S. 58.

22 Erwähnt sei hier allerdings auch, dass es durchaus kritische Stimmen gab; so wetterte der bekannte Musikkritiker Paul Bekker in seinem 1918 in der Frankfurter Zeitung erschienenen Beitrag *Kunst und Revulotion* gegen Mengelberg. Bekker warf Mengelberg vor, nur für Konzertdirigate nach Frankfurt zu kommen, sich diese hoch dotieren zu lassen und mit den von ihm geleiteten Musikvereinen fast nur ein konservati-ves, wohlhabendes Bürgetum anzusprechen. Bekker fordert, Volkskonzerte sollten viel

umfangreicher geboten werden. Vgl. Andreas Eichhorn, Einleitung zu *Kunst und Revolution: Ein Vortrag von Paul Bekker,* Hildesheim – Zürich – New York 2013, S. IV-V.

23 Temesváry (1886-1967) wirkte von 1923 bis 1946 auch als Dirigent des Offenbacher Oratorienchors - Sänger-verein von 1826 e.V. (s. http://www.offenbacher-oratorienchor.de; letzte Abfrage 03.06.2018) sowie als Universitätsmusikdirektor und Professor im Fach Musikwissenschaft an der Universität Gießen; vgl. u.a. die Nachweise gemäß *World Biographical Information System* unter: https://www.degruyter.com; letzte Abfrage am 03.06.2018.

24 Vgl. Stichtenoth, Frankfurt am Main 1968, S. 62.

25 Der Gründer der Frankfurter Singakademie, Fritz Gambke, hatte zuvor auch den Cäcilienchor dirigiert und zählte zu den Bewerbern für die 1920 frei gewordene Dirigenten-position. Vgl. u.a. Albert Richard Mohr, *Die Frankfurter Sinakademie 1922-1972,* Frankfurt am Main 1972.

26 Auf Initiative Franz Xaver Schnyder von Wartensees kam es Anfang der 1850er-Jahre zur Gründung einer Gesangsvereinigung, deren Bestreben es war, bislang unaufgeführte oratorische Werke einzustudieren und aufzuführen. Friedrich Wilhelm Rühl war der erste Leiter des neuen Vereins; vgl. u.a. Andreas Bomba, *»Bei den Männern fehlt es ein bisschen, sie haben Geschäfte im Kopf«. Frankfurts Chorgeschichte im 19. Jahrhundert,* in: *Musik in Frankfurt am Main,* Frankfurt am Main 2008, S. 61-62.

27 Zit. nach »Teilabschrift eines Protokolls der ausserordentlichen Mitgliederversammlung des Cäcilienvereins vom 7. März 1927«, in: D-F, Archiv des Cäcilienvereins, Na Mus V01, Kapsel 14.

28 Vgl. den Abdruck des Konzertplakates bei Andreas Bomba, *1818-1993 Ein Chor in seiner Stadt. Festschrift zum 175jährigen Jubiläum des Frankfurter Cäcilien-Vereins,* hrsg. vom Cäcilien-Verein Frankfurt e.V., Frankfurt am Main 1993, S. 37. Bomba verweist darauf, dass dieses Konzert »die erste Übertragung eines Cäcilien-Vereins-Konzertes durch den Rundfunk« war.

29 In: Frankfurter Zeitung, 20. November 1915.

30 Ebenda.

31 Ebenda. - Zu Magda Spiegel (1887-1942) siehe in der vorliegenden Publikation auch S.130.

32 Holls Äußerungen (ebda.) verraten viel über die damalige Rezeption sowohl traditioneller als auch neuer Musik: »Wer im inneren Kontakt mit dem Willen unserer jüngsten Tonkunst lebt, wer mit offenen Sinnen der

letzten Emanzipation der Melodie –
der »Linie«! – beiwohnt, der wird,
zurückblickend, auch bei Verdi
manche, bisher verborgen gebliebene
Kostbarkeit solcher Art [im Satz zuvor
erwähnt: »reifer Schönheit«]
entdecken, wie denn überhaupt der
italienische Meister, der so lange im
Schatten Wagners gestanden, erst
jetzt in dem vollen gewaltigen Umriß
seiner Schöpfergestalt als romanische
Parallelerscheinung zu jenem
‚germanischen Riesen' bei uns in ein
immer helleres, ruhmreicheres Licht
rückt. Gerade das ‚Requiem' dürfte in
Deutschland – wie übrigens auch der
eben im Opernhaus vorbereitete
‚Othello' – mit besonderem Erfolg den
Weg zum Herzen des musischen
Menschen unserer Tage finden. Denn
hier ist Verdis Naturgewalt so von der
Formkultur durchdrungen, sein
dramatisches Pathos so verfeinert und
verinnerlicht, daß das Ganze den
schablonenhaften Einwendungen ewig
krittelnder und ‚völkisch' begrenzter
Beobachter kaum mehr einen
Angriffspunkt bietet, [...].«.

33 Siehe etwa Sonderkonzerte unter
Hermann Scherchen oder Clemens
Krauss sowie das Wirken von Hans
Rosbaud. Vgl. u.a. Stichtenoth,
Frankfurt am Main 1968, S.62-66,
Hansjakob Ziemer, »Musik im Leben
der Völker«: Musik und Gesellschaft in
Frankfurt am Main um 1927, in: Musik
in Frankfurt am Main, Frankfurt am
Main 2008, S. 111-124, Ders., Die
Moderne hören: Das Konzert als
urbanes Forum 1890-1940 (= Campus
Historische Studien 46), Frankfurt am
Main 2008, sowie mehrere Beiträge in:
Musik – Bürger – Stadt: Konzertleben
und musikalisches Hören im
historischen Wandel. 200 Jahre
Frankfurter Museums-Gesellschaft,
hrsg. von Christian Thorau,
Regensburg 2011.
34 Insbesondere in Berlin sowie noch
viel stärker in Paris war das
Musikleben von Pluralität und
Vermischung der Künste geprägt.
35 Nettstraeter (1887-1952) wirkte von
1933 bis 1949 in verschiedenen
Städten als Generalmusikdirektor; vgl.
u.a. die Nachweise gemäß World
Biographical Information System
unter: https://www.degruyter.com;
letzte Abfrage am 03.06.2018.
36 Zu Schmeidel (1894-1953) siehe in
der vorliegenden Publikation auch
S.144. Er stammte aus Graz und wirkte
von 1933 bis 1938, u.a. als
Landesmusikdirektor, wieder in seiner
Heimat und hiernach teilweise im
Ausland; vgl. u.a. Alexander Rausch,
Artikel Schmeidel, Hermann Ritter von,
in: Oesterreichisches Musiklexikon
online, Stand: April 2009, https://www.
musiklexikon.ac.at; letzte Abfrage:
03.06.2018.

37 Zu Landmann (1868-1945) vgl. u.a.
Dieter Rebentisch, Artikel Landmann,
Ludwig, in: Frankfurter
Personenlexikon (Onlineausgabe),
Stand: September 2015, http://
frankfurter-personenlexikon.de/
node/3021; letzte Abfrage: 03.06.2018.
38 Zu Krebs (1894-1961) vgl. u.a. Heike
Drummer, Artikel Krebs, Friedrich, in:
Frankfurter Personenlexikon
(Onlineausgabe), Stand: September
2015, http://frankfurter-personenlexi-
kon.de/node/2987; letzte Abfrage:
03.06.2018.
39 Vgl. hierzu insbesondere Eva
Hanau, Musikinstitutionen in
Frankfurt am Main 1933 bis 1939, Köln
1994, sowie hieraus die autorisierte
Wiederveröffentlichung mit Bezug auf
die Nachfolgeinstitution des Dr.
Hoch'schen Konservatoriums unter
dem Titel Der Lange Weg zur
Gründung der Frankfurter
Musikhochschule, in:
Kunstausbildung im Wandel – Zukunft
der Künste. 75 Jahre Hochschule für
Musik und Darstellende Kunst
Frankfurt am Main, Frankfurt in Takt
– Das Jubiläumsheft, Jg. 12, Nr. 1
Sommersemester 2013, S. 14-35;
außerdem Dieter Rebentisch, Das
Musiktheater der ‚Moderne' und die
NS-Diktatur: Die Frankfurter Oper
1933-1945, in: Musik in Frankfurt am
Main, Frankfurt am Main 2008, S.
137-163.
40 Zu Kirchholtes siehe in der
vorliegenden Publikation auch
S.142-143. Zum Nachfolger Kirchholtes
wurde Hans-Andreas Hamacher
ernannt; er war bereits im Vorstand
des Rühl'schen Gesangvereins
gewesen und bei dessen
Zusammenschluss mit dem
Cäcilienverein in eben diesem auch
zum Vorstandsmitglied gewählt
worden. Hamacher bekleidete die
Position des ersten Vorsitzenden des
Cäcilienvereins bis zu seinem Tod im
Jahr 1956; siehe auch die
Erinnerungen der Zeitzeugin Eva
Zander, in der vorliegenden
Publikation S. 147-176.
41 Zu diesem Themenbereich siehe
den Beitrag von Klaus Weber in der
vorliegenden Publikation S. 133-145.
Vgl. zudem ergänzend Dokumente zur
Geschichte der Frankfurter Juden
1933-1945, hrsg. von der Kommission
zur Erforschung der Geschichte der
Frankfurter Juden (Hrsg.), bearb. von
Dietrich Andernacht und Eleonore
Sterling, Frankfurt a. M. 1963, und
Bibliographie zur Geschichte der
Frankfurter Juden 1781-1945, hrsg. von
der Kommission zur Erforschung der
Geschichte der Frankfurter Juden,
bearbeitet von Hans-Otto Schembs,
mit der Verwendung der Vorarbeiten
von Ernst Loewy und Rosel
Andernacht, Frankfurt a. M. 1978.

42 Vgl. Schreiben aus dem
Schriftwechsel zwischen Kulturamt,
Generalintendanten der Städtischen
Bühnen, Magistrat vom Oktober bis
November 1933, zu 6720/9; gesammelt
in: D-F, ACV, Na Mus V01, Kapsel 7.
43 Ebda., Schreiben des Kulturamts an
die Stadtkanzlei vom 20. Oktober 1933.
44 Vgl. Stichtenoth, Frankfurt am
Main 1968, S. 69-70.
45 Zu Belker (1901-1976) vgl. u.a. die
Konzertkritik in den Kieler Neuesten
Nachrichten vom 8. Dezember 1937,
unter: http://www.staedtischer-chor-
kiel.de/kritiken/19371206.html; letzte
Abfrage am 03.06.2018; und die
Nachweise (zu Johann Paul Belker und
Paul Belker) gemäß World
Biographical Information System
unter: https://www.degruyter.com;
letzte Abfrage am 03.06.2018.
46 Zu Hugo Holle (1890-1942) vgl. u.a.
Hanau, Frankfurt am Main 2013, S. 30
sowie zu seinen weiteren Tätigkeiten:
Bayerisches Musiker-Lexikon Online,
hrsg. von Josef Focht, Stand Mai 2015,
http://bmlo.de/h1300; letzte Abfrage
am 03.06.2018.
47 Zu Thomas (1904-1973) vgl. u.a.
Emil Platen, Artikel Thomas, (Georg
Hugo) Kurt, in: MGG2, Personenteil,
Bd. 16, Kassel/Stuttgart usw. 2006, Sp.
779-781. Thomas wirkte seit Abschluss
seines Studiums, 1925 in Leipzig, bis
wenige Jahre vor seinem Tod an
zahlreichen Musikinstitutionen als
Kompositionslehrer und Professor für
Chorleitung sowie als Kantor bzw.
Chorleiter (Dreikönigskirche
Frankfurt, Thomaskirche Leipzig,
Bach-Verein Köln). Seine
ununterbrochene berufliche Tätigkeit,
die mit einer Anpassung an die
jeweiligen politischen Systeme
einherging, belegt seine künstlerische
Durchsetzungskraft.
48 Zur Uraufführung und ihren
Kontexten vgl. u.a. Markus Bandur,
Carl Orff: Carmina Burana, in:
Geschichte der Musik im 20.
Jahrhundert: 1925-1945 (= Handbuch der
Musik im 20. Jahrhundert 2), hrsg. von
Albrecht Riethmüller, Laaber 2006,
S. 193-199.
49 Zu Wetzelsbacher vgl. Rebentisch,
Frankfurt am Main 2008, S. 143.
50 Vgl. hierzu u.a. die Rezension in:
Beiblatt der Frankfurter Nachrichten
und Intelligenz-Blatt, 30.10.1918.
51 Hierfür zeichnete der Vorsitzende
Walter Melber verantwortlich, vgl. die
Abbildung der Titelseite, S. 128.
52 Akte des Amtsgerichts Frankfurt
(Main), 41 VR 985. Kopie in D-F, ACV,
Na Mus V01, Kapsel 7.

ERIC DEROM

Willem Mengelberg – Dirigent des Cäcilienchors von 1909 bis 1920

Oktober 1918, die Nachrichtenagentur Reuters meldet: »Frankfurts Altstadt wird bombardiert. Die Züge erreichen den Bahnhof nicht mehr.« Die Bevölkerung sei nervös und bedrückt über die militärische und politische Lage. Am 9. November 1918 folgt die Meldung: »Massen laufen mit einem roten Band im Knopfloch zum Zeichen der erfolgreichen Revolution durch die Stadt. Der Römer ist besetzt, der Polizeipräsident verhaftet. Ein Arbeiter- und Soldatenrat hat die Geschicke der Stadt übernommen.«

Trotz dieser Ereignisse veranstaltete der Cäcilien-Verein anlässlich seines hundertjährigen Bestehens am 28. Oktober 1918 eine Gedächtnisfeier im Saalbau. Es erklang Ludwig van Beethovens *Missa Solemnis*. Ob das Publikum das flehende »Dona nobis pacem« des Chores als einen Vorboten des Waffenstillstands verstand, wissen wir nicht. Bekannt aber ist der Dirigent des Abends: Er kam aus den neutralen Niederlanden und hieß Willem Mengelberg.

Mengelberg war 1871 in Utrecht als Sohn deutscher Eltern geboren worden. Sein Vater, Friedrich Wilhelm Mengelberg, berühmt aufgrund der Gestaltung der Bronzeverkleidung einer der Portaltüren des Kölner Doms, war seit Jahren im Rheinland aktiv. 1869 hatte er in Utrecht ein Atelier zur Herstellung von Kirchenmöbeln und Altargegenständen gegründet. Sein Sohn, der von seinen Utrechter Musiklehrern als außerordentlich musikalisch begabt eingestuft

Künstler-Unterschriften des Festkonzertes
vom 28. Oktober 1918 im Autogramm-Album von
Marie Küchler (Mitglied des Cäcilienchores),
S. 19r. D-F, ACV, Mus Hs 2929

1818 Cäcilien-Verein 1818
— Frankfurt a. M. —

KONZERT

zur Gedächtnisfeier des hundertjährigen Bestehens
des Cäcilien-Vereins

Montag, den 28. Oktober 1918, abends 7 Uhr
im grossen Saale des Saalbaues

Missa solemnis
in D-dur
für Soli, Chor, Orchester und Orgel
von L. van Beethoven.

Dirigent: Herr Willem Mengelberg.

SOLISTEN:

Sopran: Frau A. Noordewier-Reddingius.
Alt: Fräulein Hertha Dehmlow.
Tenor: Herr Kammersänger Karl Erb
Bass: Herr Kammersänger Alfred Stephani
Violine: Herr Konzertmeister Hans Lange
Orgel: Herr Heinrich Sonntag.
Orchester: Das hiesige Theaterorchester und andere Künstler
Vorbereitung: Herr Musikdirektor F. Bischoff.

Anfang des Konzertes und Schluss der Pause werden durch dreimaliges
Glockenzeichen angegeben. Nach dem dritten Glockenzeichen werden
die Türen geschlossen.

Verhalten bei Fliegergefahr.

Die Besucher werden gebeten, bei Ertönen eines dreimaligen in Zwischen-
räumen von einigen Sekunden gegebenen hellen Glockenzeichens den Saal in
Ruhe zu verlassen und sich auf die Seitengänge und Nebentreppen oder über
die Haupttreppe in den grossen Eingangsraum und dessen Nebenräume (Garderoben,
Ruttmann'sches Ladenlokal) zu begeben, auf der Haupttreppe jedoch nicht zu
verweilen. Die Wegrichtung ist durch Pfeile angegeben. Die Besucher des unteren
Saalraums ersehen aus Anschlägen an den Türen, welchen Ausgang sie zu nehmen
haben. Garderobe-Ausgabe erfolgt erst, wenn Gefahr vorüber.
Dass Gefahr vorüber ist, wird durch das gleiche ohne Unterbrechung er-
klingende Glockenzeichen bekannt gegeben.
Den Weisungen des Militärkommandos ist unbedingt Folge zu leisten!
Um im Falle eines Fliegeralarms eine geordnete Entleerung des Saales zu
ermöglichen, werden die Besucher in ihrem eigensten Interesse — um mit dem
vorgeschriebenen Ausgang vertraut zu sein — gebeten, nach Schluss des Konzertes
den Saal durch diejenige Tür zu verlassen, auf deren Plakat die Nummer ihres
Sitzplatzes angegeben ist. Der Vorstand der Saalbau-Aktiengesellschaft.

Marie Küchler sang im Cäcilienchor,
von 1908 bis 1953 als Stimmführerin
im Sopran, und war zeitweilig auch
im Vorstand des Vereins.
Sie führte ihr mit zahlreichen
Künstlerunterschriften und -grüßen
gefülltes Autogramm-Album von 1916
bis 1950. Bis heute liegt ein
Glückskleeblatt in dem 91 Blatt
umfassenden Büchlein.

Konzert zum 100-jähri-
gen Jubiläum des
Cäcilien-Vereins am
28. Oktober 1918.
»In Anbetracht des noch
immer während
furchtbaren Krieges und
seines ungewissen
Ausgangs«, so hieß es im
Protokoll des Cäcilien-
Vereins, wurde »von
einer akademischen
Feier abgesehen«.

Willem Mengelberg

worden war, studierte ab 1888 an der damaligen Rheinischen Musikschule die Hauptfächer Klavier bei Isidor Seiss und Orchesterdirektion bei Franz Wüllner. 1892 erhielt er als einer von 80 Bewerbern die Stelle des Städtischen Musikdirektors in Luzern. Dort leitete er die Musikschule, dirigierte die Abonnementkonzerte und vereinigte mehrere Chöre zu einem großen. Drei Jahre später bot man dem 24-Jährigen die Stelle des Chefdirigenten des 1888 gegründeten Amsterdamer Concertgebouw-Orchesters an, und wiederum einige Jahre später übernahm er auch die Direktion des dortigen Toonkunst-Chors. Beide Positionen bekleidete er bis 1945.

Ab dem Jahr 1900 übernahm Mengelberg Gastdirigate auf internationalen Konzertbühnen in Frankreich, England, Italien, den USA und Russland. Sein Ruf als Chordirigent war so groß, dass Paris und Brüssel 1908 das gesamte Concertgebouw-Orchester und den Toonkunst-Chor zu Aufführungen der *Matthäuspassion* von Johann Sebastian Bach einluden. Nach einem erfolgreichen Gastkonzert bei der Frankfurter Museums-Gesellschaft im Februar 1907 übernahm er ab der nächsten Spielzeit die dortigen Freitags- und Sonntagskonzerte sowie im September des folgenden Jahres auch den Frankfurter Cäcilien-Verein. Beide Musikvereinigungen leitete er bis 1920.

Unter Mengelbergs Frankfurter Stabführung erklangen in 66 Konzerten insgesamt 44 Chorwerke. So gab es von 1909 bis 1919 an jedem Karfreitag sowie während eines Volkskonzerts 1910 eine Aufführung der *Matthäuspassion* von Bach. Zugleich dirigierte er mehrmals Beethovens *9. Sinfonie*, Mendelssohns *Elias*, Haydns *Die Jahreszeiten*, Händels *Messias* und *Judas Maccabäus* sowie das *Deutsche Requiem* von Brahms, und dazu leitete er noch einzelne Aufführungen wichtiger Chorwerke von Bruckner, Liszt, Verdi und Mozart.

Mengelberg präsentierte seinem Publikum aber auch weniger übliche Kompositionen, wie einen Querschnitt aus dem ersten Akt des *Parsifal* von Richard Wagner, der noch bis 1913 urheberrechtlich geschützt war, oder Beethovens *Messe in C* op. 86, *La Damnation de Faust* von Hector Berlioz (mit französischen Solisten) und zwei heutzutage selten gespielte Werke von Robert Schumann, das weltliche Oratorium *Das Paradies und die Peri* sowie die dramatische Kantate *Manfred*. Für die Verbreitung der Sinfonien von Gustav Mahler hat Mengelberg sich in der ganzen Welt eingesetzt. Unter seiner Leitung sang der Cäcilienchor vier Mal, davon einmal in Mannheim, die 2. Symphonie (die sogenannte *Auferstehungs-Symphonie*), je zwei Mal die 3. und die 8. Symphonie (die sogenannte *Symphonie der Tausend*) und einmal die aus Mahlers früher Schaffenszeit stammende Kantate *Das klagende Lied*.

Am spektakulärsten waren Mengelbergs Aufführungen von Bachs *Matthäuspassion* und Mahlers *8. Symphonie* in der städtischen Festhalle. Dem ersten Konzert vom 14. April 1911 wohnten 12.000 Gäste bei, darunter auch Großherzöge und Prinzen aus Hessen und Preußen. Der Cäcilien-Verein, der Tookunst-

Chor, das Frankfurter Opern- und das Concertgebouw-Orchester erfüllten mit ihrem Musizieren gemeinsam den mächtigen Saal.

Über Mengelbergs Proben mit dem Cäcilienchor ist wenig bekannt. Man weiß aber, dass Mengelberg in seinem Streben nach Perfektion schwierig und unfreundlich sein konnte. Einmal beschimpfte er seine Chorsänger z.B. als »Waschlappen«, was er später allerdings zurücknahm. Doch der Erfolg gab ihm Recht: Ein Kritiker der Frankfurter Zeitung *Kleine Presse* rühmte am 22. März 1909 den »vortrefflichen Vortrag und die glockenreine Intonation« in den Chören des *Parsifal*. Ein anderer meldete am 18. November 1909, ebenso in der *Kleinen Presse*, dass »der erste Klagechor des *Judas Maccabäus* ein Meisterstück« gewesen sei, insbesondere »in Bezug auf Schönheit der Nuancierung«. Nach einer Aufführung von Haydns *Jahreszeit*en konnte man in den *Frankfurter Nachrichten* vom 8. Februar 1910 lesen: »[...] mit allen Mitteln angespornt, bot der stattliche und klangfrische Chor in den markant hervorgehobenen, sehr dramatisch gezeichneten Szenen des Sonnenaufgangs, des Ungewitters, der Jagd, der Weinlese usw. außerordentlich lebendige Leistungen, bei denen man sich die offene Bühnenwirkung unschwer dazu denken konnte«, und nach einer Aufführung des *Messias* hieß es in den *Frankfurter Nachrichten* vom 18. Februar 1918, dass »Mengelbergs überlegene Leitung den Abend zu einem vollen Genuß macht. Er beherrscht das gewaltige Werk in jeder Einzelheit und die eigene Sicherheit teilt sich bei der Übersichtlichkeit seines Taktierens auch den Ausführenden mit, die im Gefühl der Verläßlichkeit ganz in der Sache aufgehen und in ihren Chören eine Mannigfaltigkeit und Farbigkeit des Ausdrucks erreichen, die an die besten Abende des Vereins erinnern.«

Einspielungen aus dieser Zeit sind heute vereinzelt im Handel erhältlich, doch es gibt auch online zugängliche Konzertmitschnitte des Amsterdamer Toonkunst-Chors, so mit Bachs *Matthäuspassion* und seiner Kantate *Selig ist der Mann* BWV 57 sowie dem *Deutschen Requiem* von Brahms. Diese sowie »Radio Mengelberg« (www.willemmengelberg.nl) erlauben es Musikliebhabern von heute, den damaligen Interpretationsstil zu erkunden.

Nach dem Ausbruch des Ersten Weltkrieges war es zunächst unklar, ob Mengelberg seinen Frankfurter Verpflichtungen weiterhin würde nachkommen können. Er selbst war dazu bereit, »falls [die] deutsche Zugverbindung dieses ermöglicht«. Dabei trotzte er einmal sogar dem Beschuss durch die Alliierten. Der Spielplan wurde angepasst. Während Mengelbergs Treue zu Frankfurt in Deutschland positiv verbucht wurde, geriet er im neutralen Holland deswegen in die Kritik. Das war nicht völlig unbegründet. Zwei Sonderkonzerte für die im Felde stehenden Frankfurter Musiker 1915 und 1916, die Erstaufführung der patriotischen Ode *Vaterland* für gemischten Chor von Otto Neitzel 1917 und Mengelbergs Auszeichnung mit einer Medaille des Deutschen Roten Kreuzes zeugen von seiner Verbundenheit mit Deutschland. Seine Herkunft und sein

Foto anlässlich der Aufführung der 8. Symphonie von Gustav Mahler
in der Frankfurter Festhalle unter Leitung von Mengelberg,
April 1912 (zur Besetzung vgl. S. 107-108).

Die Goldmedaille erinnert an die
ersten Konzerte, die der Cäcilienchor
gemeinsam mit dem niederländischen
Toonkunst-Chor 1911/12 u.a. in der
Frankfurter Festhalle realisierte.
Sie wurde dem Cäcilienchor im April
1912 überreicht und wird heutzutage
im Historischen Museum Frankfurt
aufbewahrt.

Das Foto zeigt Mengelberg
im großen Saal des
Saalbaus mit dem
Cäcilienchor und dem
Orchester der Museums-
Gesellschaft bei der
Generalprobe zum
Sonder-Konzert vom 13. Juni
1920. In dem Konzert, das
gemäß Programmzettel
»anläßlich des Scheidens
[Mengelbergs] aus seiner
hiesigen Tätigkeit«
veranstaltet wurde, kam
Gustav Mahlers
2. Symphonie zur
Aufführung.

HMF

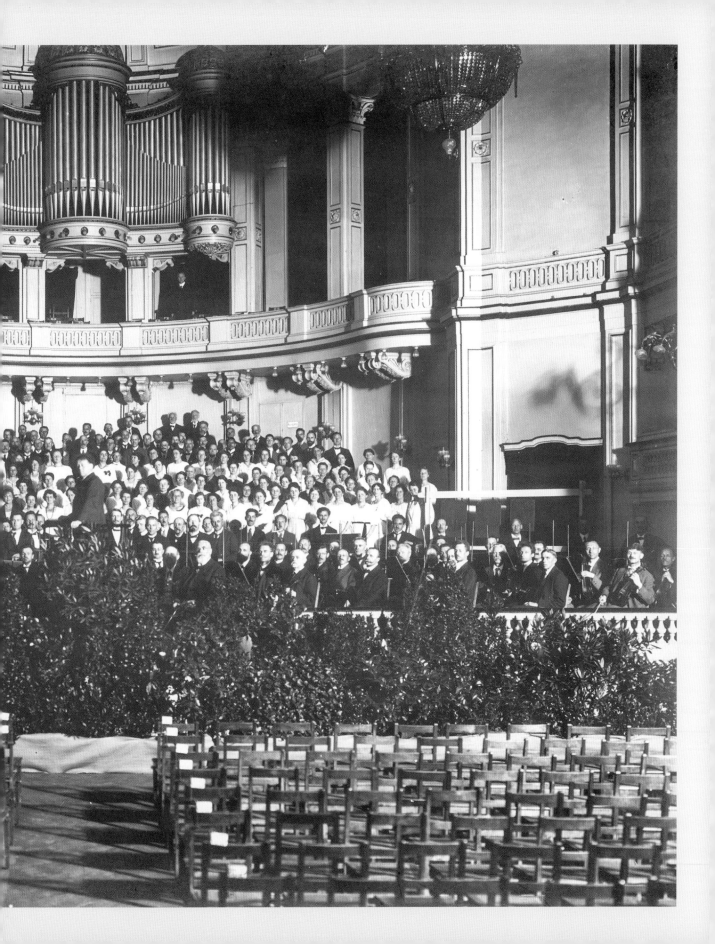

Richard Strauss
9. 5. 27.

Willem Mengelberg

5. 5. 27.

CAECILIEN-VEREIN
VEREINSJAHR 1918-19

DAUER-KARTE
GÜLTIG FÜR DIE DREI KONZERTE

1. Konzert: Buss- u. Bettag Mittwoch, 20. Nov. 1918
2. Konzert: Mittwoch, den 24. Februar 1919
3. Konzert: Freitag, den 18. April 1919.

25. Reihe   Saal rechts   Platz Nr. 9
Eingang: Haupttreppe
Die Karte ist aufzubewahren und am Saaleingang vorzuzeigen.

J. ADELMANN, FRANKFURT A. M.

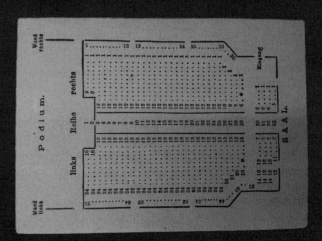

Der Cäcilien-Verein ließ über viele Jahre hinweg Dauerkarten für die Abonnenten seiner Konzerte drucken. Auf der Vorderseite der gezeigten Karte sind die Konzerte der Saison 1918/19 und der reservierte Platz genannt, auf der Rückseite befindet sich der Saalplan; Format 8,5 x 12 cm.

Musikalisches Rätsel
und Unterschriften von
Mengelberg (verso) und
Richard Strauss (recto)
anlässlich des Konzertes
vom 9. Mai 1927, im
Autogramm-Album von
Auguste Küchler
(Mitglied des Cäcilien-
chores), S.36v-37r.

D-F, ACV, Mus Hs 2928

*Bei dem Sonder-Konzert im
Saalbau spielte das von
Mengelberg geleitete
Concertgebouw-Orchester
Amsterdam Richard Strauss'
Tondichtung* Ein Heldenleben.
*Ein Werk, das Strauss eben
diesen Interpreten gewidmet
hatte und das im Jahr 1899 in
Frankfurt uraufgeführt
worden war. Auguste Küchler
sammelte in ihrem
Autogramm-Album also nicht
nur Interpreten von
Chorkonzerten.*

Der erste Saalbau,
eröffnet 1861,
genutzt bis zu seiner
Zerstörung 1944.

Freundeskreis machten ihn zu einem typischen Vertreter des konservativen und deutsch-nationalen Bürgertums.

Ab 1921 wurde Mengelberg als Chefdirigent großer New Yorker Orchester verpflichtet, und während der Spielzeit 1930/31 war er Chefdirigent des London Symphony Orchestra. Danach gastierte er - neben seiner Tätigkeit in Amsterdam - in fast allen Staaten Europas. Auch Frankfurt vergaß er nicht und dirigierte bis 1943 fast jährlich mindestens ein Konzert im Saalbau. Bei den Dresdner Philharmonikern war er von 1936 bis 1942 der wichtigste Gastdirigent, und das Orchester von Radio Paris leitete er zwischen 1942 und 1944 mehr als 30 Mal - Radio Paris war in jenen Jahren des Zweiten Weltkriegs ein von der Wehrmacht kontrollierter deutscher Propagandasender. Mengelbergs Zusammenarbeit mit den Nationalsozialisten, die ihm weiterhin auch Gastdirigate ermöglichte, wurde ihm nach Kriegsende zum Verhängnis. Neben der Aberkennung aller Ehrungen wurde über ihn die härteste Strafe, die einen Künstler wie ihn treffen konnte, verhängt: ein zunächst lebenslängliches, dann auf sechs Jahre begrenztes Dirigierverbot in den Niederlanden. Kurz vor Ablauf der Frist jedoch, im Jahr 1951, starb er 80-jährig in seinem Schweizer Exil.

Wie auch einige andere herausragende Dirigenten seiner Generation kollaborierte Mengelberg mit dem NS-Regime, ein Faktum, das es uns heute schwer macht, über ihn als Künstler ein neutrales Urteil zu fällen. Doch zeigen seine musikalischen Erfolge, die er über Jahrzehnte feiern konnte, und seine Werkauswahl, dass er ein beliebter und vielseitiger Dirigent war. Hiermit hat er auch im Musikleben der Stadt Frankfurt Impulse gesetzt. Wie weit das ästhetische Urteil eines Künstlers von diktatorischem Rassenwahn entfernt sein konnte, zeigt sich in Mengelbergs Verehrung der Musik von Gustav Mahler - zumindest bis 1940, dem Jahr der Besetzung der Niederlande durch die Wehrmacht.

Quellen
Den Haag - Nederlands
Muziekinstituut, Mengelberg Archief,
Rezensionen.
Universitätsbibliothek Frankfurt am
Main, Sammlung Musik, Theater, Film,
Konzertprogramme und
Pressenachweise Cäcilien-Verein
Frankfurt e.V.

Literatur
Andreas Bomba, *1818-1993. Ein Chor
in seiner Stadt. Festschrift zum
175jährigen Jubiläum des Frankfurter
Cäcilien-Vereins,* hrsg. vom
Cäcilien-Verein Frankfurt e.V.,
Frankfurt am Main 1993, S. 18-19 und
50-51.
chw, Artikel »Ich nehme die
Waschlappen«. Zum 175jährigen
Bestehen des Frankfurter
Cäcilien-Vereins, in: Frankfurter
Allgemeine Zeitung, 17. September
1993.

Ohne Autorenangabe, *Hundert Jahre
Cäcilien-Verein in kurzer Fassung
zusammengestellt nach den in dem
Archiv des Vereins niedergelegten
Protokollen und Schriftstücken,* Druck
von Johannes Schrodt, Frankfurt am
Main 1918, S. 26-31.
Friedrich Stichtenoth, *Der Frankfurter
Cäcilien-Verein 1818-1968.* Blätter zur
Erinnerung an seine 150jährige
Geschichte, Frankfurt am Main 1968,
S. 54-58.
Frits Zwart, *Willem Mengelberg
(1871-1951). Een biografie 1871-1920,*
Amsterdam 1999, S. 149-194 und
231-330.

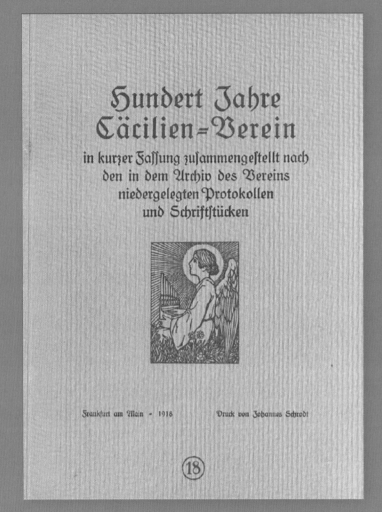

Außentitel der Festschrift zum 100jährigen Bestehen des Cäcilien-Vereins.
Die Festschrift dokumentiert den gewissenhaften Umgang mit der eigenen
Tradition und eine gleichermaßen sorgsame wie selbstbewusste Präsentation
wichtiger Vereins-Ereignisse. Sie enthält eine »Allgemeine Vereinsgeschichte«,
die vom damaligen Vorsitzenden des Cäcilien-Vereins, Walter Melber, verfasst
ist und die einige Dokumente zu den frühen Jahren des Chores zeigt. Danach
werden Verzeichnisse zu den musikalischen Ereignissen beigefügt, und zwar
von den Aufführungen der Jahre 1818 bis 1918 (angefertigt von Susanna Kahl)
sowie von den Solisten der Aufführungen (angefertigt von Martha Reinert).
Außerdem sind die Vorstandsmitglieder der Jahre 1837 bis 1918 aufgelistet.

Unterschrift und musikalischer Gruß von Ludwig Rottenberg anlässlich des
Konzertes vom 24. Mai 1918 im Autogramm-Album von Auguste Küchler
(Mitglied des Cäcilienchores), S. 13r

D-F, ACV, Mus Hs 2928

In dem Konzert vom 24. Mai 1918 musizierten das Frankfurter Theaterorchester und Mitglieder des Cäcilienchors die 2. Symphonie von Gustav Mahler. Gemäß Programmzettel fand das Konzert im Frankfurter Saalbau statt, in der Festschrift zum 100jährigen Bestehen des Cäcilien-Vereins schreibt Walter Melber im September 1918 jedoch, dass es »auf Einladung des Philharmonischen Vereins in dem großen Nibelungensaal« in Mannheim stattfand. Die Gesamtleitung oblag Willem Mengelberg. Ludwig Rottenberg (1864–1932) hatte als Erster Kapellmeister der Frankfurter Oper das Theaterorchester und den Chor einstudiert. In seiner Zeit als Musikalischer Leiter der Oper, 1893 bis 1924, brachte er zahlreiche Opern auch zeitgenössischer Komponisten zur Aufführung, so unter anderem von Paul Hindemith, Richard Strauss, Franz Schreker oder Béla Bartók.

In dem von Clemens Krauss geleiteten Konzert wurde Gustav Mahlers 3. Symphonie aufgeführt, in deren 5. Satz Frauen- und Knabenchor vorgesehen sind. Der Konzertprogrammzettel gibt für die Besetzung des Frauenchors an »Geehrte Damen des Cäcilien-Vereins«. Der Alt-Solo-Part des 4. Satzes war von Magda Spiegel (1887-1944) übernommen worden.

Die international geschätzte und für ihre herausragenden interpretatorischen Leistungen berühmte Sängerin wirkte seit 1916 an der Frankfurter Oper. Zudem sang sie in zahlreichen Konzerten, auch in solchen des Cäcilien-Vereins. Später, d.h. ab der Machteroberung der Nationalsozialisten, wurden ihr aufgrund ihrer jüdischen Herkunft zunehmend Bürden auferlegt und 1942 konnte ihre Deportation nach Theresienstadt nicht verhindert werden. Obwohl sie dort in Lagerkonzerten mitwirkte, u.a. bei einer Aufführung von Giuseppe Verdis Requiem, entkam sie dem Weitertransport nach Ausschwitz im Jahr 1944 nicht.

Zur freundlichen Erinnerung an meine Mitwirkung am 30. Okt. 1925

Magda Spiegel

Clemens Krauss (1893–1954) hatte 1924 die Intendanz der Frankfurter Oper übernommen und war zugleich Musikalischer Leiter der Museumskonzerte. Schon 1929 verließ er Frankfurt jedoch wieder, um seine Karriere u.a. in Wien, Berlin und München fortzusetzen. Er galt als einer der besten Interpreten der Werke von Richard Strauss. Nach dem Zweiten Weltkrieg erfolgte aufgrund seiner opportunistischen Haltung gegenüber dem NS-Regime zunächst ein zweijähriges Berufsverbot. Sein hohes Renommee als Dirigent ermöglichte ihm jedoch internationale Gastdirigate und ab 1950 viele Tourneen mit den Wiener Philharmonikern.

Es singen drei Engel ...

Mahler III.

30. X. 1925.

Clemens Krauss

KLAUS WEBER

Opfer des NS-Terrors und der Cäcilien-Verein

Am Sonntag, den 5. März 1933, erreichte die Frankfurter NSDAP 44,1 Prozent der abgegebenen Stimmen und feierte ihren Wahlerfolg drei Tage später in einer triumphalen Siegesfeier. Am Abend desselben 8. März fand in der Katharinenkirche ein Sonderkonzert des Cäcilien-Vereins statt, ein A-capella-Programm mit Werken von Johannes Brahms, unter anderem mit den Motetten *Warum ist das Licht gegeben den Mühseligen* und *Schaffe in mir Gott ein reines Herz*. Im Nachhinein betrachtet war dieses kleine Konzert nicht nur eine vorgezogene Gedächtnisstunde zu Brahms' 100. Geburtstag; es war auch ein unwiederbringlicher Schlusspunkt in der Geschichte des Cäcilien-Vereins: Was danach kam, zerstörte seine bürgerlichen Grundlagen und erschütterte die Chorgemeinschaft auf unabsehbare Zeit. Friedrich Dörge, Vorsitzender des Vereins von 1955 bis 1960, erinnert sich viele Jahre später: »Ich kann dieses Konzertes niemals ohne ganz besondere Wehmut gedenken; denn es ist das letzte Konzert gewesen, an dem die zahlreichen jüdischen Mitglieder des Vereins aktiv haben teilnehmen können. In dem Moment, wo wir die Katharinenkirche verlassen haben, ist der alte Cäcilien-Verein, der bis dahin bestanden hatte, zerstört gewesen.« Wenige Tage später wurde das Brahms-Konzert im Rundfunk wiederholt. Die jüdischen Mitglieder des Chores, so Friedrich Dörge, durften nicht mehr mitsingen.
Inwieweit der Ausschluss der jüdischen Sängerinnen und Sänger aus dem Cäci-

1933

CAECILIEN-VEREIN,

vereinigt mit dem Rühl'schen Gesangverein E. V.

Mittwoch, 8. März 1933, abends 8 Uhr
in der St. Katharinenkirche

GEDENKSTUNDE
FÜR
JOHANNES BRAHMS

(Geboren am 7. Mai 1833)

Leitung: Hermann von Schmeidel

An der Orgel: Karl Breidenstein

VORTRAGSFOLGE

1. Choralvorspiele: „O Gott, Du frommer Gott"
   „Herzliebster Jesu"
2. Motette . . . . . „Schaffe in mir Gott ein rein Herz" op. 29/2
   (5-6 stimmig a-capella)
3. Choralvorspiel: „O wie selig seid ihr doch, ihr Frommen"
4. Motette . . . . . „Warum ist das Licht gegeben dem Mühseligen" op. 74/1
   (4-6 stimmig a-capella)
5. Choralvorspiele: „Herzlich tut mich verlangen"
   „O Welt, ich muß dich lassen"
6. „Fest- und Gedenksprüche" op. 109
   (8 stimmig a capella)

---

am 1. Januar 1968 ge[illegible] [illegible]verdi-Chor, Hamburg

Cäcilien-Verein e. V. * gegründet 1818 * Frankfurt a. M.

Preis 20 Pfennig

lien-Verein sofort und vollständig vollzogen wurde, können wir nicht mehr feststellen. Alle Chorunterlagen aus dieser Zeit bis 1944 sind mit der Bombardierung des Saalbau-Gebäudes in der Junghofstraße vernichtet worden. Fest steht jedoch, dass auf die Machteroberung der Nationalsozialisten im März 1933 in Frankfurt unmittelbar die Gleichschaltung der Kulturinstitutionen folgte. »Sie begann mit der durchweg rechtswidrigen Entlassung aller Führungskräfte und derjenigen Künstler, die jüdischer Abkunft waren und als Exponenten der musikalischen Moderne galten. [...] Der gerade erst, Mitte März 1933, kommissarisch eingesetzte NS-Oberbürgermeister Friedrich Krebs war am 28. März zum Antrittsbesuch in Berlin, erfuhr in den Ministerien von bevorstehenden Maßnahmen gegen Juden und gab eilfertig per Telefon die Anweisung nach Frankfurt durch, alle Juden aus den städtischen Behörden und Gesellschaften zu entfernen. Später, nach dem sogenannten Gesetz zur Wiederherstellung des Berufsbeamtentums vom 7. April 1933, machte man aus der Suspendierung eine rechtskräftige Entlassung.« (Rebentisch, S. 138f.)

Nicht nur die Professionellen in Theater, Oper und Musikhochschule, auch die Amateure traf es. Der mündlichen Überlieferung des Cäcilien-Vereins zufolge wurden alle nun laut Rassenwahn als »Juden« bezeichneten Mitglieder, schon 14 Tage vor der Anweisung des Oberbürgermeisters, mit einem Schlag von den Aufführungen des Chores ausgeschlossen. Andererseits wissen wir, dass Hans Andreas Hamacher, der damalige Vorsitzende des Vereins, am 16. August 1933 auf Anfrage die Anzahl der aktiven jüdischen Mitglieder mit »circa 12–15 bei einem Gesamtbestand aktiver Mitglieder von 165« bezifferte, vermutlich als Antwort auf einen Fragebogen des »Kampfbundes für deutsche Kultur, Ortsgruppe Frankfurt a.M.«. Aus heutiger Sicht scheint dies eine bewusst gering gehaltene Zahl zu sein, die es ermöglichte, mehrere Mitglieder des Chores zu schützen. Hamacher selbst legte diese Deutung nahe: Auf der ersten Mitgliederversammlung nach dem Krieg, im Jahr 1946, bezeichnete er seine Auskunft vom August 1933 als ausweichend und unzutreffend; die Zahl der Mitglieder, die sich zum jüdischen Glauben bekannten, sei relativ hoch gewesen (s. das abgedruckte Protokoll auf S.153-155).

Im Jahr 1932 zählte der Chor einer handschriftlichen Notiz zufolge noch 216 aktive Sängerinnen und Sänger. Betrachtet man die Rückgänge der Mitgliederzahlen bei anderen Frankfurter Kulturinstitutionen im Jahr 1933, so könnten es analog 40 bis 70 Sängerinnen und Sänger gewesen sein, die nach der Machtergreifung der Nazis nicht mehr bei Aufführungen mitwirken durften. Sie wurden aus der bestehenden Chorgemeinschaft, in der übrigens auch oft mehrere Mitglieder einer Familie sangen, von einem Tag auf den anderen herausgestoßen. Dieser Ausschluss muss für die betroffenen Menschen ebenso ungeheuerlich wie überraschend gewesen sein, stammten sie doch aus der Mitte der Gesellschaft und waren häufig Stützen und Förderer des städtischen Kulturlebens.

Programmzettel zum Konzert vom 8. März 1933, das für den Cäcilien-Verein im Rückblick zu einem denkwürdigem Ereignis wurde.

D-F, ACV, Na Mus Vo1, Kapsel 7

Zudem war der Großteil der als »Juden« bezeichneten Mitglieder höchstwahrscheinlich getauft, also christlich und völlig assimiliert. »Sie haben«, wie Friedrich Dörge sich erinnert, »dem Verein so viel inneren Halt gegeben, so viel Idealismus geopfert und so viele finanzielle Opfer gebracht«, dass mit ihrem Rauswurf der Chor tatsächlich sozial und künstlerisch schwer geschädigt war. Zum Vorgang des Ausschlusses selbst stellen sich heute viele Fragen. Gingen die Angriffe gegen den Chor vor allem von oben aus, etwa von dem durch den NS-Chefideologen Alfred Rosenberg 1928 gegründeten »Kampfbund« und von anderen örtlichen Parteistellen? Oder spielten auch anonyme Denunzianten eine Rolle? Nicht alle anti-jüdischen Maßnahmen waren von der nationalsozialistischen Machtzentrale in Berlin angeordnet. Terror oder pseudolegale Aktionen gingen auch auf lokale Initiativen zurück.

Doch wie hat man sich den Ausschluss jüdischer Mitglieder konkret vorzustellen? Wer wusste überhaupt im Verein von den »jüdischen Wurzeln« einzelner Mitglieder? Was tat der Vorstand, um sich dem Auftrittsverbot eines nicht unerheblichen Teils des Chores zu widersetzen? Waren die Mitgliederlisten außerhalb des Vorstands bekannt, wurden sie um Religions- beziehungsweise »Rassen«-Zugehörigkeit ergänzt, und von wem dann eventuell weitergeleitet? Vermutlich fand unter den Mitgliedern keine offene politische Auseinandersetzung statt; man muss aber davon ausgehen, dass es auch im Chor selbst überzeugte Nazis gab, die entsprechenden Druck auf den Vorstand oder direkt auf einzelne Mitglieder ausübten. Haben andererseits Freundschaften im Chor genützt, gar geschützt?

Eine »Selbstgleichschaltung« durch die Einführung eines »Arier-Paragraphen«, oft initiiert durch Nazis im Verein beziehungsweise im Vorstand, fand wohl nicht statt. Denn der seit 1933 amtierende Vorsitzende Hans Andreas Hamacher, gläubiger und wohl gut vernetzter Katholik, stand sowohl zu Heinrich Kirchholtes, seinem Vorgänger im Amt, als auch zu anderen jüdischen Freunden. Er soll auch versucht haben, offizielle Angaben und schriftliche Akte möglichst zu vermeiden oder, wie bereits beschrieben, auf Nachfragen ausweichend zu antworten. Sicherlich musste aber auch der Cäcilien-Verein dem »Reichsverband der gemischten Chöre Deutschlands« und damit der Reichsmusikkammer beitreten. Denn nur diese Mitgliedschaft erlaubte öffentliche Konzerte. Und spätestens mit den »Nürnberger Gesetzen« von 1935, die alle Deutschen dazu zwang, ihre »arische« Abstammung nachzuweisen, werden sich bis dahin unentdeckt gebliebene »jüdische« Mitglieder des Cäcilien-Vereins nicht mehr länger haben halten können.

Alte Oper, 1. Mai 1933

Schreiben des Chorleiters des NS-Chores, Curt Kretzschmar, an Bürgermeister Karl Linder, 26. Juli 1933.

D-F, ACV, Na Mus V01, Kapsel 7

N·S·D·A·P
Kreis Groß-Frankfurt a. M.

NS=Chor
Die Geschäftsführung

Büro Bürgermeister
★ 27. JULI 1933 ★

Frankfurt a. M., den 26. Juli 1933.
Herderstraße 19

Betrifft:

Herrn

Bürgermeister Pg. L i n d e r ,

F r a n k f u r t . a.M.
==============================
Rathaus .

In einer Besprechung des Kreispropagandaleiters Pg. Kläger mit
dem Leiter des N. S. Chores Pg. Kretzschmar wurde beschlossen, die Stadt
Frankfurt zu bitten, den Betrag von Rmk. 1400.--, der sich bis jetzt mit
je Rmk. 700.-- verteilte an den Cäcilienverein und Singakademie, zu
streichen.

Wir bitten Sie eine baldige Entscheidung herbeizuführen, dass
der N.S.Chor den obigen Betrag zugewiesen erhält und er damit als einziger N.S.Chor der Kreisleitung durchn die Stadt die nötige Unterstützung
bekommt.

Heil Hitler !

N·S·D·A·P.
Kreis Groß-Frankfurt/M.
N·S·=Chor
Geschäftsführung

Der Chorleiter :

Curt Kretzschmar

67209.

Entwurf

85

STADT FRANKFURT AM MAIN
Der Magistrat

Frankfurt am Main, den 25. Okt. 1933

I d/Be

Betr.: Cäcilienverein und Frankfurter Singakademie

Auf das gefl. Schreiben an Herrn Bürgermeister Linder v. 26.7.33

= = =

geschr.: 23.10 Bur
ab: 26/10

Wir vermögen Ihrem Antrage auf Streichung der für den Cäcilienverein und die Frankfurter Singakademie vorgesehenen städtischen Zuschüsse und deren Zahlung an den N.S.Chor leider nicht zu entsprechen, da bei dem Neuaufbau des Frankfurter Konzertlebens auf die Mitwirkung dieser beiden Vereine nicht verzichtet werden kann.

Heil Hitler!

II. In

I. An die

Nationalsozialistische Deutsche Arbeiterpartei, Kreis Gross Frankfurt am Main

Geschäftsführung des N.S.=Chors

Frankfurt am Main

Herderstrasse Nr. 19

GEDENKSTÄTTE NEUER BÖRNEPLATZ

Im Folgenden soll der Frankfurter Sängerinnen und Sänger gedacht werden, die 1933 aus dem Chor ausgestoßen und Opfer des Naziterrors wurden. Über die einzelnen Menschen und Schicksale gibt es allerdings nur wenige Quellen. Die letzte vorhandene Mitgliederliste des Cäcilien-Vereins vor 1945 stammt aus dem Jahr 1925. In ihr ist weder eine Religionszugehörigkeit – und nicht jeder von den Nazis geschmähte »Jude« verstand sich selber so – noch ein identifizierendes Geburtsdatum genannt, lediglich Angaben wie die Wohnadresse, das Jahr des Choreintritts, die Stimmlage, der Status als aktives oder passives Mitglied sowie die Höhe des Jahresbeitrags finden sich hier. Durch Abgleich dieser Mitgliederliste von 1925 mit den Informationen der Gedenkstätte Neuer Börneplatz in Frankfurt konnte eine Reihe von Sängerinnen und Sängern und passiven Mitgliedern, wenn auch höchstwahrscheinlich nicht alle, identifiziert werden. Der individuelle Leidensweg dieser Menschen bleibt hinter den dokumentierten Daten im Dunkeln, er bleibt für uns unvorstellbar. Aber ihre Namen und Lebensdaten sollen in der Geschichte des Cäcilien-Vereins, zu der sie gehören, erinnert sein.

Antwortschreiben des Magistras der Stadt Frankfurt an die Geschäftsführung des NS-Chores, 25. Oktober 1933.

D-F, ACV, Na Mus Vo1, Kapsel 7

In der Gedenkstätte Neuer Börneplatz für alle ermordeten Frankfurter Juden kann man die Gedenkblöckchen der unten erwähnten Opfer aufsuchen – in einer apokalyptisch wirkenden endlosen Reihe von Namen.

Rosa Adler, passives Mitglied seit 1922, ist nicht eindeutig zu identifizieren. Es lassen sich drei Personen dieses Namens finden: geborene Wallerstein, *19. Dezember 1871, gestorben am 3. Februar 1943 in Theresienstadt; geborene Blumenthal, *27. März 1894, zu einem unbekannten Zeitpunkt in Minsk verstorben; Rosa Adler, *30. November 1887, zu einem unbekannten Zeitpunkt in Auschwitz gestorben.

Dr. Hugo Bock, *14. Dezember 1878, Rechtsanwalt, sang seit 1910 im Tenor, während seine Frau Johanna seit 1912 den Chor als passives Mitglied förderte. Er erhielt 1933 Berufsverbot als Notar und Rechtsanwalt. Von 1937 an arbeitete er bei der jüdischen Gemeinde. Während seiner Ehefrau und zwei Kindern 1937 die Flucht in die USA gelang, wurde er – wie weitere Mitglieder des Chores – bei der ersten Deportation aus Frankfurt am 19. Oktober 1941 in das Ghetto Litzmannstadt verschleppt und starb dort am 19. April 1942.

Claire oder Clara Burgheim, *19. Oktober 1888, sang seit 1912 im Alt. Sie war Fürsorgerin im städtischen Wohlfahrtsamt. Im Sommer 1933 wurde sie auf der Grundlage des »Gesetzes zur Wiederherstellung des Berufsbeamtentums« entlassen und erhielt bis 1938 eine geringe Pension. An ihrem 53. Geburtstag wurde auch sie mit der ersten Deportation am 19. Oktober 1941 nach Litzmannstadt verschleppt und starb dort am 17. Dezember 1941. Ein »Stolperstein« vor ihrer ehemaligen Wohnung in der Henry-Budge-Straße 54 erinnert heute an sie.

Alice Ellinger, geborene Kehrmann, *17. November 1872, Mitglied des Cäcilien-Vereins seit 1894, sang im Alt. Während dem Sohn 1939 nach seiner Inhaftierung im Zusammenhang mit dem November-Pogrom die Flucht in die USA gelang, wurde Alice Ellinger zusammen mit ihrer Tochter Olga ebenfalls bei der ersten Deportation am 19. Oktober 1941 nach Litzmannstadt verschleppt und starb dort vermutlich am 31. März 1942.

Therese Istel, geborene Kaufmann, *2. Februar 1860, war passives Mitglied. Sie schied am 9. Mai 1942, einen Tag nach der vierten großen Deportation aus Frankfurt in das Vernichtungslager Majdanek, durch Suizid aus dem Leben. Zwei Tage zuvor hatte sich ihre Tochter Ella Hirsch, geborene Istel, an ihrem 61. Geburtstag zur gleichen Verzweiflungstat entschieden.

Emilie Goldschmidt, geborene Bacher, *12. Juni 1857, war bereits vor 1910 im Chor und 1925 passives Mitglied. Sie wurde wohl aus ihrer Wohnung in der Bockenheimer Anlage 37 vertrieben und wohnte zuletzt mit ihrem Bruder in einem »Judenhaus«. Von dort wurde sie bei der siebten großen Deportation am 18. August 1942 im Alter von 85 Jahren nach Theresienstadt verschleppt und starb dort am 5. September 1942.

Moritz W. Hohenemser, *13. Dezember 1867, Bankier, und seine Frau Konstanze waren seit 1922 im Cäcilien-Verein passive, das heißt fördernde Mitglieder. Die Eheleute wurden wohl bereits 1934 aus ihrer Wohnung in der Schumannstraße 47 vertrieben und in immer bedrängtere Wohnverhältnisse gezwungen. Während Konstanze Hohenemser 1938 die Flucht in ihre englische Heimat gelang, wurde ihr Ehemann am 15. September 1942 bei der neunten großen Deportation nach Theresienstadt verschleppt, wo er am 30. Januar 1943 starb. Sein gesamtes Vermögen wurde, wie auch bei den anderen, zugunsten des Reiches eingezogen und verwertet.

Margit Jacobi, geborene Schweitzer, *22. November 1881, sang seit 1920 im Alt. Ihr Mann Eugen war passives Mitglied des Chores und ein großer Förderer von Wissenschaft und Kultur sowie vieler sozialer Einrichtungen. Er starb 1933. Im Jahr 1939 musste Margit Jacobi ihr Haus am Schaumainkai 67 an die Stadt Frankfurt verkaufen. Das Inventar der 24 Zimmer sowie die wertvolle Bibliothek und die Gemäldesammlung wurden versteigert. Nach diversen erzwungenen Wohnungswechseln wurde sie bei der neunten großen Deportation aus Frankfurt am 15. September 1942 nach Theresienstadt verschleppt und starb dort am 3. Februar 1943. Die Tochter Dora Jacobi war bereits 1935 in den Suizid getrieben worden.

Von **Frau Kallmann** wissen wir nur, dass sie im Alt gesungen hat. Vermutlich handelt es sich um Rosa Kallmann, geborene Eisenstädt, *19. Dezember 1879 in Memel, die wohl mit dem Justizrat Leopold Kallmann verheiratet war und mit ihm in der Mendelssohnstraße 47 wohnte. Zuletzt wohnte sie in einem »Judenhaus«, von wo sie zusammen mit ihrem 78-jährigen Mann bei der neunten großen Deportation aus Frankfurt am 15. September 1942 nach Theresienstadt verschleppt wurde. Dort starb ihr Mann knapp drei Monate später und sie selbst am 14. Mai 1944.

Daisy Strauss, *11. Dezember 1888, sang seit 1908 im Sopran, vermutlich auch als Solistin. Ihre Eltern waren seit 1896 im Chor, die Mutter sang im Sopran, während der Vater passives Mitglied war. Ihr Bruder Fritz sang seit 1917 als Bass im Chor. Daisy Strauss starb in Riga zu einem unbekannten Zeitpunkt.

Die **Familie Neumann** war besonders zahlreich im Chor vertreten: Dr. Paul Neumann, *1858, Justizrat, sang seit 1890 im Bass. Er war mindestens zwei Jahrzehnte lang, bis 1923, im Vorstand des Cäcilien-Vereins, erhielt für seine Verdienste um den Verein 1918 den Orden »Roter Adler« und wurde 1923 zum Ehrenmitglied ernannt. Seine Frau **Helene**, geborene Dondorf, *3. Juli 1876, war seit 1903 im Chor und wurde 1925 als passives Mitglied geführt. Seit 1922 sang auch der Sohn **Richard**, *28. Juni 1901, im Bass mit. In der erwähnten Mitgliederliste des Jahres 1925 ist sein Name durchgestrichen und durch den Namen seiner Schwester Annemarie, *6. August 1902, ersetzt, mit dem Zusatz: »ab Mai zahlen«.

Die ganze Familie war evangelisch getauft und Mitglied der evangelisch-reformierten Gemeinde in Frankfurt am Kornmarkt. Sie glaubte sich auch deshalb nach Aussagen einer Freundin der Familie in Sicherheit. Allerdings wurde die

Drei der vier Kinder von Helene und Paul Neumann sangen im Cäcilienchor. Das Foto zeigt Gertrud, Richard, Annemarie und Elisabeth, um 1910.

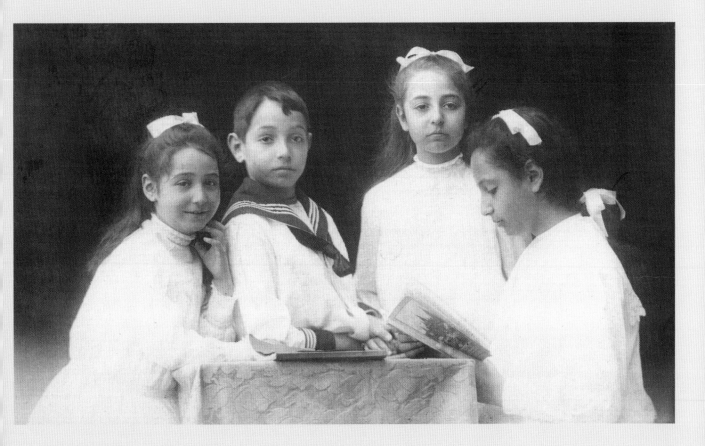

Familie 1935 gezwungen, ihr Haus im Grüneburgweg 103 zu verkaufen. Das Ehepaar fand zunächst Unterkunft im christlichen Diakonissenheim Bethesda als namentlich nicht mehr benanntes »nichtarisches pflegebedürftiges Ehepaar«. Als solches wurden sie im November 1938 gezwungen, in die Pension Hirschfeld, Myliusstraße 40, umzuziehen. Paul Neumann starb dort am 16. Januar 1941. Da die Pension zugunsten eines Kindergartens der Nationalsozialistischen Volkswohlfahrt (NSV) schließen musste, zog Helene Neumann 1941 mit ihrem Sohn Richard und wahrscheinlich auch der Tochter Elisabeth in ein sogenanntes »Judenhaus« in die Beethovenstraße 21. Von hier wurde Helene zusammen mit Richard bei der ersten großen Deportation aus Frankfurt, am 19. Oktober 1941, nach Litzmannstadt verschleppt. Dort starb sie am 22. Januar 1942, acht Tage nach ihrem Sohn; seit 2006 erinnern »Stolpersteine« im Grüneburgweg 103 an beide.

Die Tochter Gertrud, *2. März 1905, die als einzige aus der Familie wohl nicht im Cäcilien-Verein gesungen hat, war bereits 1933 gegen den Willen der Eltern nach Palästina ausgewandert, die Tochter Annemarie emigrierte 1936 in die USA. Beide kehrten nie nach Deutschland zurück.

Die Tochter Elisabeth, *19. April 1900, sang nach mündlicher Überlieferung als junge Frau unter Willem Mengelberg. Elisabeth Neumann arbeitete seit 1925 als Gemeindeschwester in ihrer evangelisch-reformierten Gemeinde in Frankfurt, bis sie 1939 von einem der dortigen Pfarrer als Jüdin denunziert und entlassen wurde. Ab Mai 1941 wurde sie in eine Druckerei zwangsverpflichtet, bevor sie sich im Mai 1942 vor der bereits anberaumten Deportation mit Hilfe eines anderen Pfarrers ihrer Gemeinde in die Schweiz retten konnte und dort bei der Pfarrersfamilie de Quervain lebte. Auch sie quälten dort die von anderen Geretteten bekannten Zweifel an der Rechtmäßigkeit ihrer Flucht. An Charlotte von Kirschbaum schrieb sie am 17. Juli 1943: »War es recht, die Flucht ergriffen zu haben, anstatt mit in Verbannung und Tod zu gehen?« 1946 kehrte sie nach Frankfurt zurück und arbeitete erneut als Gemeindeschwester in ihrer alten Kirchengemeinde. An ihre Oberin schrieb sie am 2. Juli 1946: »Wir [...] arbeiten aber im dienstlichen Leben nur mit dem einen Pfarrer der Bekennenden Kirche. Der andere, der damals nicht ganz unschuldig an meiner Entlassung war, [...] ist noch der Alte [...], möchte alles, was seit 1933 geschah, vergessen und ›restaurieren‹. Er hätte gern ›Frieden‹ mit mir geschlossen, um nach außen hin unser ›Vertrauensverhältnis‹ zu bekunden, aber so kann es ja nicht zu einem echten Neuanfang kommen.« Elisabeth Neumann arbeitete bis 1963 in ihrer Gemeinde und starb am 31. August 1988 in Frankfurt.

Elisabeth Neumanns Flucht und Errettung wäre wohl ohne das Netzwerk, das in ihrem Fall der Cäcilien-Verein bildete, schwieriger gewesen. So hatte auch Alfred de Quervain, der ihr mit seiner Familie vier Jahre Asyl gewährt hatte, in den 1920er-Jahren im Cäcilien-Verein gesungen, als er Pfarrer in Frankfurt war.

1914 hatte Kirchholtes Gertrud Sulzbach, die Tochter des Inhabers der Privatbank Gebr. Sulzbach, geheiratet. Die vom NS-Regime erlassene Verordnung zur Ausschaltung von jüdischen Wirtschaftsbetrieben vom 12. November 1938 erzwang jedoch die Liquidation solcher Betriebe, die aber auf unterschiedliche Weise umgesetzt werden konnte. Für das Bankhaus Sulzbach bot sich die Chance der Übertragung an den nichtjüdischen Schwiegersohn, so dass das Haus 1938 in »Heinrich Kirchholtes« umfirmierte und bis in die Nachkriegszeit hinüber gerettet werden konnte (Mitteilung des Sohnes Hans-Dieter Kirchholtes). Nach dem Krieg war Kirchholtes erneut im Vorstand des Cäcilien-Vereins tätig (bis 1958) und erhielt anlässlich seines 70. Geburtstages die Ehrenplakette und wurde zum Ehrenvorsitzenden des Vereins ernannt.

In seiner unveröffentlichten Autobiografie erinnert er sich: »In den Aufführungen des Cäcilien-Vereins sass ich neben ihrem [Elisabeths] Vater, dem Justizrat Neumann. Er war nicht nur ein sehr sicherer Sänger, sondern ein Mann von gutem musikalischem Geschmack und wirklichem Verständnis. So war es für mich erquickend, in den Hauptproben sein Urteil über das rechte Verständnis dessen, was gesungen wurde, zu hören.«

Gretel Hirschfeld, seit 1922 Sängerin im Alt, konnte 1938 ins Ausland fliehen und lebte noch in den 1990er-Jahren als verheiratete Gretel Elkan in den USA. Ihre Schwester Mile Braach, geborene Hirschfeld, berichtete in ihrem 1996 erschienenen Buch *Rückblende. Erinnerungen einer Neunzigjährigen* auch vom Schicksal der Familie Neumann.

WEITERE ANGRIFFE

Die Angriffe der Nationalsozialisten auf die als jüdisch deklarierten Mitglieder des Cäcilien-Vereins machten auch vor dessen Vorsitzendem und seinem Dirigenten nicht halt: Nach dem Auftrittsverbot für jüdische Sängerinnen und Sänger im März 1933 folgten im selben Frühjahr die Absetzung des Vorsitzenden Heinrich Kirchholtes und die Vertreibung des Chorleiters Hermann Ritter von Schmeidel.

Der Vorsitzende des Cäcilien-Vereins, Heinrich Kirchholtes, *1886, wurde 1933 zum Rücktritt gezwungen, da er sich weigerte, sich von seiner jüdischen Frau zu trennen. Er war Rechtsanwalt und im Frankfurter Bankhaus Sulzbach – Bank auch des Cäcilien-Vereins – tätig, aus dem auch seine Frau Gertrud stammte. Heinrich Kirchholtes sang seit 1920 im Bass, 1922 sogar eine Solopartie in Robert Schumanns Oper *Manfred*, und war seit 1923 Vorsitzender des Cäcilien-Vereins, den er geschickt durch finanziell schwierige Zeiten leitete. Oft beherbergte die Familie Solisten des jeweiligen Konzerts in ihrem Haus in der Paul Ehrlich Straße 1, die auch auf der Rückseite jedes Programms als Kontakt für interessierte Sängerinnen und Sänger angegeben war. Zudem war die Familie seiner Frau auf kulturellem Gebiet mäzenatisch tätig. Ihr Onkel Emil Sulzbach (1855-1932), Komponist, von 1904 bis 1923 Vorsitzender der Stiftung des Dr. Hoch'schen Konservatoriums, spendete für das Konservatorium eine Orgel und förderte als passives Mitglied den Cäcilien-Verein.

Der Chor versuchte anscheinend, mit »Juden Verheiratete« und sogenannte »Halbjuden« in der Gemeinschaft zu halten. So konnte auch Heinrich Kirchholtes weiterhin im Chor singen, wurde nach dem Krieg wieder in den Vorstand gewählt und 1956 zum Ehrenvorsitzenden ernannt. Er starb 1959. Seine Frau Gertrud, *1892, musste während des Krieges in einer Fabrik arbeiten und entkam der Vernichtung, vor der sie ab 1943 auch ihre Ehe nicht mehr schützen konnte, nur durch einen alten Bekannten bei der Frankfurter Polizei; dieser gab der Familie jeweils rechtzeitig den Termin der nächsten Deportation bekannt,

Heinrich Kirchholtes, Jurist und Bankier, 1923-1933 Vorsitzender des Cäcilien-Vereins. Er sang nicht nur im Cäcilienchor, sondern war auch im Frankfurter Sportclub Forsthausstraße aktiv.

ein befreundeter Arzt schrieb sie dann kurzfristig krank. So überlebte Gertrud Kirchholtes den Holocaust. Sie besuchte über den Tod ihres Mannes hinaus mit ihrer Familie die Konzerte des Chores. Sie starb 1978. Ihre Schwiegertochter Traute Kirchholtes setzt diese Tradition bis heute fort und hält so eine bald hundertjährige Verbindung der Familie zum Cäcilienchor aufrecht.

Ein weiterer Schlag traf den Chor mit der Vertreibung seines nicht-jüdischen Chorleiters Hermann Ritter von Schmeidel (1894-1953). Er war seit 1925 Leiter der Orchesterschule und der Dirigentenklasse am Dr. Hoch'schen Konservatorium und gleichzeitig Leiter der renommierten Mainzer Liedertafel, mit der er Paul Hindemiths Oratorium *Das Unaufhörliche* kurz nach der Berliner Uraufführung 1931 in Wiesbaden in Anwesenheit des Komponisten sowie von Igor Strawinsky darbot. Er war 1930 der musikalische Leiter des Cäcilien-Vereins geworden und wurde bereits kurze Zeit später in der Kritik eines Konzerts als »Chorerzieher von hohen Graden« gerühmt, der den Chor »trotz der Ungunst der Zeitläufte zu einer neuen Blüte führen kann«.

Noch bevor sich im April 1933 auf Druck von NS- und städtischen Stellen ein Ausschuss zur »Reorganisation des Dr. Hoch'schen Konservatoriums« konstituierte, mit dem Ziel, »alle Juden und Ausländer« aus dem Lehrerkollegium zu entfernen, wurde Hermann Ritter von Schmeidel Anfang April 1933 »als selbstherrlicher Ausländer« aus dem Konservatorium entlassen. Sein letztes Konzert mit dem Cäcilienchor war die Aufführung von Johann Sebastian Bachs *Johannespassion* am 14. April 1933 im großen Saal des Saalbaus. Sein Nachfolger im Konservatorium und kurzzeitig auch im Cäcilien-Verein wurde der 1. Kapellmeister des Opernorchesters, Bertil Wetzelsberger, ebenfalls ein Österreicher. Hermann von Schmeidel kehrte zunächst in seine Heimat nach Graz zurück, bevor er 1938 nach dem »Anschluss« Österreichs nach Ankara floh, von wo er nach dem Krieg zurückkehrte und in Graz und am Mozarteum in Salzburg reüssierte.

Herrmann Ritter von Schmeidel, Zeichnung von Robert Fuchs, um 1935
1930-1933 musikalischer Leiter des Cäcilienchores,

KÜNSTLERISCHE FOLGEN

Die geschilderten Angriffe auf den Chor und seine als »Juden« deklarierten Mitwirkenden blieben nicht ohne Auswirkungen auf die künstlerische Qualität, ganz abgesehen von dem Verlust, den auch das bald folgende Aufführungsverbot der Werke Felix Mendelssohn Bartholdys, Gustav Mahlers oder auch wichtiger Werke Georg Friedrich Händels, also von Stücken des Kernrepertoires des Chores, bedeutete. Bereits in der Kritik der *Johannespassion*, dem ersten Konzert ohne »Juden« und dem letzten unter dem Dirigat von Hermann Ritter von Schmeidel, heißt es in mehreren Zeitungen übereinstimmend, dass die Mitgliederzahl des Chores »erheblich zusammengeschmolzen« sei und die Stimmen der Zahl nach »aus Gründen der Zeit« (*Generalanzeiger*) geschwächt seien. Nach dem ersten Konzert unter der neuen Leitung von Bertil Wetzelsberger, mit Johannes Brahms' *Ein deutsches Requiem* am 22. November 1933, wird darüber geklagt, dass »alle deutschen Chorvereine mit künstlerischen Zielen derzeit unter der Umschichtung der bürgerlichen Gesellschaft litten«. Andere dagegen bemerkten eine »Gewandtheit des bereinigten Chores«. Schon im Juli 1933 versuchten die Machthaber, Cäcilien-Verein und Frankfurter Singakademie, den beiden großen Oratorienchören der Stadt, die städtischen Zuschüsse zu streichen. Der Generalintendant der Oper meldete im Oktober 1933, dass alle Chöre völlig gleichgeschaltet seien und noch im Laufe des Winters »in einem großen Spitzenkonzert unter Mitwirkung der Museumsgesellschaft und dem Orchesterverein die neuen Ziele unseres Kulturaufbaues dartun«. Zum selben Zeitpunkt lehnte der Magistrat dagegen die Forderung der NSDAP nach Streichung der städtischen Zuschüsse für die beiden Oratorienchöre ab, »da bei dem Neuaufbau des Frankfurter Konzertlebens auf die Mitwirkung dieser beiden Vereine nicht verzichtet werden kann«.

Dank an Herrn Dr. Michael Ströder für seine Informationen zur Familie Neumann.

Quellen und Literatur:
Archiv des Cäcilienvereins, Stadt- und Universitätsbibliothek, Frankfurt am Main, und privat
Arnsberg, Paul, *Die Geschichte der Frankfurter Juden seit der Französischen Revolution*, herausgegeben vom Kuratorium für jüdische Geschichte e.V., Frankfurt am Main, Darmstadt 1983
Becht, Lutz, *Untersuchung zur Geschichte der »Deutschen evangelisch-reformierten Gemeinde« im Nationalsozialismus* (Arbeitstitel), Solingen, voraussichtlich 2018
Braach, Mile, *Rückblende. Erinnerungen einer Neunzigjährigen*, Frankfurt/M. 1992
Cahn, Peter, *Das Hoch'sche Konservatorium in Frankfurt am Main 1878-1978*, Frankfurt/M. 1979

Datenbank Gedenkstätte Neuer Börneplatz, Jüdisches Museum Frankfurt am Main, s.a.
Dokumente zur Geschichte der Frankfurter Juden, herausgegeben von der Kommission zur Erforschung der Geschichte der Frankfurter Juden, Frankfurt am Main 1963
Karl-Barth-Archiv, Basel
Kingreen, Monica (Hrsg.), *»Nach der Kristallnacht«. Jüdisches Leben und antijüdische Politik in Frankfurt am Main 1938-1945*. Schriftenreihe des Fritz Bauer Instituts, Band 17, Frankfurt/New York 1999
Martini, Joachim C., *Musik als Form geistigen Widerstandes. Jüdische Musikerinnen und Musiker 1933 – 1945. Das Beispiel Frankfurt am Main*. Band 1: Texte, Bilder, Dokumente, Frankfurt am Main 2010

Rebentisch, Dieter, »Das Musiktheater der ›Moderne‹ und die NS-Diktatur. Die Frankfurter Oper 1933-1945«. In: *Musik in Frankfurt am Main*, herausgegeben von Evelyn Brockhoff, Archiv für Frankfurts Geschichte und Kunst, Frankfurt am Main 2008.
Spiess, Elisabeth, »Schwester Elisabeth Neumann in memoriam«. In: *Mitteilungen evangelischer Fachverband für Kranken- und Sozialpflege e.V.*, 1989/1, Frankfurt am Main.

EVA ZANDER

Der Cäcilien-Verein von der Trümmerzeit bis zum Wiederaufbau des Opernhauses 1980[1]

ERINNERUNGEN EINER ZEITZEUGIN

DAS WIEDERAUFBLÜHEN DES CHORES IN DER ZERSTÖRTEN STADT 1945 BIS 1949

Als die Amerikaner Ende März 1945 in die Frankfurter Trümmerwüste einmarschierten und sich dann in einem Sperrgebiet hinter Stacheldraht verschanzten, waren die Konzertchöre der Stadt längst verstummt: die Frankfurter Singakademie, gegründet 1922, wegen zahlreicher Einberufungen zur Wehrmacht schon seit 1943; der Cäcilien-Verein, gegründet 1818 und seit 1926 mit dem Rühl'schen Gesangverein von 1852 vereinigt, seit Anfang 1944. Der Chorleiter, der Direktor des Musischen Gymnasiums Professor Kurt Thomas, war mit seiner Schule evakuiert worden, und Bombenangriffe hatten das Opernhaus in eine ausgebrannte Ruine verwandelt, den Saalbau, Frankfurts legendären Konzertsaal, in einen Schutthaufen. Die amerikanische Militärregierung verhängte eine nächtliche Sperrstunde und ein Versammlungsverbot über die in der Stadt noch verbliebene Hälfte der Bevölkerung. Chorsingen war unmöglich. Die Infrastruktur war auf allen Ebenen zerstört. Man rang um das nackte Weiterleben, um Nahrung, Kleidung, Brennmaterial und ein regendichtes Dach, ja, um ein winziges Fünkchen Hoffnung.

Doch als die Besatzungsmacht nach dem Waffenstillstand am 8. Mai 1945 musikalische Veranstaltungen im Rahmen von Gottesdiensten erlaubte, kamen nicht nur Profimusiker, sondern auch Laien zum Musizieren zusammen. In der St. Ignatius-Gemeinde (Innenstadt) bildete sich unter der Leitung der Organistin Maria Gremm-Krug aus Mitgliedern des Cäcilien-Vereins ein Kirchenchor. Das war das Verdienst des Gemeindemitglieds und Vereinsvorsitzenden Hans Andreas Hamacher. Er war parteilos geblieben und in vielen kulturellen Institutionen wie auch in der katholischen Kirche ehrenamtlich tätig. Gleichzeitig blühten kirchenmusikalische Veranstaltungen, zu denen der »Kriegsersatz«- Kapellmeister und -Repetitor der Oper, Dr. Ljubomir Romansky, im Verein mit dem ehemaligen Referenten des Theaterintendanten, Albert Richard Mohr, die Kräfte bündelte. Romansky war Bulgare und als solcher parteilos geblieben.[2] Er scharte Sänger und Instrumentalisten der Oper um sich, und Hamacher berief ihn am 5. Juli zum Interimsleiter des Cäcilien-Vereins, dessen Wiederzulassung er drei Tage zuvor bei der Militärregierung beantragt hatte.[3]

Die Frankfurter Oper 1945, eine Ruine.

Kurt Thomas, der als Schulleiter Parteigenosse geworden war,[4] erhielt nach seiner Rückkehr nach Frankfurt nicht die erforderliche amerikanische Lizenz. Doch konnte ihm der Pfarrer der Dreikönigsgemeinde und spätere Dekan Martin Schmidt in seiner Kirche ein Betätigungsfeld bieten. Am 12. Juli 1945 wurde eine »Kantorei an der Dreikönigskirche« gegründet, in der zunächst vor allem Schüler des Musischen Gymnasiums sangen. Am 27. Juli warb Thomas aber auch in einer Mitteilung an den Cäcilien-Verein, zu dem er bald zurückzukehren hoffte, für diesen seinen neuen Chor.[5]

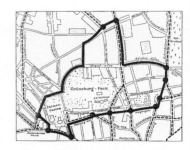

Das von der amerikanischen Militärregierung von 1945 bis 1948 mit Stacheldraht eingezäunte Sperrgebiet um das IG-Farben-Gebäude. 60.000 Einwohner mussten ihre Wohnungen binnen 2 Stunden verlassen, ein Grund, weswegen das Archiv des Cäcilien-Vereins zum Teil abhanden kam.

Während Romansky mit dem Cäcilien-Verein Joseph Haydns *Schöpfung* einstudierte, hörte man am 5. August in der St. Ignatiuskirche die von Gremm-Krug vorbereitete *Messe in C-Dur* von Ludwig van Beethoven in »einer jeder Kritik standhaltenden, makellosen Aufführung«.[6] Mitte des Monats folgten, eingebettet in »Kirchenmusikalische Feierstunden« in anderen Gotteshäusern mehrere Aufführungen der *Schöpfung* unter Romansky. Unterdessen beauftragten die Amerikaner den Journalisten Dr. Karl Holl mit der Wiederingangsetzung des Theater- und Konzertlebens, in dem sie ein Mittel zur Umerziehung der Deutschen zur Demokratie sahen. Schon am 18. August erklang die *Schöpfung* von Joseph Haydn erstmals in einem profanen Raum, im Börsensaal,[7] der als einziger erhaltener größerer Saal in der Innenstadt zum Ersatz für Opernhaus und Saalbau avancierte. Nun konnte auch der Cäcilien-Verein wieder offiziell als Konzertchor agieren.

Maria Gremm-Krug (1874–1954), Vorstandsmitglied und Ehrenmitglied des Cäcilien-Vereins. Sie dirigierte den Chor 1945 bei der Aufführung von Beethovens *Messe in C-Dur.*

Unter der Leitung von Romansky probte der Chor das *Requiem* von Giuseppe Verdi in der Halbruine des Evangelischen Vereinshauses in der Neuen Schlesinger Gasse. Das Gebäude war so beschädigt, dass das Regenwasser in Mülltonnen neben dem Flügel gesammelt wurde und kein elektrisches Licht betätigt werden durfte. Bei der Hauptprobe lauschten andächtige Passanten unter den Fenstern des Börsensaals, die nur mit Brettern vernagelt waren und daher

Programm der ersten Aufführung von Cäcilien-Verein und Museumsgesellschaft nach dem Krieg am 22., 23. und 24. Oktober 1945. Der Börsensaal war – mit etwa 550 Plätzen – der einzige noch verwendbare Raum in der Stadt.

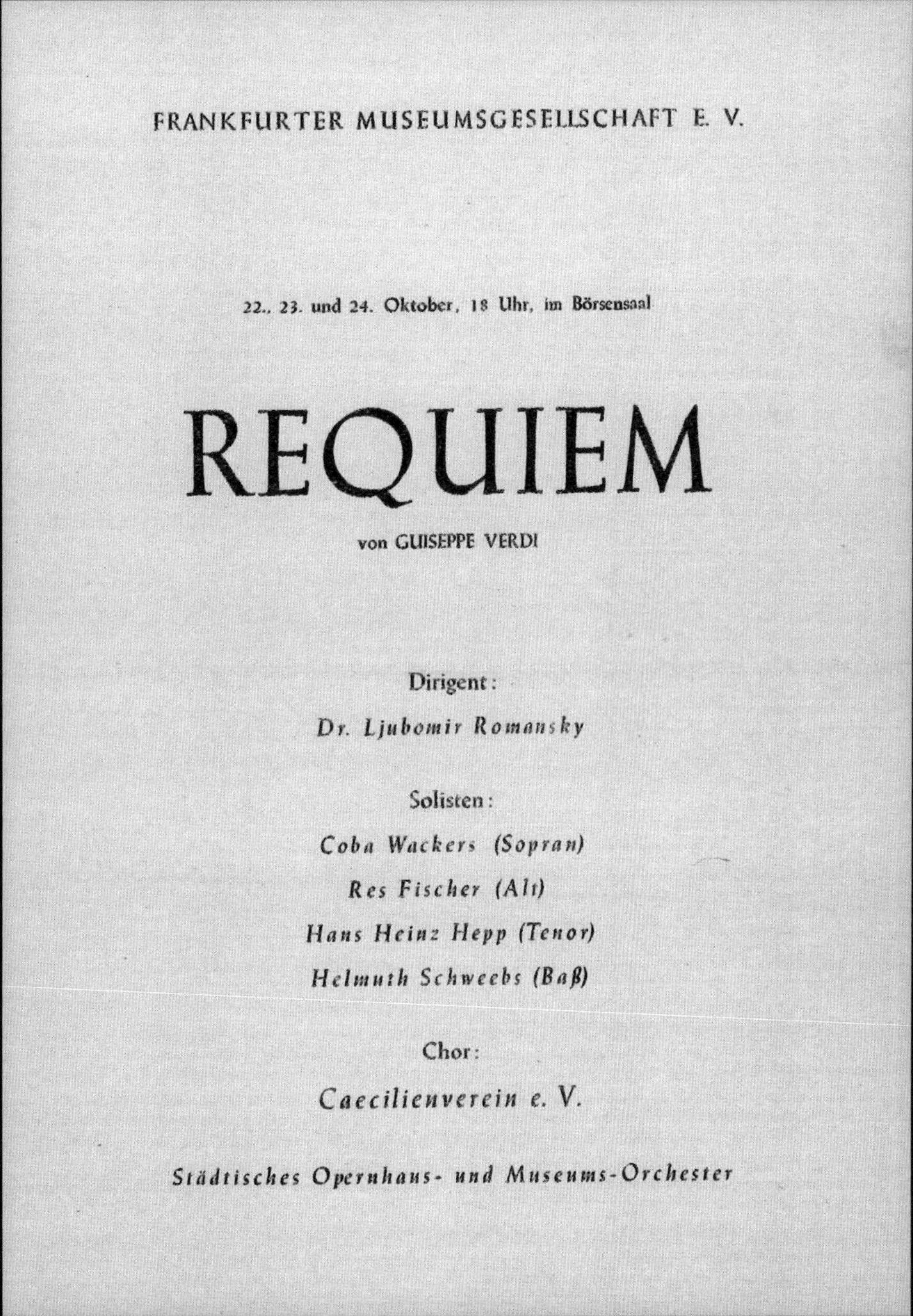

FRANKFURTER MUSEUMSGESELLSCHAFT E. V.

22., 23. und 24. Oktober, 18 Uhr, im Börsensaal

REQUIEM

von GUISEPPE VERDI

Dirigent:

Dr. Ljubomir Romansky

Solisten:

Coba Wackers (Sopran)

Res Fischer (Alt)

Hans Heinz Hepp (Tenor)

Helmuth Schweebs (Baß)

Chor:

Caecilienverein e. V.

Städtisches Opernhaus- und Museums-Orchester

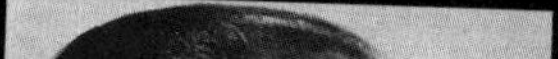

die Töne ziemlich ungehindert durchließen. Bis zum Konzert waren tatsächlich Scheiben eingebaut, worüber die Zuhörer auf der Straße, die im Saal keinen Platz mehr bekommen hatten, sehr enttäuscht waren.[8] Im Saal selbst herrschte, wie die von den Amerikanern herausgegebene »Neue Presse« Wochen später schilderte, eine Ergriffenheit, wie sie Verdis »musikalisch-theatralischer Zorn Gottes« wohl nur bei Menschen auszulösen vermag, die wie die damaligen Zuhörer den Zorn Gottes »in grausamster Wirklichkeit« hatten erleben müssen.[9]

Zerstörter Saalbau 1944/1945.

Die drei Aufführungen des *Requiems* in der zweiten Oktoberhälfte 1945 waren zugleich die ersten Museumskonzerte mit dem Cäcilien-Verein nach dem Krieg. Neben versprengten Opernchoristen waren aber auch zahlreiche Mitglieder der Singakademie an dem Erfolg beteiligt. Solange sich ihr Verein noch nicht wieder formiert hatte, sangen sie als Gäste im Cäcilien-Verein mit, anfangs umsonst, später unter Entrichtung des halben Mitgliedsbeitrages von 1 RM. Romansky war beiden Chören gut bekannt, da er während des Krieges zeitweilig als Korrepetitor bei ihnen tätig gewesen war.[10]

Inzwischen hatte sich Karl Holl jedoch um eine erfahrene, politisch unbelastete Führungskraft für Oper und Konzerte bemüht. Zehn Tage vor der ersten Aufführung des *Requiems* hatte die »Frankfurter Rundschau« die Berufung eines neuen Generalmusikdirektors bekannt gegeben, dem gleichzeitig die Intendanz der Oper obliegen sollte, Bruno Vondenhoff.[11] Die zuständige amerikanische »District Information Services Control Command«, eine Behörde innerhalb der seit 1. September 1945 bestehenden »Theatre and Music Branch« der Militärregierung, hatte ihr Plazet gegeben. Sie lizenzierte nur deutsche Staatsbürger. Romansky empfand das als einen ungerechtfertigten, schweren Schlag. Er musste seine Selbstständigkeit im Börsensaal, wo inzwischen schon drei Opern-Wiederaufnahmen aus dem Jahr 1943 gezeigt wurden, und seine Position beim Cäcilien-Verein aufgeben. Dass er dank der Neuregelung zum Ersten Kapellmeister der Oper befördert wurde - ein Karrieresprung, den (nach Aktenlage) vor dem Zusammenbruch niemand vorausgesagt hätte - tröstete ihn nicht.[12]

Indes zeigte sich bald, dass der nur Wenigen bekannte Vondenhoff Widrigkeiten zu trotzen verstand. Für die Aufführung des *Weihnachtsoratoriums* von Johann Sebastian Bach, das er nach zwei Proben unter Romansky auf Hamachers Wunsch selbst einstudierte, musste in letzter Minute ein Evangelist eingepaukt werden, weil der vorgesehene keine Einreiseerlaubnis aus der britischen in die amerikanische Zone bekam.[13] Und zwei Aufführungen am selben Tag forderten unter den Lebensbedingungen der Zeit allen Mitwirkenden das Letzte ab.

Gemäß seiner Ankündigung »Wiedergutmachung der Sünden der Vergangenheit« hätte Vondenhoff lieber mit Georg Friedrich Händels *Judas Makkabäus*

Die nur sechs Meter tiefe, breite Bühne des Börsensaals. Seit 1947 wirkten Mitglieder des Cäcilien-Vereins bei Opernaufführungen mit. Szenenfoto: Verdi, *Aida*, 2. Akt, 2. Bild, 1949. Musikalische Leitung: Bruno Vondenhoff, Inszenierung: Harro Dicks, Bühne: Frank Schultes.

Foto: Theateralmanach Städtische Bühnen 1950/51

St. Josefskirche, Bornheim

begonnen.[14] Die Anfang 1946 lieferbaren Noten enthielten zwar nicht die autorisierte deutsche Übertragung des Librettos von Thomas Morell, sondern eine jener neutralisierenden Textbearbeitungen, mit denen man das Oratorium über den Freiheitskampf der Juden gegen die römische Fremdherrschaft in Palästina in der NS-Zeit musikalisch zu retten versucht hatte. Vondenhoff hoffte, dass durch die Wiedereinfügung der jüdischen Namen und Begriffe der *political correctness* hinreichend Genüge getan werde. Doch nach schon fortgeschrittener Probenarbeit kam die Meldung, dass die Militärregierung nur die Morell-Übertragung zulasse. Die Einstudierung des neuen Textes bedeutete harte Arbeit.[15] Umso erfreuter las man nach der ersten der drei Aufführungen in der Aula der Universität in der Zeitung, der (durch die Herren des Opernchors verstärkte) Cäcilien-Verein habe »seine Aufgaben durchweg glänzend und mit dem schönen Schein der Mühelosigkeit gelöst«.[16] Frankfurts prominenter Orgelvirtuose Helmut Walcha allerdings nahm an dem kriege-rischen Sujet Anstoß und rügte die Verwendung eines Harmoniums, das als Ersatz der beschädigten Orgel diente.[17]

Zu der Zeit hatte die erste Nachkriegs-Chorsaison schon mit drei Aufführungen der *Matthäuspassion* von Johann Sebastian Bach in der Bornheimer St. Josefskirche einen glücklichen Abschluss gefunden. Akustisch war die Kirche durch die Entfernung zwischen dem Ensemble im Spitzbogengewölbe des Altarraums und der Orgelempore heikel, aber sie war die einzige fast unversehrte größere Kirche nördlich des Mains. Viele neue junge Mitglieder hatten mit Feuereifer in nur vier Wochen das mächtige Werk studiert. Tonträger, die heute gern in Chören verwendet werden, existierten noch nicht, Papier war knapp, Klavierauszüge fehlten. Daher arbeitete man mit einer meist verkritzelten und zerfledderten Stimme, zählte Leertakte eisern durch und lernte Stichnoten auswendig. »Man muß Bruno Vondenhoff für die liebevolle Vorbereitung der ›Matthäus-Passion‹ Dank wissen«, las man in der »Frankfurter Rundschau«. »Unter seiner wachen, sorgsam stützenden und auch anfeuernden Leitung zog das Werk in durchweg würdiger Form an uns vorüber.«[18] Und Hugo Puetter, der komponierende Musikkritiker der »Frankfurter Neuen Presse«, die als zweites örtliches Organ seit dem 15. April 1946 erschien, schrieb von einem »trefflich disziplinierten Chor« und ebensolchen Zuhörern: »Wie gebannt verharrten die Menschen noch eine geraume Weile in atemloser Spannung, nachdem der erhabene Schlußchor verklungen war und der Dirigent langsam den Taktstock hatte sinken lassen; erst allmählich löste sich der Bann. Man kehrte still in den Alltag zurück.«[19]

Bruno Vondenhoff,
1945 bis 1950
musikalischer Leiter des
Cäcilienchores.

Thomas hatte während des Krieges mit seinen Bach-Aufführungen Maßstäbe gesetzt. Auch wenn diese heute weitgehend überholt sind, galten sie seinen Anhängern damals als unumstößlich. Deshalb wurden Vondenhoffs Interpretationen der Passion, mit denen er sich an Otto Klemperer[20] orientierte und bei Publikum und Presse großen Anklang fand, von Thomas' Anhängern schroff abgelehnt.[21] Es muss dahingestellt bleiben, wieviel Verdruss dabei mitschwang über die Tatsache, dass »Einer aus der Provinz« nun in der Großstadt Frankfurt die Dinge richten sollte, während die Kräfte vor Ort nicht zum Zuge kommen durften. Da in der Öffentlichkeit nichts über Vondenhoffs Person und Werdegang bekannt wurde, schossen die unterschiedlichsten Gerüchte über ihn ins Kraut. Die einen argwöhnten, in führender Position, wenn auch nur (!) in Freiburg, müsse er Nazi gewesen sein. Andere glaubten, da er ein Werk »mit einer Fülle von Judaismen«[22] aufgeführt habe und von den Amerikanern akzeptiert worden war, er sei Jude.[23] In Wirklichkeit hatte er sich lediglich noch 1933 für neue, sogenannte »entartete« Musik eingesetzt und später, den Nürnberger Gesetzen zum Trotz, an seiner Ehe mit einer Halbjüdin festgehalten. Darum waren seine Aufstiegschancen vom nationalsozialistischen Rassenwahn zunichte gemacht worden.[24]

Im Cäcilien-Verein hatte man wegen Anfeindungen durch das NS-Regime seit 1937 vorsichtshalber auf Protokolle und Versammlungen verzichtet.[25] Deshalb war die Mitgliederversammlung vom August 1946 die erste seit neun Jahren.[26] Jedoch wurde damals aus Rücksicht auf den Betroffenen nicht erwähnt, dass Heinrich Kirchholtes, dessen Frau dem jüdischen Bankhaus Sulzbach entstammte, 1933 sein Amt als Vorsitzender des Vereins hatte niederlegen müssen, aber – so wie sogenannte Halbjuden – weiterhin hatte mitsingen dürfen.[27]

Protokoll der
Mitgliederversammlung
1946.

Bei Hunger und Kälte viel schöne Musik

Für den Cäcilien-Verein gewährleistete die Personalunion mit der Museums-Gesellschaft und dem Opernorchester durch Vondenhoff die Fortsetzung einer fast 100-jährigen bewährten Zusammenarbeit. Im Herbst 1946 wurden Anton-Bruckner-Gedenktage veranstaltet. Der Komponist galt jedoch selbst 50 Jahre nach seinem Tod vielen noch als Publikumsschreck. Zudem war die Einstudierung seiner *Messe Nr. 3 in f-Moll*,

P r o t o k o l l

der ordentlichen Mitgliederversammlung des Cäcilien-Vereins
am 12. August 1946 im Vereinshaus Westend, Frankfurt/Main

Die Versammlung wurde um 18,25 Uhr durch den Vorsitzenden, Herrn
Hamacher eröffnet, der gleichzeitig feststellte, dass die Versamm-
lung ordnungsgemäss einberufen war. Der Vorsitzende begrüsste die
Erschienenen und teilte mit, dass er Herrn Dörge gebeten habe, die
Führung des Protokolls dieser Mitgliederversammlung zu übernehmen.

Vor Eintritt in die Tagesordnung gedachte der Vorsitzende der Toten
des Vereins seit Abhaltung der letzten ordentlichen Mitgliederversammlung. Leider mußte auch der Cäcilien-Verein das Ableben einer
ganzen Reihe von bewährten und beliebten Mitgliedern in den Kriegs-
jahren beklagen. Es blieben auf dem Felde der Ehre: die Herren

> Blanke, Hellpapp, Dr. Ricker

Als Opfer des Luftkrieges sind zu beklagen:

> Marie Heuser, Änne Lübeck, Therese Seitz, geb. Väth,
> Karl Schneider

Ausserdem betrauert der Verein den Tod von

> Frl. Marie Hartmann, Frau Leni Lungstrass, Karl Engelhardt
> Walter Melber, Egon Rehm, Dr. Schulz-Du Bois, als Mitglie-
> dern, und von dem früheren Dirigenten, Herrn Prof.Dr. Hugo
> Holle.

Ein Wort des Gedenkens widmete der Vorsitzende auch dem vor 2 Tagen
verstorbenen langjährigen früheren Vorsitzenden der Museumsgesellschaft, Herrn Richard Ludwig.

Die Versammlung ehrte das Andenken der Verstorbenen durch Erheben
von den Plätzen.

Sodann trat der Vorsitzende in die Behandlung der Tagesordung ein.
Er teilte dazu mit, dass die sonst übliche Verlesung des Protokolls
der letzten Mitgliederversammlung nicht möglich sei, da die Papiere
des Vereins in seinem Hause lägen, dass er aber, da es in der von
den amerikanischen Besatzungstruppen beschlagnahmten Zone liegt,
nicht betreten könne.

Zu Punkt 1 Bericht des Vorstands über Lage und Wirksamkeit des
Vereins, führte der Vorsitzende aus, dass seit 1937 keine Mitgliederversammlung stattgefunden habe. Die Schwierigkeiten für die Führung des Vereins in den Jahren der Herrschaft des Nazismus seien
immer grösser geworden, sodass er es, in Übereinstimmung mit nam-
haften Vereinsmitgliedern, für das Gedeihen des Vereins richtiger
gehalten habe, auf die Abhaltung von Mitgliederversammlungen in
den Jahren seit 1937 zu verzichten. Herr Hamacher gab an einer Reihe von Beispielen einen Begriff über die Art und die Grösse der
Schwierigkeiten und Anfeindungen in diesen Jahren, so z.B. der Versuch des Gauleiters, den Verein zum Ablegen seines guten alten
Namens oder zur Unterlassung der Aufführungen der Matthäus-Passion
zu zwingen. Als diese Versuche zu keinen Erfolgen führten, erschwer-
te man dem Verein die künstlerische Arbeit dadurch, dass man ihm
die Mitwirkung des städtischen Orchesters verweigerte. Auch diese
Schwierigkeit wurde in unendlich mühevoller Kleinarbeit durch Ein-
zelverpflichtung von Orchestermusikern, z.T. von auswärts, überwunden.

Der Zusammenbruch der Nazi-Herrschaft im Frühjahr 1945 brachte
die Gefahr mit sich, dass auch die künstlerische Arbeit des Cäcilien-Vereins zum Erliegen kam, weil alle Säle, die für Chor-Konzer-
te infrage gekommen wären, verrichtet waren. Es galt auch, die
Mitglieder wieder zusammen zu suchen, nachdem die Kartei durch die
Beschlagnahme des Hauses von Herrn Hamacher verloren war. So konnte zunächst nur ein kleiner Kreis durch die Initiative des Vorsitzenden mit der Arbeit wieder beginnen, indem er kleine Konzerte
in verschiedenen Kirchen gab, die meistens in die gottesdienstli-
che Handlung eingegliedert waren. Durch Zusammenarbeit mit dem
Opernchor unter Leitung von Herrn Dr. Romansky gelang dann aber
bald eine Aufführung der "Schöpfung", ebenfalls in der Kirche, die
sogar sechs Mal wiederholt werden mußte. Bereits im August 1945
fühlte sich der Verein wieder stark genug, eine eigene Leistung
aufzuzeigen. Er führte im Rahmen der kirchlichen Handlung die
C-Dur Messe von Beethoven unter Leitung von unserem Vorstandsmitglied Frau Gremp-Krug in der Josefskirche auf. Als erstes Konzert,
das versuchte, den von früher gewohnten Rahmen wieder herzustellen,
brachte der Verein dann im Oktober 1945 das "Requiem" von Verdi,
unter der Leitung von Dr. Romansky in dem behelfsmässig für derar-
tige Zwecke hergerichteten Saal der ehemaligen Getreidebörse zum
Vortrag.

Aus Anlass der Verpflichtung des neuen Generalmusikdirektors
Vondenhoff als neuen Leiter des Musiklebens der Stadt Frankfurt
wies Herr Hamacher kurz daraufhin, dass der Verein dem früheren
Leiter, Herrn Prof. Thomas, für seine subtile chorerzieherische
Arbeit zu besonderem Dank verpflichtet sei. Auf diesem dadurch
geschaffenen Niveau konnte Herr Vondenhoff aufbauen, als er im
November die Leitung des Vereins übernahm und bereits im Dezember
mit der Aufführung des "Weihnachtsoratoriums" von Bach an die Öffen-
lichkeit trat. Die zeitbedingten Schwierigkeiten waren dabei besonders
gross, da eine allgemeine Reisesperre es den verpflichteten Solisten
nicht gestattete, von ausserhalb nach Frankfurt zu kommen. So
konnte die Aufführung nur durch das Einspringen des im Oratorien-
singen nicht bewanderten Tenors, Herrn Hepp, ermöglicht werden.
Die beste künstlerische Leistung brachte dann eine Aufführung des
"Judas Makkabäus" von Händel im März 1946 in der Aula der Universität, der in kurzem Abstand die Wiederaufnahme der Matthäuspassion
folgte, die dann wieder in der Josfskirche und in der Ev. Kirche
in Höchst dargeboten wurde.

Ein kurzer Ausblick auf die Pläne des Vereins für die bevorstehende
Saison, in der Aufführungen von Bruckners Tedeum und F-moll Messe,
Händels Messias, Bachs Matthäus-Passion und noch eines nicht fest-
stehenden modernen Werkes geplant sind, beschloß den Bericht.

Punkt 2 Rechnungslegung. Herr Kämmerer verlas den Jahresabschluß
der mit einem Verlust von RM 53, abschluss. Der Bericht war ge-
prüft von den Herren Fischer und Ungeheuer. Herr Fischer bestätig-
te nochmals mündlich, dass der Abschluß entsprechend dem erteilten
Prüfungsvermerk in Ordnung sei. Auf Antrag wurde dem Vorstand einstimmig Entlastung erteilt.

Punkt 3 Satzungen. Infolge des Verlustes sämtlicher etwa noch vorhanden gewesenen Exemplare der Vereinssatzungen ergab sich die
Notwendigkeit des Neudrucks, bei welcher Gelegenheit die Satzungen
an die Erfordernisse der Gegenwart angepasst werden sollten. Insbesondere die Bestimmungen über die Vorstandswahl mußten den Richt-
linien der Militärregierung angepasst werden. Der in vorbereiten

den Sitzungen von einem kleinen Ausschuß formulierte Satzungs-
entwurf wurde von Herrn Dr. Pfannkuch in der Weise zur Verlesung gebracht, dass nach jedem Paragraphen eine Pause einge-
schaltet wurde, um die Möglichkeit zur Diskussion zu geben.
Die Satzungen wurden dann unter ausdrücklichem Verzicht auf
eine zweite Lesung einstimmig angenommen.

Punkt 4 Da unter den oben geschilderten Umständen die Amtsperio
de keines Vorstandsmitgliedes noch lief, trat der Gesamtvorstand
zurück. Herr Hamacher bat Herrn Dr. Pfannkuch, den Vorsitz zu
übernehmen und die Wahl des neuen Vorstands in freier und ge-
heimer Wahl durchzuführen. Herr Dr. Pfannkuch legte der Versammlung einen Wahlvorschlag vor, den die Versammlung mit 1lo Stimmen von 111 abgegebenen Stimmen annahm. Danach setzt sich der
neue Vorstand wie folgt zusammen:

    Vorsitz: Herr Hamacher
    Schriftführer: Herr Dipl.Kfm. Dörge
    Schatzmeister: Herr Kämmerer
    Archivar: Frau Gremm-Krug
    Ökonom: Frl. Hambruch
    Beisitzer: Herr Kirchholtes

Nachdem der neue Vorstand, soweit anwesend, seine Plätze einge-
nommen hatte, schlug Herr Hamacher vor, zu Mitgliedern des Ver-
waltungsrats folgende Mitglieder zu bestellen:

    Frl. Aschaffenburg,   Herr Fischer
    Frau Börner   Herr Hipper
    Frl. Haller   Herr W. Müller
    Frl. Welter   Herr W. Rabe
    Frau Wilhelmi   Herr Dr. Uerz

Der Vorschlag wurde von der Versammlung einstimmig angenommen.

Punkt 5 Zu Kassenrevisoren für das neue Geschäftsjahr wurden
einstimmig bestellt:

    Herr Schaaf,   Vertreter Herr Henze
    Herr Lieck,   "   Herr Ungeheuer

Punkt 6 Die Versammlung setzt die Mitgliedsbeiträge einstimmig
fest auf mindestens RM 24.-/Jahr.

Punkt 7 Verschiedenes. Auf Vorschlag des Vorsitzenden wurden
nachstehende langjährige Mitglieder des Vereins,in dankbarer
Würdigung ihrer grossen Verdienste um den Verein,zu Ehrenmitgliedern ernannt: Frau Martha Harbers
                  Herr Wilhelm Rabe

Einer Anregung von Herr Dr. Strathmann folgend, versprach der
Vorsitzende, die Möglichkeit der Durchführung einer gesellschaft
lichen Veranstaltung zu prüfen, wies dabei jedoch darauf hin,
dass der Zeitpunkt dafür im Augenblick noch verfrüht sei.

Nach einem Appell an die Mitglieder zu eifrigem Probenbesuch
schloss der Vorsitzende die Versammlung um 2o.25

Frankfurt/Main, den 18. August 1946

vorleien am 7.7.47
genehmigt del. Mitgliedvers.
Dörge

155

Frankfurt a. M., im Juli 1946

Einladung zur ordentlichen Mitgliederversammlung

am Montag, 12. Aug. 46, 18 Uhr im Vereinshaus Westend, Neue Schlesingergasse 22.

Tagesordnung:

1. Bericht des Vorstandes über Lage und Wirksamkeit des Vereins.
2. Vorlegung der Bilanz des verflossenen Vereinsjahres und des Berichtes der Kassenrevisoren, Entlastung des Vorstandes.
3. Genehmigung der neuen Satzungen.
4. Wahl neuer Vorstands- und Verwaltungsrats-Mitglieder.
5. Wahl zweier Kassenrevisoren und zweier Ersatzmänner.
6. Festsetzung der Beiträge.
7. Verschiedenes.

Wegen der Wichtigkeit der Tagesordnung wird vollzähliges Erscheinen der Mitglieder erwartet. Die Mitgliedskarte ist beim Betreten des Saales vorzuzeigen.

Der Vorstand.

Die Proben für die f-moll-Messe von Anton Bruckner beginnen

Montag, den 4. August für die Herren
Mittwoch, den 6. August für die Damen

jeweils 18 Uhr im Vereinshaus. Da die Aufführungen bereits am 10. und 11. Oktober stattfinden ist es erforderlich, daß die Proben regelmäßig und pünktlich besucht werden.

K/0151

Drucksache

DEUTSCHE 6 PFENNIG POST

Herrn und Frau

Friedrich Dörge

Frankfurt am Main

Rothschild-Allee 12

die zuletzt 1924 zu seinem 100. Geburtstag beim Cäcilien-Verein erklungen war, keine leichte Choraufgabe. Auch waren die einzigen verfügbaren Noten, die des Leipziger Bruckner-Verlags in der sowjetischen Zone, nur über eine geheim gehaltene Adresse in der Vierzonenstadt Berlin zu beschaffen. Auf dem Postweg konnte man sie nicht schicken.[28] Bei den Aufführungen in der St. Josefskirche wurden Hugo Puetter zufolge durch die Messe »tiefste Empfindungen im Hörer ausgelöst, und die ekstatische Lobpreisung des ›Te Deum‹ hinterließ [...] ehrfürchtiges Schweigen. – Der Chor des Cäcilien-Vereins – in seinen Reihen ist jetzt erfreulich viel Nachwuchs zu sehen – bewältigte die lange nicht mehr gesungenen Werke in imposanter Form, wenn auch die Stimmkultur (Tenöre!) und die Beweglichkeit noch der Pflege bedürfen.«[29]

Kurioserweise war es Romansky, der dem Cäcilien-Verein einen Monat später zu seiner ersten Konzertreise nach dem Krieg verhalf. Er war zur neuen Spielzeit überraschend als Opernchef nach Wiesbaden gewechselt[30] und brauchte für eine Aufführung des *Requiems* von Verdi am Buß- und Bettag Verstärkung für den Chor des Großhessischen Staatstheaters[31] (das sich vorläufig mit einem Kino begnügen musste). Durch den Ausfall eines Busses kamen die Hilfswilligen aber verspätet zu ihrem Einsatz und erst während der Sperrstunde zurück.[32] Vier Tage später, am Totensonntag, brachte auch Radio Frankfurt das Verdi-*Requiem* mit dem Cäcilien-Verein in einem öffentlichen Sinfoniekonzert.[33] Im Frühjahr 1946 war das Orchester des Senders, der seit seiner Evakuierung noch in Bad Nauheim arbeitete und seit Kriegsende unter amerikanischer Kontrolle stand, wieder ins Funkhaus in der Eschersheimer Landstraße eingezogen, das Gebäude, in dem sich heute die Hochschule für Musik und Darstellende Kunst befindet. Da die Wunschkandidaten des Rundfunks verhindert waren, dirigierte auf Empfehlung Hamachers noch einmal Romansky.[34] Die spätere Übertragung des Werks trug dem Cäcilien-Verein willkommene 1.000 Reichsmark ein.[35]

Knapp drei Wochen später, im Dezember, sollte in der Aula der Johann Wolfgang Goethe-Universität[36] Händels *Messias* aufgeführt werden. Dank der Verkleidung der Fensterhöhlen mit »Drahtglas«, das heißt durchsichtigem Zellophan, das mit einem Drahtgitter verstärkt war, war der Raum neuerdings recht ansehnlich. Die Chornoten aber, Leihmaterial aus Köln, waren spät eingetroffen, weil ein Überbringer keine Einreiseerlaubnis in die amerikanische Zone bekommen hatte. Optimistisch beantragte Hamacher beim Wirtschaftsamt eine Sonderzuteilung von zehn Litern Benzin zum Transport der vier Solisten zur Generalprobe und den drei Aufführungen.[37] Zu diesen indes kam es nicht, denn inzwischen war eine solche Kälte hereingebrochen, dass den Sängern in der Aula mit den kältedurchlässigen Drahtglasfenstern der Atem gefror und die Musiker nur in Handschuhen mit abgeschnittenen Fingerkuppen spielen konnten. Erst im Februar 1947 konnten zwei Aufführungen des *Messias* im lau temperierten Börsensaal nachgeholt werden, und die »Frankfurter Rundschau« lobte »eine Mannigfaltigkeit und Farbigkeit des Ausdrucks, die an die besten Zeiten dieses leistungsfähigen Vereins erinnerten.«[38]

Im Sommer 1947 veranstaltete Radio Frankfurt eine Woche für Neue Musik, bei der unter anderem die deutsche Erstaufführung von Arthur Honeggers *Totentanz*[39] stattfand. Wie zuweilen bei anderen Gelegenheiten unterstützten Freiwillige aus dem Cäcilien-Verein den Rundfunkchor.[40] Inzwischen wurde der Mitgliederbestand des Cäcilien-Vereins von Günther Bruchhaus, dem früheren Chorleiter des Reichssenders Frankfurt, stimmlich überprüft und geschult. Und wenn der vielbeschäftigte Intendant Vondenhoff eine Probe nicht selbst leiten konnte, hatte er in Bruchhaus einen kompetenten Vertreter. Mit Beginn der Spielzeit 1947/48 griff auch die Oper verstärkt auf Choristen des Cäcilien-Vereins als Aushilfen zurück.[41]

Wichtige Ereignisse und Veränderungen

Unterdessen hatte sich im dritten Nachkriegsjahr das Verhältnis zwischen der Besatzung und den Besetzten entspannt. Die wirtschaftliche Vereinigung der drei westlichen Besatzungszonen schuf eine Grundlage für die spätere Währungsreform, und die Besatzer erzeigten sich auch hilfsbereit für das unter dem Raummangel leidende Frankfurter Konzertleben. Ab der Spielzeit 1947/48 gestatteten sie die Veranstaltung von Konzerten in dem von ihnen beschlagnahmten Gesellschaftssaal des Palmengartens am inneren Rand des Sperrgebiets.[42] So erklang anlässlich des 100. Todestages von Felix Mendelssohn Bartholdy dessen Oratorium *Elias* erstmalig nach seiner Verfemung unter den Augen der wachsamen Militärpolizei innerhalb des Sperrgebiets.[43] War der Palmengartensaal dem Börsensaal auch ästhetisch überlegen, so waren doch in beiden Räumen die Plätze knapp, die Konzerte nach wie vor nicht kostendeckend und zeittypische Tauschgeschäfte blühten.[44]

Im Herbst 1947 erhielt der Cäcilien-Verein seine seit sieben Monaten beantragte Zulassung als »Erwachsenenclub«. Dazu hatte es eines ausgefüllten sechsseitigen Fragebogens, der Vereinssatzung, des Lebenslaufs des Vorsitzenden und eines Tätigkeitsberichts bedurft, alle in deutscher und englischer Sprache. Die wichtige Versicherung, dass der Erwachsenenclub keine nationalsozialistische Tätigkeit beabsichtige, war versehentlich zu einer »nationalsolistischen« Betätigung geworden, woran sich aber niemand störte.

Musikalisch schloss das Jahr 1947 mit einer Auswahl aus den Kantaten IV bis VI des *Weihnachtsoratoriums*, das jetzt sogar mit Orgel in der Aula der Universität gegeben werden konnte.[45] Der Saal war renoviert worden und bot mit echten Fensterscheiben geradezu ein Wohlfühl-Ambiente. Die allgemeine Lage war allerdings unverändert trostlos, und Oberbürgermeister Dr. Walter Kolb be-

CÄCILIEN-VEREIN
GEGRÜNDET · 1818 · E.V.

Wer singt mit?

Wir rufen alle musikliebenden Damen und Herren
zur Mitarbeit an der Wahrung und Wiederbelebung
der unerschöpflichen Kulturwerte alter und neuer
Oratorienmusik auf. Besseres Verständnis der Werke und tiefe innere Freude an der eigenen Lei -
stung sind der Lohn für regelmässige Probenarbeit
unter der Leitung des Herrn

Generalmusikdirektor Vondenhoff.

Wir appelieren besonders an alle stimmbegabten
Herren der Tenorlage. Helfen Sie uns bei unserem
Streben, unseren Mitbürgern wertvolle Stunden der
Erbauung in unserer schweren Gegenwart zu bereiten
Wir warten auf Sie !
Anmeldungen erbeten an den Probenabender, jeden
Mittwoch im Ev.Vereinshaus Westend, Neue Schle-
singergasse, oder bei dem Vorsitzenden, Herrn
Andreas Hamacher, Bornwiesenweg 34, Tel. 54122.

Nächste Aufführung: 18. 19. 20 Dezember 1946
Händels „Messias"

geplant: 3. 4. April 1947
Bachs „Mätthaeus-Passion"

Die Zeiten ändern sich,
aber Tenormangel bleibt:
Chorwerbung im
Jahr 1946.

Bei der Generalprobe zum *Messias*
im Dezember 1946 herrschten
Minustemperaturen in der Aula der
Universität. Die für den 19., 20.
und 21. Dezember geplanten
Aufführungen wurden daher auf
Februar verlegt. Da Plakate nicht
nachgedruckt werden konnten,
wurde handschriftlich auf die
Programmänderung hingewiesen.

FRANKFURTER MUSEUMS-GESELLSCHAFT E.V.
gegründet 1808

Der Messias

von Georg Friedrich Händel

in der Bearbeitung von Dr. Friedrich Chrysander

5. Museums-Konzert

Leitung: Generalmusikdirektor
Bruno Vondenhoff

Solisten:

Susanne Heilmann-Hagen, Sopran
Berta Maria Klaembt, Alt
Franz Fehringer, Tenor
Friedrich Dalberg, Bass

Chor: Cäcilien-Verein E.V. gegr. 1818
Die Herren des Opernchors
Das Opernhaus- und Museumsorchester

Wegen Kälte
verlegt auf
9. 10. 11. 2. 47

Donnerstag, 19. Dezember 1946
Freitag, 20. Dezember 1946
Samstag, 21. Dezember 1946
jeweils 18.30 Uhr
Aula der Universität Frankfurt am Main

Publication authorized by Publications Branch, Frankfurt Det. Information Control Division
OMG for Greater Hesse under Number 0939
Schmidt & Blazek, Frankfurt a. M.

FRANKFURTER MUSEUMS-GESELLSCHAFT E. V.

Gegründet 1808

Montag, 3. November 1947, 18 Uhr
Dienstag, 4. November 1947, 18 Uhr
im großen Saal des Palmengartens

3. Museums-Konzert

Der Elias

Oratorium von Felix Mendelssohn-Bartholdy
(zum 100. Todestag am 4. November 1947)

Leitung:

Generalmusikdirektor Bruno Vondenhoff

Mitwirkende:

Erna Dietrich, Sopran (Witwe, Knabe)
Christa Ludwig, Sopran
Luise Richartz, Alt (Engel, Königin)
Käthe Wurst-Lindloff, Alt
Franz Fehringer, Tenor (Obadjah, Ahab)
Otto Wittazscheck, Tenor
Carl Kronenberg, Baß (Elias)
Xaver Waibel, Baß

Chor:
Cäcilien-Verein E. V. gegr. 1818
Die Herren des Opernchors
Das Städt. Orchester (Opernhaus- und Museumsorchester)

Publication authorized by Publications Control Branch, Frankfurt Det. Information Control Division OMG for Hesse under number 3590. Din A5, vierseitig. Auflage 1200. 10. 47. Druckerei Schmidt & Blazek, Frankfurt a. M.

Über zwölf Jahre verbotene Musik durfte wieder erklingen.
Die frühen Anfangszeiten erklären sich aus der Sperrstunde für die
Zivilbevölkerung. Die Aufführung des *Elias* war in Frankfurt das erst
Konzert nach dem Krieg, für das die amerikanische Militärregierung
die Benutzung des Saales im Palmengarten gestattete. Der gesamte
Palmengarten gehörte seit dem 26. April 1945 zum Sperrgebiet.

Skizze der Sitzordnung für den Bass bei den *Elias*-Proben,
aus dem Notizbuch von Adolf Strathmann, Stimmführer im Bass.

1. Reihe: Hipper   Harnacke   Strathmann   Dörge

2. „   Menge   Kirchholtes   Benter   Grock   Seuffel

3. „   Brugger   Tempel   Schultz i. z. D   Kauermann Schaeffer

4. „   2. u. Thiel   Jürgensmeyer   Böhmer   Herz   Lieck

5. „   Schultz V. i. J   Krahmer   Wackermann   Böhmer

5. Reihe

4. „   Jürgensm.   Wackermann   Krahmer   Thiel
                 Schultz V. i. J   Herz Thiel   Lieck

3. „   Böhmer   Schultz i. z. D   Tempel   Brugger

2. „   Kauermann   Schaeffer   Kirchholtes   Menge

1. „   Dörge   Strathmann   Harnacke   Hipper

Sitzordnung für die „Elias"-Proben Baß, ausgearbeitet mit Herrn Bruckhaus am 15.8.47

Personalien

1. Name und Vorname: ▨▨▨▨▨▨▨▨

2. Geburtsdatum: ▨▨▨.19

3. Beruf: Bibliothekarin

4. Stimmgattung: Sopran II

5. Musikalische Kenntnisse
   a) Mitwirkung in Chören: Städt. Chor in Freiburg (Ltg. GMD Vondenhoff), damals Studentin, ferner im Universitätschor unter Egel (Schüler
   b) Spielen eines Instruments: von Prof. Thomas) die Matthäus-Passion im Jahre 1943 mitgesungen
   c) ....   zu b): -

6. Gesangliche Ausbildung: kurze Ausbildung

7. Mitwirkung im Cäcilienverein seit: Juni 1947, neues Mitglied

8. Tag der Prüfung: 17.6.47

Prüfungsergebnisse

9. Vomblattsingen: sehr gut

10. Vorsingen einstudierter Chorstellen: ausgezeichnet

11. Stimmbeschaffenheit: Stimme sitzt sehr gut, schönes Timbre, guter Kopfklang, vibrato!, locker, gelegentlich etwas belegt infolge längerer Halskrankheit, daher augenblickliche Höhe nur bis g''

12. Gestaltung
    a) Vorsingen eines Liedes: sehr gut, Vortrag kultiviert, sehr gut Modulation, Gestaltung
    b) Nachsingen ("Qui tollis" aus der H-moll Messe): sehr gut

13. Auffassungsgabe
    a) Nachsingen: ausgezeichnet

    b) Gehör: sehr gut

    c) Intervallsingen: ausgezeichnet

14. Gesamturteil
    a) musikalisch: ausgezeichnet

    b) stimmlich: sehr gut

15. Ergänzende Bemerkungen: Der ideale Nachwuchs für unseren Chor: 27 Jahre alt, reife, füllige, tragfähige, lockere Stimme Chorerfahrung, musikalische Reife! Stimmen dieser Art bilden in unserem Chor bisher eine verschwindende Minderheit!

<u>Personalien</u>

1. Name und Vorname: ▮▮▮▮▮▮▮▮

2. Geburtsdatum: ▮▮▮.21

3. Beruf: stud.mus.(Schulmusik) will Pianist werden(Ausbildung Flinsch)

4. Stimmgattung: eigentlich Bass I, singt im II.Tenor mit

5. Musikalische Kenntnisse
   a) Mitwirkung in Chören: Chor in der Gefangenschaft in Aegypten

   b) Spielen eines Instruments: Klavier, Cello

   c) ....

6. Gesangliche Ausbildung: –

7. Mitwirkung im Cäcilien-
   verein seit: 26.11.47

8. Tag der Prüfung: 28.11.47

<u>Prüfungsergebnisse</u>

9. Vomblattsingen: sehr gut, teils ausgezeichnet

10. Vorsingen einstudierter
    Chorstellen: gut

11. Stimmbeschaffenheit: von der Gefangenschaft her noch stark erkältet, Umfang von H bis c', von da Fistelstimme, dem Charakter nach Bass, Stimme belegt, matt, unentwickelt, ohne Technik

12. Gestaltung
    a) Vorsingen eines Liedes: noch völlig unentwickelt

    b) Nachsingen ("Qui tollis"
       aus der H-moll Messe): mässig

13. Auffassungsgabe
    a) Nachsingen: sehr gut

    b) Gehör: ausgezeichnet

    c) ~~Gehör:~~

    c) Intervallsingen: ausgezeichnet

14. Gesamturteil
    a) musikalisch: ausgezeichnet

    b) stimmlich: mässig, völlig unentwickelt

15. Ergänzende Bemerkungen: Chorschule Pflicht

schwor in seinem Weihnachtsgruß an die Bevölkerung schlicht und ergreifend das Prinzip Hoffnung: »In die deutsche Nacht und Finsternis möge der Stern von Bethlehem seine leuchtende Kraft hineintragen und überall in den Herzen Strahlen der Hoffnung und der Liebe entzünden.«[46]

Im Februar 1948 hellten die humorvollen, heiter-besinnlichen *Fiedellieder* auf Texte von Theodor Storm die trübe Stimmung der Konzertbesucher etwas auf. Ein liebenswürdiger Frankfurter wurde zu Gehör gebracht, Kurt Hessenberg, in dem die Kritik »eine der stärksten Potenzen der jüngeren deutschen Komponistengeneration« sah. Die Gestaltung der profanen Partitur hatte dem Cäcilien-Verein zwar einige Anlaufschwierigkeiten bereitet, doch dankte der Komponist – er hatte sogar Proben angehört! – nach dem Konzert »den Musikussen und Musiküssen« herzlich mit der Versicherung, »er habe aufrichtig bewundert, wie gut der Chor sich in relativ kurzer Zeit in das Werk hineingearbeitet habe«.[47]

Eine echte Überraschung brachte dann die Karzeit: Kurz vor den schon Tradition gewordenen Aufführungen der *Matthäuspassion* war nach zwölf Jahren erstmalig auch Bachs *Johannespassion* wieder in der Stadt zu hören. Diesmal sang die Kantorei in der Dreikönigskirche. Sie war bis dahin überwiegend im gottesdienstlichen Rahmen aufgetreten, oft in den Orgelvespern Helmut Walchas, hatte aber auch schon die Aufmerksamkeit des Rundfunks gefunden.[48] Jetzt jedoch positionierte sie sich neu mit einem abendfüllenden Werk, das den damals üblichen Rahmen von Kirchenchorprogrammen sprengte.[49]

Wie nicht anders zu erwarten, polarisierten die sehr gut besuchten Aufführungen der beiden Werke Kritiker und Meinungen: Einer »unsentimentalen, klanglich schlanken ... historisch stilgetreuen« *Johannespassion* stand »eine vom Klangideal des 19. Jahrhunderts gefärbte« *Matthäuspassion* gegenüber. »Was der hervorragende Chorerzieher Thomas [...] mit seinen jungen, begeistert der Sache dienenden Helfern an reproduktiver Leistungsfähigkeit erreichte, verdiente größten Respekt,« lobte Puetter. Dennoch gab er zu: »Bruno Vondenhoff vertritt seine Linie mit Geschmack. Er weiß das Dekorativ-Wirkungsvolle mit verinnerlichter Ausdrucksgebung zu verbinden.«[50] Für den Kollegen von der »Frankfurter Rundschau« hingegen war die *Matthäuspassion* »schlechthin untadelig«.[51] Aber Thomas, der nach seiner Entnazifizierung im Vorjahr an der Nordwestdeutschen Musikakademie Detmold wieder in Amt und Würden war, hatte sich mit der *Johannespassion* auf der großen Frankfurter Konzertszene zurückgemeldet, was seinen Anspruch auf Rückkehr zum Cäcilien-Verein unterstrich.[52]

Einige Wochen später, im Mai, fand eine städtische Festwoche zur Einweihung der wieder aufgebauten Paulskirche statt. Sie sollte nach den Plänen von Oberbürgermeister Dr. Walter Kolb, der auf Frankfurt als Bundeshauptstadt hoffte, 100 Jahre nach dem ersten gesamtdeutschen Parlament auch das Parlament der

Doppelseite 160–161: Aus der Mitgliederkartei 1947: Jedes Mitglied musste sich zuerst einer »musikalischen Prüfung« unterziehen.

zukünftigen Bundesrepublik Deutschland beherbergen. Im Mittelpunkt des Programms standen drei Aufführungen der 9. Sinfonie von Beethoven – für Frankfurt die ersten nach dem Krieg. Bestürzenderweise erhärtete jedoch ein Soundcheck in der Paulskirche Vondenhoffs Befürchtung, dass der wieder errichtete Rundbau nicht, wie der OB tröstend prophezeit hatte, als Konzerthalle zu gebrauchen war. Die großen musikalischen Veranstaltungen mussten eilends in den Palmengartensaal verlegt werden, wo der Casino-Betrieb der Amerikaner freundlich Rücksicht nahm. Der Platz auf den Podien dort war knapp, aber »machtvoll eindringlich und voll starker Spannung entlud sich [...] das dithyrambische Chorfinale, in dem der Dirigent die Chormassen [...] imponierend exakt zusammenzuhalten wußte.«[53]

Die »Chormassen« bestanden aus dem Cäcilien-Verein sowie Kräften aus dem Opernchor und der Sängervereinigung Offenbach.[54] Vor Jahresfrist hatte Hamacher zur Feier des gesamtdeutschen Ereignisses ein Zusammenwirken von Cäcilien-Verein und Singakademie geplant. 1948 war das aber wegen des stetigen Anwachsens der Frankfurter Bevölkerung und somit der Chöre in den zur Verfügung stehenden Räumlichkeiten nur noch mit einer Auswahl von Sängern möglich. Romansky selbst musizierte bei einem eigenen Festbeitrag aus Qualitätsgründen nur mit einer Auswahl aus seinem Chor und hatte die von ihm Verschmähten mit der Aussicht auf eine Mitwirkung bei der Aufführung der 9. Sinfonie mit dem Cäcilien-Verein vertröstet, was dort natürlich heftige Diskussionen ausgelöst hatte.[55] Schließlich aber war durch das zusätzliche Konzert Romanskys eine Terminkollision entstanden, die das ohnehin fragwürdig gewordene Gemeinschaftsprojekt undurchführbar machte.[56] Bedauerlicherweise gab es nach diesem Scheitern für lange Zeit eine Eiszeit zwischen den beiden Chören.

Der Festbeitrag der Singakademie war *Das gesegnete Jahr* von Armin Knab, eine Uraufführung in Anwesenheit des Komponisten. Das Werk, eine eher traditionelle Partitur über Saat und Ernte, ein Thema, mit dem man während der berüchtigten zwölf Jahre überfüttert worden war, hatte nichts von dem, wofür die Paulskirchen-Feier eigentlich stand: Aufbruch, Erneuerung, Zukunft.[57] Allerdings war es grundsätzlich nicht ganz leicht, den Nerv der Zeit zu treffen. Wo war er überhaupt? Noch immer war ein Karfreitag ohne eine Passion gar nicht zu denken. Dass der Veranstalter dafür Vergnügungssteuer entrichten musste war schwer zu verstehen. Doch Mitte Juni 1948 erklärte das Hessische Staatsministerium den Cäcilien-Verein für »gemeinnützig im Interesse der Kunstpflege«.[58] Als aber die Museumsgesellschaft und der Cäcilien-Verein, voller Stolz auf die erste Wiederaufführung nach langen Jahren, ihre Konzertsaison mit der *2. Sinfonie* für Soli, Chor und Orchester von Gustav Mahler, der sogenannten *Auferstehungssinfonie*, »festlich« beschlossen, stellte die nach Neu-Orientierung tastende Kritik der Nachkriegszeit einen deutlichen »Erlebnisabstand« zu Mahlers Musik fest.[59] Und doch war ein Schritt auf dem Weg zur Wiederaneignung des in der NS-Zeit verfemten Komponisten getan. Zugleich hatte die Aufführung dieser Sinfonie im Juni 1948 geradezu etwas Prophetisches: Fünf Tage später kam der Tag X, die Währungsreform. Der Stacheldraht um das Sperrgebiet und die Sperrstunde fielen, die Versorgungslage besserte sich, und die schrecklichen Hungerjahre, in denen die Chormitglieder einander und ihren jeweiligen umschwärmten Dirigenten mit Kaffee vom Schwarzen Markt und gehamsterten Kartoffeln aufrecht gehalten hatten, waren vorbei. Vorbei war aber auch eine Zeit, in der Proben und Konzerte – so paradox das klingen mag – allen Entbehrungen und Unbilden zum Trotz, Überlebenshilfe gewesen waren. Hatten sie doch die Chöre und ihre Freunde, wenn auch immer nur für Stunden, »in eine beßre Welt entrückt«.[60]

Die erste Konzertsaison nach der Währungsreform

Schnell wurden die Schattenseiten der Währungsreform offenbar: Auf die Kulturinstitutionen wirkte sie sich verheerend aus. Bei einem finanziellen Neustart mit einer Einmalzahlung von 40 DM pro Kopf blieb für Museums-, Theater- und Konzertbesuche nichts übrig. Auch der Cäcilien-Verein musste kürzer treten. Da bot sich das *Deutsche Requiem* von Johannes Brahms an, dessen Aufführung wegen der Besetzung mit nur zwei Gesangssolisten vergleichsweise kostengünstig ist. Als das notdürftig reparierte Evangelische Vereinshaus, in dem die meisten Chorproben stattfanden, dank Währungsreform von Grund auf renoviert werden konnte, wurden die Proben in die Ruine des Schauspielhauses verlegt. Dort betrieben die Städtischen Bühnen in einigermaßen erhaltenen Winkeln Werkstätten und Kulissenmagazine. Eine offene Treppe mit zerbeultem Geländer führte zu einem Probenraum im ersten Stock. Der hintere Teil durfte wegen Einsturzgefahr nicht betreten werden. Die Sangesfreudigen versammelten sich also um ein Klavier im vorderen Teil.

Die aus Kostengründen einzige Aufführung des *Deutschen Requiems* am 20. Oktober 1948 in der St. Josefskirche litt unter den Sparmaßnahmen der Straßenbahnverwaltung. An und in dem völlig überfüllten einzigen Zug zum Aufführungsort kam es zu Brachialgewalt unter den Passagieren, so dass ein teilweise zu Fuß herbeigehetzter, verstörter Chor erst mit Verspätung einigermaßen vollzählig war. Trude Eipperle (Sopran) und Rudolf Watzke (Bariton), zwei wundervolle Solisten, sangen zu »währungsreformierten« Preisen.

Vor dem nächsten Konzert brach eines Nachts in der Schauspielhaus-Ruine nicht der lädierte Chorsaal, sondern, was niemand erwartet hatte, die Treppe, die zu ihm hinaufführte, zusammen. In aller Eile wurde ein neues Provisorium für die Proben gefunden: ein Raum in einem einzeln stehen gebliebenen mehrstöckigen Haus in der Hochstraße. Überraschenderweise wurde die Spielzeit

trotz der schwierigen Rahmenbedingungen reich an Außergewöhnlichem. Statt eines Weihnachtskonzertes boten Cäcilien-Verein und Museumsgesellschaft im Januar 1949 die *Messe in Es-Dur Nr. 5* von Franz Schubert und das Oratorium *Et in terra pax* von Frank Martin im Gesellschaftssaal des Palmengartens. Eigentlich hätten beide Werke in eine Kirche gehört,[61] denn das 1944 in Erwartung des Kriegsendes komponierte Oratorium des französischsprachigen Schweizers ist eine Vertonung von Zitaten aus der Offenbarung des Johannes und anderer Stellen des Neuen Testaments. Dass die deutsche Erstaufführung dieses Werkes für zwei gemischte Chöre und fünf Gesangssolisten in Frankfurt möglich geworden war, spendete Zuversicht.[62] Dreieinhalb Jahre nach dem Waffenstillstand hatten noch immer die Militärregierungen das Sagen, und die Zukunft Westdeutschlands war ungewiss.

Am Gründonnerstag und am Karfreitag, den 15. April 1949, fand die *Matthäuspassion* in der Josefskirche wieder »ein außerordentlich zahlreiches, spürbar innerlich gepacktes Publikum«.[63] Auf den Programmen stand der Hinweis, dass die Uraufführung des Werks vor genau 220 Jahren am Karfreitag, dem 15. April 1729, unter Bach in der Leipziger Thomaskirche stattgefunden habe. Der Cäcilien-Verein war sich der großen Tradition, in der er stand, wohl bewusst. (Heute weiß man allerdings, dass die Passion schon am 11. April 1727 erstmalig zu Gehör gebracht worden war.)

Schon dreieinhalb Wochen später, am 9. Mai, trat der Chor anlässlich des 80. Geburtstags von Hans Pfitzner mit dessen romantischer Kantate *Von deut-*

scher Seele wieder im Saal des Palmengartens auf.[64] 1939 war der 70. Geburtstag des Komponisten mit einer Aufführung des Werks durch den Cäcilien-Verein und die Frankfurter Singakademie unter Generalmusikdirektor Franz Konwitschny im Saalbau gefeiert worden. Den knorrigen Meister zufrieden zu stellen war für die Gastgeber damals nicht leicht gewesen. Jetzt aber hatte er Vondenhoff, mit dem er schon lange bekannt war und der ihn als Komponisten hoch schätzte, trotz mancher Beschwerden zugesagt.[65] Aber Pfitzner starb auf der Reise, und *Von deutscher Seele* erklang 1949 ohne den Jubilar.

Der prominenteste Geburtstag des Jahres 1949, dem Städte in ganz Deutschland und speziell Frankfurt als Geburtsstadt entgegenfieberten, war freilich der 200. von Johann Wolfgang von Goethe. So schloss die unter schwierigsten Umständen bewältigte Saison erst spät mit den *Faust-Szenen* von Robert Schumann im Rahmen einer Festwoche der Stadt. Die »Frankfurter Rundschau« würdigte das Konzert als »eine der besten Leistungen dieses Jahres«.[66] Wie das anspruchsvolle, personalintensive und folglich kostspielige Jahresprogramm trotz leerer Kassen verwirklicht werden konnte, bleibt das Geheimnis von Frau Musica. Mit den Goethe-Feiern im Jahr 1949 endete die erste Phase, die eigentliche Wiederaufbauzeit des Cäcilien-Vereins nach dem Krieg. Zwei Namen sind mit ihr verbunden: Ljubomir Romansky, der Mann der allerersten Stunde, und Bruno Vondenhoff, der die Jahre der schlimmsten Not mit seinen Sängern durchstand.

Anlässlich des 150. Jubiläums des Cäcilien-Vereins schrieb Vondenhoff 1968 rückblickend: »Dem Frankfurter Caecilien-Verein gelten zur Feier seines 150. Geburtstages in alter Verbundenheit meine herzlichsten Glückwünsche. Ein solches Jubiläum gibt Anlaß, der Zeiten besonderer Bewährung in der Geschichte eines Vereins zu gedenken. Denn gerade in der Not erweist sich die innere Kraft einer Gemeinschaft, ihre Ziele auch unter schwierigsten Bedingungen und mit großen Opfern für den Einzelnen zu verwirklichen. Diese Bewährungsprobe hat der Frankfurter Caecilien-Verein unmittelbar nach Kriegsende 1945 hervorragend bestanden, als buchstäblich in den Trümmern, hungernd und frierend, sich seine Mitglieder, darunter viele junge Leute, zusammenfanden, um die großen Chorwerke wieder erklingen zu lassen und den schwergeprüften Menschen durch die Musik Kraft und Erhebung zu geben. Ich bin stolz darauf, daß ich dieser Aufgabe in jenen schweren Jahren mit dem begeisterungs- und leistungsfähigen Frankfurter Caecilien-Verein dienen durfte.«[67] Trotz aller Beschränkungen verwirklichte er mit dem Cäcilien-Verein ein facettenreiches Repertoire, das die Tradition ebenso wie Zeitgenossen und in der NS-Zeit Verfemte berücksichtigte.

BEREIT SEIN IST ALLES!
EIN JAHRZEHNT FLEXIBILITÄT 1949 BIS 1959

Mit Beginn der Spielzeit 1949/50 legte Bruno Vondenhoff die Leitung des Cäcilien-Vereins nieder und Kurt Thomas trat seine Nachfolge an. Die Mitgliederversammlung hatte einer entsprechenden Vereinbarung der beiden Dirigenten zugestimmt. Die Gründe für den Wechsel lagen auf der Hand: Kurz vor der Währungsreform hatte Vondenhoff zu allen seinen Verpflichtungen noch die Schauspielintendanz übernehmen müssen, und seit der monetären Umstellung kämpften die Städtischen Bühnen so wie alle künstlerischen Institutionen in Westdeutschland wegen der Sparmaßnahmen ihrer Träger um ihr Überleben. Zahlreiche Kündigungen im Personal hatten eine Flut von Arbeitsrechtsprozessen ausgelöst, die den Intendanten ganze Tage im Gerichtssaal festhielten.[68] Notgedrungen lagen die Einstudierungen beim Cäcilien-Verein schon seit geraumer Zeit weitgehend in den Händen des bewährten Korrepetitors Günther Bruchhaus.

Sieben Jahre singen unter Kurt Thomas

Professor Kurt Thomas hingegen, den langjährige Chormitglieder hoch schätzten, war jetzt zur Rückkehr zum Cäcilien-Verein in der Lage, und eine Partnerschaft mit seiner Kantorei an der Dreikönigskirche versprach Vorteile. Doch war dieser jugendlich geprägte protestantische Kirchenchor gesellschaftlich anders strukturiert als der Cäcilien-Verein mit Mitgliedern fast aller Altersklassen aus allen Kreisen. Außerdem trauten fromme Katholiken Thomas' politischer Gesinnung nicht so recht. Seine Anhänger hatten schon seit längerer Zeit mit unterschwelliger Stimmungsmache für ihn geworben und sogar junge Cäcilianer zu Besuchen von Proben der Kantorei veranlasst. Thomas selbst schien allerdings nicht erfreut darüber zu sein.[69] Vondenhoff, der in der Hoffnung auf bessere Zeiten den Kontakt zum Cäcilien-Verein nicht verlieren wollte, hatte mit Thomas vereinbart, dass dieser jährlich ein Museums-Chorkonzert für ihn einstudiere.[70] Das erste sollte die für Anfang Februar 1950 geplante deutsche Erstaufführung des Oratoriums *Golgotha* von Frank Martin sein. Da Thomas aber während seiner früheren Amtszeit beim Cäcilien-Verein selbst Chorkonzerte im Museum dirigiert hatte und Choraufführungen unter der Leitung von Generalmusikdirektor Konwitschny von einem Korrepetitor einstudiert worden waren, hatte er, wie sich bald zeigen sollte, der jetzigen Vereinbarung wohl nur halbherzig zugestimmt. Im Übrigen beabsichtigte er, am Palmsonntag mit der Kantorei die *Matthäuspassion* und am Karfreitag mit dem Cäcilien-Verein die *Johannespassion* aufzuführen. Da diese für die jungen Vereinsmitglieder noch neu war, mussten im Cäcilien-Verein also zwei unbekannte Werke, die Passion und das Oratorium, parallel geprobt werden.

Künstler-Unterschriften des Konzertes vom 9. Februar 1950 im Autogramm-Album von Marie Küchler, S. 57v.

D-F, ACV, Mus Hs 2929

Programmzettel zu *Golgotha* von Frank Martin, Deutsche Erstaufführung am 9. Februar 1950 in Anwesenheit des Komponisten.

FRANKFURTER MUSEUMSGESELLSCHAFT E.V.

Donnerstag, 9. Februar 1950, 19.30 Uhr
in der St. Antoniuskirche, Savignystraße

7. MUSEUMS-KONZERT

Leitung: Generalmusikdirektor Bruno Vondenhoff

SOLISTEN:

Annelies Kupper (Sopran)
Gusta Hammer (Alt)
Helmut Melchert (Tenor)
Hans Olaf Hudemann (Baß-Bariton)
Rudolf Gonszar (Baß-Bariton)

Chor: Caecilienverein e. V. · Orgel: Wilhelm Stollenwerk
Einstudierung der Chöre Prof. Kurt Thomas
Städt. Opernhaus- und Museumsorchester

Deutsche Erstaufführung in Anwesenheit des Komponisten

GOLGOTHA

Oratorium in 2 Teilen
für Sopran-, Alt-, Tenor-, Bariton- und Baß-Solo,
gemischten Chor, Orchester und Orgel,

nach den Evangelien und den Texten des heiligen Augustin, von

FRANK MARTIN

Deutsche Übertragung von Roland Philipp

Das Klein-Klavier ist aus dem Magazin der Firma Piano-Kaiser, Goethestraße

Die Würde des Gotteshauses gebietet von Unterhaltungen Abstand zu nehmen

Dankadresse des Komponisten Frank Martin anlässlich der Aufführung seines Oratoriums *Golgotha* am 9. Februar 1950, im Autogramm-Album von Marie Küchler (Mitglied des Cäcilienchores), S. 58r: »Bravo dem Cäcilien-Verein, der sich vor den unheimlichen Schwierigkeiten meines Golgotha nicht gefürchtet und sie glänzend gemeistert hat. Die Aufführung war mir eine echte Freude. Dank an alle!«

D-F, ACV, Mus Hs 2929

Mit Einsätzen ohne »Stützen« galt *Golgotha* zu jener Zeit als ausnehmend schwierig, und die Einstudierung trat auf der Stelle – mit dem Ergebnis, dass der Aufführungstermin platzte. Eine unerhörte Blamage in der 130-jährigen Geschichte Cäcilias! Doch nun startete eine denkwürdige Rettungsaktion: Vondenhoff verschob die Aufführung um eine Woche und paukte das Werk in Zusatzproben persönlich ein.[71] Diesmal blieb der Erfolg nicht aus. Nach der Aufführung am 9. Februar 1950 in der eiskalten Antoniuskirche (man hatte sie wegen ihrer Orgel gewählt) wiederholte der anwesende Komponist begeistert: »Magnifique! Magnifique!« und schrieb in ein Autogrammbuch: »Bravo au chœur du Caecilienverein! Merci à tous!« Seine Frau erinnerte sich noch Jahrzehnte später daran, wie wichtig solch neue Musik für die Menschen im frühen Nachkriegsdeutschland gewesen war.[72] Die Saison 1949/50 endete mit der *Johannespassion* unter der Leitung von Thomas. Nur zwei Titel in einer Spielzeit waren ein ungewohnt mageres Ergebnis für den Cäcilien-Verein.

Nach dem Einstand mit *Golgotha* schien eine gewisse Spannung über den Proben zu liegen. Mit der Zeit aber gab sich das. Denn eine Thomas-Probe erlaubte keine mentalen Abschweifungen. Während der Dirigent mit einer einzelnen Stimme arbeitete, mussten alle anderen ihren eigenen Part auf ein leises Na-na-na mitsingen. Das bedeutete eine strenge Schulung in Aufmerksamkeit und Konzentration. Pausen für den bei der Damenwelt beliebten Strickstrumpf ergaben sich nicht. Die so erreichte Mechanisierung der melodischen Abläufe führte im Endeffekt zu Thomas' Klangideal. Es entstand eine Perfektion, ein *l'art pour l'art*, das Zuhörer wie Mitwirkende gleichsam berauschte. Thomas' Aufführungen waren glasklar und ohne jenes »romantische Gefühl«, das seine Anhänger bei anderen Interpreten als unangebracht bemängelten. Wer hingegen Wärme und Innerlichkeit schätzte, vermisste bei Thomas meist etwas. Der Cäcilien-Verein musste sich also in mancherlei Hinsicht umstellen. Doch hatte er mit dem Zugang zur Dreikönigskirche einen Aufführungsort gewonnen, und Tenöre und Bässe der Kantorei, die jederzeit einspringen konnten, fingen den kriegsbedingten Mangel an Männerstimmen auf.

Thomas' Hauptaugenmerk galt Johann Sebastian Bach. In seiner siebenjährigen Amtszeit beim Cäcilien-Verein führte er fünfmal die *Matthäuspassion*, dreimal das *Weihnachtsoratorium*, zweimal die *Johannespassion* und je einmal die *h-Moll-Messe* und das *Magnificat* auf. Dagegen wäre im Prinzip nichts zu sagen gewesen, zumal das *Weihnachtsoratorium* und die *Matthäuspassion* auch bisher immer Publikumsmagneten gewesen waren. Doch auf der etwas umständlich zu erreichenden Südseite des Mains, an dem Ort, an dem die Kantorei der Dreikönigskirche mit Aufführungen der gleichen Werke Bachs »zu Hause« war, unter demselben Dirigenten, meist mit demselben Orchester und mit den sattsam bekannten Solisten, noch dazu in geringem zeitlichem Abstand nach einem Konzert der Kantorei, wirkten die Bach-Aufführungen des

St. Antoniuskirche in der Savignystraße.

Cäcilien-Vereins wie Kopien eines Originals, wie »zweite Wahl«. Das hatte etwas Lähmendes.

Der Vorstand drängte also auf eine Erweiterung des Programms. Die Chancen des Cäcilien-Vereins konnten nur in Alternativen zur Kantorei liegen. So gab es 1950 noch einmal das *Deutsche Requiem* und in den folgenden Jahren zweimal das *Requiem* von Mozart und einmal dessen *Vesperae solennes* sowie einmal das *Requiem* von Bruckner. An sie ist jedoch kaum eine Erinnerung geblieben, denn unter der Stabführung von Thomas' klangen diese unterschiedlichen Werke »seinem Bach« sehr ähnlich. Interessanter waren drei Kompositionen arrivierter Zeitgenossen: Arthur Honeggers *König David*, Zoltán Kodalys *Psalmus hungaricus* und Igor Strawinskys *Psalmensinfonie.* Aufführungen dieser Werke füllten freilich nicht die Chorkasse, die noch unter den Nachwehen der Währungsreform litt, doch zahlten sich die guten Proben unter Thomas bei späteren Wiederaufführungen aus.[73]

Im Gegensatz zu dem herzlichen Einvernehmen zwischen Thomas und seiner Kantorei standen Belange des Cäcilien-Vereins für ihn meist an zweiter Stelle. Zunehmend entwickelte der zweifache Chorleiter ein gefährliches Interesse an Cäcilias guten Männerstimmen, die er gerne für seine Kantorei nutzte. Das ging so weit, dass er einen guten Bewerber, der kein Interesse an der Kantorei zeigte, sondern »nur« in den Cäcilien-Verein eintreten wollte, nicht aufnahm. Das kostete ihn Sympathien.

Die Presse ging mit Thomas' Aufführungen gewöhnlich respektvoll um, schließlich galt er als Koryphäe, und die Aufführungen waren gut. Ein ausführlicher, von warmer Sympathie getragener Bericht über seine letzte und »schönste« Frankfurter Aufführung des *Weihnachtsoratoriums* im Jahr 1956 wurde stolz in die Programm-Sammlung der Kantorei eingefügt. Da der Name des Chores erst spät in dem Text genannt wurde, war keinem aufgefallen, dass nicht die Kantorei, sondern der Cäcilien-Verein gesungen hatte. Alles in allem aber hielt Thomas' zweite Amtszeit nicht das, was man sich von ihr versprochen hatte. Darum mischte sich, als er 1957 einem Ruf an die Leipziger Thomas-Schule folgte, auch Erleichterung in den Abschied. Für ihn bedeutete die leitende Position dort die Krönung seiner Laufbahn, und die Tatsache, dass er in und mit der SBZ (sowjetisch besetzte Zone, offizielle Bezeichnung in der Bundesrepublik für die DDR) zurechtkommen musste, hielt ihn nicht zurück.

Kurt Thomas, 1952.

Plakat zur *Johannespassion,* der Cäcilien-Verein singt unter Kurt Thomas an Karfreitag 1950 in der Dreikönigskirche.

Der Caecilien-Verein e.V. gegr. 1818
singt im Bachjahr 1950

am Karfreitag, den 7. April 1950, um 16 Uhr 30
in der Dreikönigskirche in Sachsenhausen die

Johannes-Passion

von Joh. Seb. Bach (1685-1750)

unter Leitung von

Professor Kurt Thomas

MITWIRKENDE:
Tilla Briem .... Sopran
Erna Daden .... Alt
Hans Heinrich Hagen .... Tenor
Hans-Olaf Hudemann .... Baß
Theo Lindenbaum .... Baß
Städtisches Orchester
(Opernhaus- u. Museumorchester)

Karten zum Preise von DM 3.-, 4.50 u. 6.- an der Museumskasse
in der Junghofstraße und an den bekannten Vorverkaufsstellen.

Mega-Kinos, Großes Haus und ein neuer Sendesaal

Im Jahr 1950 hatte sich die prekäre Frankfurter Konzertraum-Situation durch die Inbetriebnahme von zwei neu errichteten Mega-Kinos erfreulich entspannt. In ihnen konnte die Museumsgesellschaft endlich auch Gastdirigenten empfangen. Mit einem Dirigat von Bruno Walter zogen die Museumskonzerte in den Turm-Palast ein. Wilhelm Furtwängler bevorzugte für seine Berliner Philharmoniker den Film-Palast in der Bergerstraße. Auch die Cäcilianer sangen dort Ende April 1951 den Schlusschor in Beethovens *9. Sinfonie* unter Vondenhoff. Nach der drangvollen Enge im Saal des Palmengartens drei Jahre zuvor genoss man die Weite des Raumes. Mitte Juni des Jahres wiederholte Vondenhoff Frank Martins *Golgotha* als Beitrag zum ersten Sängerbundesfest des Deutschen Allgemeinen Sängerbundes (DAS) seit 1932. Da es in den Kinos keine Orgel gab, saß das musikverständige Publikum diesmal in der Dreikönigskirche, wo sich die nach dem Urteil Weicherts beste Orgel der Stadt befand.[74]

An Weihnachten 1951 wurde das wieder aufgebaute Schauspielhaus als Großes Haus für Oper, Schauspiel und Konzerte mit Richard Wagners *Meistersingern von Nürnberg* eröffnet. Beim Festakt sangen der Opernchor und der Cäcilien-Verein gemeinsam das »Halleluja« aus Händels *Messias*. Nach über sechs Jahren abenteuerlicher Behelfe war die Freude der Musik- und Theaterliebhaber unbeschreiblich. Endlich hatte man ein Haus, in dem die Bühnenschaffenden und ihr Publikum angemessen untergebracht waren und das sogar groß genug für Wagner-Opern war. In einer Zeit, in der das private Fernsehen sich gerade erst zu entwickeln begann, war ein Theater ungleich wichtiger als in späteren Jahren. Auf der Meistersinger-Festwiese tummelten sich Freiwillige aus mehreren Frankfurter Chören, besonders zahlreich aus dem Cäcilien-Verein. Damit das Geld für alle reichte, wurde die übliche Abendgage für Choraushilfen von 3 auf 1,50 DM halbiert, doch Dabeisein war alles. Weil die Eröffnungsoper noch längere Zeit im Spielplan blieb, musste Chordirektor Thomas bei seinen eigenen Proben zuweilen ohne »Nürnberger« auskommen.

Der neue Generalintendant Harry Buckwitz, der im Februar 1952 sein Amt an den Städtischen Bühnen antrat, plante jedoch, seinen unter einem längeren Vertrag stehenden Noch-Kollegen Vondenhoff als Generalmusikdirektor baldmöglichst durch Georg Solti aus München zu ersetzen. Außerdem missfiel Buckwitz, dass die Museumskonzerte im Großen Haus die Bühneneinnahmen schmälerten. Inwieweit der eine oder der andere Gesichtspunkt oder gar beide bei der Vorverlegung der Aufführung des *Requiems* von Verdi mit dem Cäcilien-Verein unter Vondenhoff im Februar/März 1952 eine Rolle spielten, muss dahingestellt bleiben. Jedenfalls wurde das *Requiem*, das für die Karzeit vorgesehen war, wegen einer Gasteinstudierung Soltis auf Februar vorverlegt, ein Termin, der nach damaliger Auffassung als völlig unangemessen für ein

Großes Haus, das wieder aufgebaute Schauspielhaus 1952, heute Willy-Brandt-Platz.

solches Werk galt. Auch erfolgte die Änderung so kurzfristig, dass sie kaum Probenzeit ließ.

Ein Dreivierteljahr später lief das Spiel umgekehrt. Inzwischen war Solti als Generalmusikdirektor im Amt, Vondenhoff jedoch neben ihm weiterhin ein Generalmusikdirektor mit zahlreichen Dirigierverpflichtungen. Das für den 10. November 1952 angekündigte und von Thomas rechtzeitig für Vondenhoff einstudierte Oratorium *Israel in Ägypten* von Händel, ein sehr differenziertes, schwieriges Chorwerk, wurde von Buckwitz wegen Raumproblemen im Großen Haus um zwei volle Monate verschoben und musste schließlich ohne Chororchesterprobe auf der Probebühne auskommen.[75] Trotz dieser Verhinderungsstrategie gelangten beide Werke zur Aufführung.[76]

In jenen Jahren – der genaue Zeitpunkt ist nicht mehr erinnerlich – brach die zur Außenmauer gewordene Brandmauer des Probenlokals in der Hochstraße zusammen, glücklicherweise auch wieder nachts. Ersatz fand der Chor im Blindenheim in der Eschersheimer Landstraße, wo auch die Singakademie unter Romansky probte.[77] Im Herbst 1954 traten die beiden Chöre wieder gemeinsam in einem Festkonzert auf. Der neue Sendesaal im Funkhaus am Dornbusch wurde mit Beethovens *9. Sinfonie* unter der Leitung von Karl Böhm eingeweiht. Differenzen zwischen dem Maestro und dem Management der Veranstaltung hatten Böhm jedoch so gründlich die Laune verdorben, dass sich seine Missstimmung auf seine Mitstreiter übertrug und die Aufführung nicht zu seinen besten zählt.[78]

Die Sache mit Solti

Die Aufführung von Händels *Israel in Ägypten* war das letzte Chorkonzert gewesen, das die neue Führungsspitze der Oper Vondenhoff gönnte. Operndirektor Solti erklärte Aufführungen mit Chor zur Chefsache und dirigierte Anfang Mai 1953 ein Sonderkonzert mit Beethovens *9. Sinfonie* selbst. Der Chor, ein Ensemble aus Opernchor, Cäcilien-Verein und der Sängervereinigung Offenbach, wurde von Karl Klauß, dem langjährigen Chordirektor der Städtischen Bühnen, vorstudiert. Er brachte auch den an Bach geschulten Cäcilianern, wenn sie in Opern aushalfen, bei, was ein bühnenwirksamer Al-fresco-Gesang ist. Nach ihm impfte Solti den Sängern seinen persönlichen Stil ein und meißelte den Schiller-Beethoven'schen »Kuss der ganzen Welt« nachdrücklich heraus, ebenso das »muss« in der Textstelle »Überm Sternenzelt muss ein lieber Vater wohnen«. Es sollte eine Beschwörung sein.

Zu jener Zeit war man sich in der Frankfurter Musikwelt über Soltis dirigentische Qualitäten noch keineswegs einig. Als Verfolgter des NS-Regimes hatte er sich jahrelang beruflich nicht seinen Wünschen gemäß entfalten können. Deshalb musste er als schon Vierzigjähriger erst noch das Repertoire eines Opern-

Georg Solti bei
der Probe zu Beethovens
9. Sinfonie 1957/58.

leiters aufbauen und arbeitete wie ein »Berserker« an seiner Vervollkommnung. Vieles dirigierte er in Frankfurt zum ersten Mal.[79] Dabei bediente er sich eines Tonbandgerätes, einer noch kaum bekannten Neuheit, die unerbittlich Fehler aufdeckte, Soltis eigene, die er sofort verbesserte, aber natürlich auch die des entsetzten Orchesters.[80] Nachdem Furtwängler noch vor Soltis Ankunft mit zwei Gastspielen die herrschende Idealvorstellung von sinfonischer Musik erneut bestätigt hatte, irritierte Soltis ungarisches Temperament das gesetztere Publikum. Jüngere Zuhörer hingegen begeisterten sich für seine jagenden Tempi und messerscharf geschliffenen Tonfolgen.[81] Während die meisten Frankfurter nach dem Krieg noch gar nicht aus Deutschland herausgekommen waren, plante Solti bereits seine erste Reise nach Amerika, dem Traumziel der Zeit. Das imponierte vielen.

Hamacher, dem Vorsitzenden des Cäcilien-Vereins, der gleichzeitig zweiter Vorsitzender der Museumsgesellschaft war, verursachte die Entwicklung an der Oper begreiflicherweise Unbehagen. Seit dem Herbst 1945 war er mit Vondenhoff durch Dick und Dünn gegangen, und die Fülle und Vielfalt der Aufführungen in den gemeinsam bewältigten Wiederaufbaujahren konnte sich sehen lassen. Jetzt fürchtete er, der Cäcilien-Verein, der seit hundert Jahren die überwältigende Mehrheit der Chorkonzerte der Museumsgesellschaft bestritt, könne seine Position als führender Chor der Stadt verlieren. Die Übernahme des Vereins durch Thomas hatte das bewährte Band zwischen Museumsgesellschaft und Cäcilien-Verein zwar gelockert. Doch so lange Vondenhoff als Generalmusikdirektor amtierte, war die Zusammenarbeit mit dem Opernhaus- und Museumsorchester auch bei vereinseigenen Konzerten selbstverständlich gewesen. Solti hingegen war nicht bereit, das Orchester für Nicht-Museumskonzerte zur Verfügung zu stellen.[82] Umgekehrt war Thomas nicht gewillt, den Cäcilien-Verein an Solti »auszuleihen«. Dazu war seine Verärgerung über Soltis so anders geartete Einflussnahme auf seine Sängerschaft zu groß. Doch der Cäcilien-Verein durfte die Verbindung mit der Museumsgesellschaft nicht abreißen lassen. Schließlich überließ Thomas Solti den Chor für eine Aufführung der *Missa solemnis* von Beethoven 1953 gegen die Zusage, selbst Bachs *h-Moll-Messe* im Museum dirigieren zu dürfen.

Solti forderte allen, die mit ihm zusammenarbeiteten, alles ab und setzte sich selbst schonungslos ein. Das machte ihn sympathisch. Während er in späteren Jahren streng nach den Anweisungen in einer Partitur vorging, arbeitete er damals noch mit Bildern und Vergleichen. Der amerikanische Angriff auf Hiroshima lag erst neun Jahre zurück, und in den Miserere-Rufen des letzten Satzes der *Missa* sollten Grauen und Entsetzen liegen: »Atombombe! Weltende!«. In einer Probe zum *Deutschen Requiem* im Jahr darauf demonstrierte Solti seine Vorstellungen, indem er einen Bassisten am Arm packte und darauf den Takt schlug zu einem abgehackten »Wie-ei-nen-sei-ne-Mu-...« (»Wie einen seine Mutter tröstet«). Die Interpretation der Stelle und die Methode waren unorthodox, aber erfrischend. Da Solti ein ausgezeichnetes Personengedächtnis besaß und kein Blatt vor den Mund nahm, wusste jeder, woran er mit ihm war. Und die Auftritte im Großen Haus der Städtischen Bühnen erfüllten die Chorsänger mit Hochgefühl.

Da Solti sich nach einer neuen Amerikareise aber nicht für einen längeren Zeitraum in Frankfurt festlegen mochte, dachten manche, darunter auch Hamacher, er werde eines Tages für immer in der Neuen Welt bleiben. In Vorstandssitzungen der Museumsgesellschaft wurde daher über eine Verlängerung des Vertrags mit Vondenhoff diskutiert, der noch mehrere Sinfoniekonzerte pro Saison leitete. Das brachte Solti jedoch gewaltig in Rage und führte im Dezember 1954 zwischen ihm und Vondenhoffs Fürsprechern zu einem Eklat, der im Januar mit einer Ergebenheitsadresse des Museumsvorstandes besänftigt werden musste.[83] Hamacher, der sich furchtbar über Solti aufregte, verstarb im Februar 1955 unerwartet im 65. Lebensjahr. Sein Vertrauter Friedrich Dörge glaubte, dass der Streit mit Solti Hamacher ein Stück Lebenszeit gekostet habe.

Für den Cäcilien-Verein bedeutete Hamachers Tod einen schweren Verlust. Er war seit seinem 18. Lebensjahr Chorsänger gewesen, war als Mitglied und Präsident des Rühl'schen Gesangvereins bei der Fusion dieses Chores mit dem Cäcilien-Verein 1926 auch dessen Mitglied und Präsident geworden und hatte ihn mit Mut, Diplomatie und Liebe durch die schwierigen Vorkriegs-, Kriegs- und Nachkriegsjahre gesteuert. Mit seinen zahlreichen Ehrenämtern – zeitweilig Schatzmeister der Internationalen Gesellschaft für Katholische Kirchenmusik, Mitarbeiter im Gesamtverband der katholischen Kirchengemeinden, Angehöriger der Theaterdeputation, alternierender Vorsitzender der Gesellschaft für Christliche Kultur und schließlich Zweiter in der Museumsgesellschaft – war der wohlsituierte, musikverständige Kaufmann mit weitreichenden Verbindungen ein idealer Präsident und noch dazu ein großartiger Mäzen gewesen.[84] Friedrich Dörge, sein Stellvertreter, übernahm jetzt den Vorsitz im Cäcilien-Verein.

Im Herbst des Jahres 1955 konnte der »Bach-Papst«, wie Solti Thomas nannte, endlich die vereinbarte *h-Moll-Messe* mit dem Cäcilien-Verein im Museum dirigieren. Zu mehr kam es nicht, da Thomas nach Meinung Soltis »die Größe für ein Museumskonzert« fehlte.[85]

Der Cäcilien-Verein und Martin Stephani im Wechselbad

Mitte Januar 1957 starb Arturo Toscanini, und Solti, der als junger Assistenzdirigent seine Achtung errungen hatte,[86] veranstaltete im Februar mit dem *Requiem* von Verdi ein Gedenkkonzert für ihn im Museum. Da er sich zu der Zeit auch um den Posten des Chefdirigenten beim Rundfunkorchester bemühte,[87] beteiligte er neben

Festkonzert zum 150-jährigen
Bestehen des Cäcilien-Vereins
im Großen Haus, mit Johann
Sebastian Bachs *Magnificat*,
Anton Bruckners *Te Deum*
und Igor Strawinskys
Psalmensinfonie, zusammen
mit dem Sinfonieorchester des
Hessischen Rundfunks, 1968.
Die Festgesellschaft lacht,
trinkt und tanzt, und studiert
»Das hohe Ces«, die
Chorzeitung zum 150-jährigen
Jubiläum.

dem Cäcilien-Verein ausnahmsweise nicht den Opern-, sondern den Rundfunkchor an den beiden Aufführungen, was allerdings nicht so harmonisch verlief.

Parallel zu den letzten Verdi-Proben hatte Thomas' Nachfolger Martin Stephani schon sein Amt als Leiter des Cäcilien-Vereins angetreten. Er bemühte sich, dem Chor das Na-na-na-Singen, zu dem sein Vorgänger ihn erfolgreich erzogen hatte, wieder abzugewöhnen und aus einer statischen Stimmgebung à la Thomas eine dynamische zu machen. Stephani hatte 1946 die Marburger Kantorei gegründet, leitete auch den Bielefelder Musikverein und hatte, zunächst vertretungsweise, Thomas' Position an der Nordwestdeutschen Musikakademie in Detmold übernommen. Als kultivierter, feinsinniger Musiker mit einem ausgeprägten Stilempfinden und profunden Kenntnissen wurde er sehr bald hoch geschätzt. Sein erstes Frankfurter Dirigat, die *Matthäuspassion*, begleitet vom Hessischen Rundfunkorchester, war bei ihm in besten Händen. So trat eine gewisse Beruhigung ein, und die Aufführung von Bruckners *Messe in f-Moll* im Herbst konnte ohne Hektik solide vorbereitet werden. Angesichts einer leeren Chorkasse gab es bis Jahresende keine weiteren Konzerte. Die Dreikönigskirche, deren Kantorei nach Thomas' Wegzug verstummt war, erwies sich als wenig lukrativer Ort für Aufführungen, die nicht Thomas' Stempel führten.

Beunruhigend für den Cäcilien-Vorstand war zudem weiterhin die Gemengelage bei den Städtischen Bühnen. Sie warben für einen neu gebildeten Verstärkungschor, in dem neben Chorsängern unterschiedlicher Herkunft auch etliche Cäcilianer sangen. Da dem Theater bei Bedarf jederzeit Verstärkungen aus der Frankfurter Chorszene zur Verfügung standen und da der Verstärkungschor auch für sich allein in einem Museumskonzert unter Solti auftrat,[88] fragte man sich nach seinem Sinn und Zweck.[89] Rein optisch fand die neue Konstellation ihren kuriosen Niederschlag beim Festkonzert zum 150-jährigen Bestehen der Museumsgesellschaft. Im rückwärtigen Teil der Konzertbühne des Großen Hauses standen reguläre Opernchoristen, im Vordergrund – in zwei Blöcken voneinander getrennt – der Cäcilien-Verein und der Verstärkungschor, inzwischen in »Konzertchor der Städtischen Bühnen« umbenannt. Man konnte sie nicht mischen, weil die Mitglieder des Konzertchors für ihren Einsatz mit 8 DM entlohnt wurden, während die Cäcilianer natürlich umsonst sangen. Hintereinander konnte man sie aber auch nicht stellen, weil das als Herabsetzung der hinten Stehenden empfunden wurde. Solti gefiel die akustisch ungünstige Aufstellung begreiflicherweise nicht, doch fand er sich damit ab. Wieder wurde Beethovens *9. Sinfonie* gebracht, eingeleitet durch die *Chorfantasie* des Komponisten. Danach bekämpfte Stephani in den Proben zu Bachs *Matthäuspassion*, die vier Wochen später aufgeführt werden sollte, den »Soltischen Kuss« aus der *9. Sinfonie*, der zu seinem Leidwesen im Chor wieder sein Unwesen trieb.[90] Doch nicht genug der 9. Sinfonien!

EGLISE
SAINT-EUSTACHE
RUE DU JOUR
(Métro : Les Halles)

J.S.BACH

SAMEDI
13
DÉCEMBRE
à 21 heures

ORATORIO DE NOËL

en Allemand

sous la direction de

WALTER GOEHR

Jean GIRAUDEAU, de l'Opéra
Ténor

Jeannine COLLARD, de l'Opéra
Mezzo-Soprano

Louis-Jacques RONDELEUX
Basse

Christiane HARBELL, de l'Opéra
Soprano

Jean BONFILS, Orgue

CHORALE SAINTE CÉCILE DE FRANCFORT
ORCHESTRE DES CONCERTS PASDELOUP

Clavecin PLEYEL

Places de 500 à 1200 fr.
Prix spéciaux pour les adhérents de la

Bureau de Concerts Maurice WERNER

Location Eglise Saint-Eustache
(bibliothèque), chez Durand, 4, place

Die erste Auslandsreise des Cäcilienchores
nach dem Krieg führte im Jahr 1958 – nach
Paris! In der Kirche St. Eustache musizierte
man das *Weihnachtsoratorium* unter dem
bekannten Dirigenten Walter Goehr, einem
Schönberg-Schüler, der aufgrund seiner
jüdischen Herkunft 1932 Deutschland hatte
verlassen müssen.

J.-S. BACH
ORATORIO DE NOEL
(Cantates N° 1-2-3)

Helga GABRIEL, soprano - Ursula BOESE, alto
Léo LARSEN, ténor - Jakob STAMPFLI, basse

CHŒURS SAINT-THOMAS DE LEIPZIG

ORCHESTRE DE CHAMBRE DE HAMBOURG

Direction : **Günter RAMIN**

Un album de 2 disques haute-fidélité 30 cm - MMS 2057 - Prix : 3.960 fr.

*

GUILDE INTERNATIONALE DU DISQUE

PARIS, 20, rue de la Baume - 222, rue de Rivoli - 4, rue de Vienne - 49, rue Vivienne
28, av. Mozart - 90, rue de Vaugirard - 182, Faubourg St-Denis

LILLE - LYON - MARSEILLE - ROUEN - STRASBOURG - GRENOBLE
NICE - NANTES - BORDEAUX - TOULOUSE - AMIENS - MONTPELLIER
RENNES - SAINT-ETIENNE - TOULON - BOURGES

Für viele war es die erste
Reise nach Paris überhaupt
- Grund genug, das Erlebnis in
privaten Alben und auf Fotos
zu dokumentieren.

Im September 1958 tauchte Walter Goehr auf, ein vielseitig versierter Dirigent und Komponist. Er war 1933 nach England emigriert und hatte dort mit über eineinhalbtausend Einspielungen eine Art Schallplatten-Imperium aufgebaut. Über den Hessischen Rundfunk war er an den Cäcilien-Verein gelangt, der jetzt im Verein mit dem Rundfunkchor und dem Rundfunkorchester unter Goehrs Leitung seine erste Schallplatte aufnahm.[91] Im Dezember desselben Jahres verhalf Goehr dem Cäcilien-Verein erneut zu einem Ersterlebnis, einer Chorreise mit dem Zug nach Paris. In der Kirche Saint-Eustache, der größten Renaissance-Kirche Frankreichs bei den heute verschwundenen Markthallen, wurde mit dem renommierten Sinfonieorchester Pasdeloup und Goehr am Pult das *Weihnachtoratorium* aufgeführt. Für viele Choristen war das die erste Auslandsreise, noch dazu in eine der schönsten Städte Europas, die, so gut es ging, mitbesichtigt wurde. Trotz beißender Kälte in der Kirche kamen die musikliebenden Pariser zahlreich und zeigten sich neugierig auf den berühmten Chor aus Deutschland. Seine dort allgemein geschätzte Exaktheit soll sie allerdings an Marschtritte erinnert und deshalb etwas verunsichert haben.

Interpretatorisch hinterließen Goehrs Proben und das Konzert keine dauerhaften Spuren bei den Beteiligten. Eine Woche später erklang das *Weihnachtsoratorium* wieder unter Stephani und à la Stephani in der Dreikönigskirche. Dennoch können diesem die Einbrüche anderer Dirigenten in seinen musikalischen Wirkungskreis, die für die Kasse und das Image des Cäcilien-Vereins unverzichtbar waren, nicht gleichgültig gewesen sein. Er ging neben dem Standardprogramm gern etwas weniger gebahnte Wege und war nicht auf eine Epoche fixiert. Zwischen den beiden Unternehmungen mit Goehr hatte er mit dem Cäcilien-Verein das Chorwerk *Dein Reich komme* seines Detmolder Kollegen und Freundes Johannes Driessler aufgeführt. Bei ihrer Uraufführung im Jahr 1950 hatte die zeitgenössische Komposition einen großen Eindruck hinterlassen und andere Komponisten inspiriert. Acht Jahre später aber blieb das Echo schwach.

Im Februar 1959 dann brachte Stephani mit einer Frankfurter Erstaufführung, der *Messe in c-Moll op. 147,* einem Spätwerk von Robert Schumann, die Romantik zur Geltung. Der Messe folgte Schumanns lyrisches Chorwerk *Das Paradies und die Peri* in einer Textbearbeitung und musikalischen Einrichtung durch Stephani selbst. Diese Raritäten erlebte man im großen Saal der Hochschule für Musik, dem ehemaligen Sendesaal von Radio Frankfurt. Der Hessische Rundfunk nahm *Das Paradies und die Peri* auf.

Zum großen Bedauern des Chores und seines Publikums baute Stephani aber nach der für ihn enttäuschenden Neubesetzung der Rektorenstelle an der Hochschule für Musik seine Position im westfälischen Raum aus und verabschiedete sich zu Ostern 1959 mit zwei Aufführungen der *Matthäuspassion.* Nicht ohne Einfluss auf seine Entscheidung dürften auch die Verkehrsverhältnisse gewesen sein. Er war für jede Probe mit dem Zug aus Detmold angereist. Und letztlich war die bizarre Frankfurter Chorkonstellation für einen Cäcilien-Vereins-Dirigenten nicht gerade attraktiv.

Noch war Solti von jeder seiner Auslandsreisen wieder zurückgekehrt. Zu Joseph Haydns 150. Todestag im Mai dirigierte er *Die Schöpfung* mit dem Cäcilien-Verein und dem Konzertchor. Friedrich Stichtenoth (F. St.) würdigte die Chorleistungen in der »Frankfurter Rundschau« als »triumphal« und sah in Soltis Dirigat mit »hinreißendem Schwung« eine »Entstaubungsaktion«. So wie das übrige musikalische Frankfurt sonnten sich auch die Cäcilianer immer gern im Glanz des internationalen Aufstiegs ihres Generalmusikdirektors. Für die kommende Saison kündigte die Museumsgesellschaft Händels *Jephta* unter seiner Leitung an. Doch dazu kam es nicht mehr, denn dieses Oratorium hätte völlig neu einstudiert werden müssen. Der Cäcilien-Verein aber stand vorerst ohne Dirigenten da, und Solti wechselte ein Jahr später nach London.

Verabschiedung von Martin Stephani, von 1957 bis 1959 Dirigent des Cäcilienchors.

MIT THEODOR EGEL IN FRANKFURT UND AUF REISEN 1960 BIS 1980

Nach dem Weggang Stephanis sah sich der Chor zum ersten Mal nach dem Krieg in der Lage, aber auch vor die Notwendigkeit gestellt, einen ständigen künstlerischen Leiter frei zu wählen. Hamacher hatte schon zu seiner Zeit junge Mitglieder zu Verwaltungsaufgaben herangezogen und zur Mitsprache ermutigt. Jetzt war die Zeit reif für Demokratie! Der amtierende Vorstand, Friedrich Dörge und Karlheinz Bartel, Ehemann einer langjährigen Altistin, einigte sich darauf, drei Bewerbern eine Einstudierung mit anschließender Aufführung anzuvertrauen und danach den Chor abstimmen zu lassen. So dirigierten Erich Hübner, Heidelberger Kirchenmusiker, Strawinskys *Psalmensinfonie* und Mozarts *Requiem*, Carl Gorvin, neugewählter Generalmusikdirektor von Kaiserslautern,[92] Bachs *Weihnachtsoratorium*, und Theodor Egel, Gründer und Leiter des Freiburger Bachchors, Bachs *Matthäuspassion*. Es folgte ein erbitterter Wahlkampf. Der Vorstand votierte für Gorvin, die Mehrheit des Chors jedoch für Egel.[93] Mit Kassandrarufen legten Dörge und Bartel ihre Ämter nieder und traten aus dem Verein aus. Ein Teil der Gorvin- und möglicherweise auch Hübner-Anhänger tat desgleichen. Die Jungen, die in Egel den Mann der Zukunft sahen, fanden sich nun unversehens im Fokus eines durch Wahlschlachten zerrütteten Chores wieder. In der allgemeinen Verwirrung ergriff der Bankdirektor Hellmuth von Essen für drei Jahre das Ruder. »Aus dem Cäcilien-Verein tritt man nicht aus. In den Cäcilien-Verein tritt man nur ein«, sagte er und ging mit einer Spende beispielhaft voran. Nach ihm übernahmen die Freunde Renato Brugger und Dr. Otto Tempel, ein Kaufmann und ein Jurist, beide seit ihrem 17. Lebensjahr im Chor aktiv, die Führung der Geschäfte. Langsam beruhigten sich die erhitzten Gemüter. 1973 löste die tatkräftige Thea Kowald Tempel ab. Für Brugger aber, der mit allen Kräften für den Zusammenhalt des Chores gekämpft hatte, blieb die Wahl zeitlebens ein Trauma, das seine spätere Chorpolitik bestimmte.[94]

Theodor Egel, der Wahlsieger von 1960, war 45 Jahre alt. Seine überragende Musikalität verlieh ihm eine natürliche Autorität, und seine oft schonungslose Strenge war gepaart mit dem Wissen, dass im Singen immer auch die Seele mitschwingt. Ungeachtet der 300 Kilometer zwischen Frankfurt und seinem Wohnsitz in Müllheim leitete Egel jede Probe persönlich und, wie sein einstiger Lehrer Kurt Thomas, ohne Korrepetitor. Er liebte die Musik von Johann Sebastian Bach, war jedoch auch für andere Stilrichtungen offen. In seinen meist erstklassigen Solistenbesetzungen traten häufig auch seine Frau, die großartige Altistin Marga Höffgen, und die zauberhafte Sopranistin Agnes Giebel auf. Allerdings haderte Egel mit den Frankfurter Aufführungsstätten, denn trotz aller Bemühungen um den Wiederaufbau besaß die Stadt im Gegensatz zu Freiburg noch immer keinen Konzertsaal.

Egel aber war ein Klangfanatiker. So wie er unablässig an der Reinheit der Töne arbeitete, suchte er auch unermüdlich nach einer Alternative zur Dreikönigskirche, deren Akustik ihn nicht befriedigte. Zunächst experimentierte er mit veränderten Choraufstellungen, mit Orgel und Orgelpositiv, dann mit anderen Räumen. Die Bockenheimer Frauenfriedenskirche schied wegen mangelnden Fassungsvermögens nach drei Konzertversuchen aus. Die in der Innenstadt günstig gelegene und nach ihrem Wiederaufbau hell und licht gestaltete Katharinenkirche hatte ihren eigenen Chor.[95] Die neu erbaute Höchster Jahrhunderthalle, die für sensible Ohren von Musikern und Zuhörern sowieso nur unter dem Aspekt der Wirtschaftlichkeit erträglich war, bevorzugte mehrheitlich auswärtige Künstler. In der riesigen, später abgerissenen Kongresshalle ohne Schallisolierung auf dem Messegelände an einer der befahrensten Straßen Frankfurts störte der Verkehrslärm. Das Große Haus war wegen des Ausfalls von Vorstellungen selten bezahlbar. Immerhin fand dort 1968 das Festkonzert zum 150-jährigen Jubiläum des Cäcilien-Vereins statt. Bachs *Magnificat,* Strawinskys *Psalmensinfonie* und Bruckners *Te deum* spiegelten die Bandbreite des Cäcilien-Repertoires wider.

Die Hoffnung, wieder öfter im Rahmen von Museumskonzerten im Großen Haus auftreten zu können, erfüllte sich selten. Soltis Nachfolger Lovro von Matačić brachte 1961 das *Weihnachtsoratorium*, 1964 die *9. Sinfonie* von Beethoven und 1966 kurz vor seinem Abgang das *Requiem* von Verdi gemeinsam mit dem Cäcilien-Verein heraus, alle Werke jeweils mit einer Wiederholung. Ab 1964 sang auch der Extrachor der Städtischen Bühnen mit, den Matačić wiederbelebt hatte. Er war ein Vollblutmusiker mit einer Vita voller Höhen und Tiefen, gebürtiger Jugoslawe, musikalisch in Wien geprägt und ein Liebhaber und ausgewiesener Kenner slawischer Musik.[96] Seine Interpretation des *Weihnachts-*

Montag, 11. Sept. 1972, 20 Uhr · Städt. Bühnen · Oper · Frankfurt/M.

CÄCILIENVEREIN
FRANKFURT / M.

FELIX MENDELSSOHN
-BARTHOLDY

Elias

Siegmund Nimsgern, Baß (Elias) · Brigitte Henn-Prassek, Sopran
Hildegard Laurich, Alt · Adalbert Kraus, Tenor · Arend Baumann, Baß

Leitung: Theodor Egel

Karten zu DM 6.- bis DM 18.- · Vorverkaufsstellen: Wagner U-Bahnhof, Hauptwache B-Ebene, Tel. 293730 · Phonohaus Rossmarkt 5-7, Tel. 282701 · Buchhandlung Harksen, Goethestr. 25, Tel. 282176 · Noten-Fuchs, Bleichstr. 70, Tel. 284049 · Frankfurter Neue Presse, Schillerstr. 19-25, Tel. 290011 · L. Schüler, Schweizerstr. 38a, Tel. 623779 · Reisebüro Nord-West, Thueresso, Tel. 676066 · Restkarten an der Abendkasse.

CÄCILIEN-VEREIN E.V.
gegr. 1818

Karfreitag, den 27. März 1959, 19.00 Uhr, in der Dreikönigskirche Sachsenhausen

Matthäus-Passion

von JOH. SEB. BACH

für Soli, 2 Chöre, Knabenchor, 2 Orchester und Continuo

Leitung: Prof. Martin Stephani

Solisten: Ingeborg Reichelt, Sopran · Ursula Boese, Alt · Helmut Kretschmar, Tenor
Hans-Olaf Hudemann, Baß · Jakob Stämpfli, Baß

Orchester: Das Frankfurter Kantaten-Orchester

Karten zum Preise von 3.- bis 7.50 DM im Büro der Museumsgesellschaft, Goethestraße 25 und in den bekannten Vorverkaufsstellen

---

150 JAHRE
CÄCILIENVEREIN
FRANKFURT/M.

MATTHÄUS
PASSION

JOHANN SEBASTIAN BACH

Gründonnerstag, 11. u. Karfreitag, 12. April 1968, 20 Uhr, Dreikönigskirche · Solisten: Edith Mathis, Sopran; Julia Hamari, Alt;
Horst Laubenthal, Tenor; Siegmund Nimsgern, Bariton-Christus; Rolf-Dieter Krüll, Baß-Arien · Knabenchor der Liebigschule
(Einstudierung Robert Göttsching) · Kammerorchester Theodor Egel · Leitung Theodor Egel

---

"Printemps Musical 1964"

VICTORIA HALL Vendredi 22 mai
à 20 h. 45 très précises

M. CASETTI-GIOVANNA
présente

LES GRANDS INTERPRÈTES

MESSE en SI mineur
J.-S. BACH

solistes:

Agnès GIEBEL
soprano

Marga HOEFFGEN
alto

Dieter ELLENBECK
ténor

Walter KREPPEL
basse

FREIBURGER BACHCHOR
FRANKFURTER CÆCILIENVEREIN
DEUTSCHE SOLISTENVEREINIGUNG

150 exécutants

direction: **Teodor EGEL**

CÄCILIENVEREIN E.V.
DREIKÖNIGSKIRCHE
SAMSTAG, 16. DEZ. UND
SONNTAG, 17. DEZ., 20 UHR

bach

weihnachts
oratorium

BARBARA RONDELLI, SOPRAN · FAITH PULESTON, ALT · ROBERT TEAR, TENOR · SIEGMUND NIMSGERN, BASS
KAMMERORCHESTER THEODOR EGEL · LEITUNG THEODOR EGEL

oratoriums entsprach den Vorstellungen der bachkundigen Cäcilianer nicht unbedingt, doch ging ihnen allen Matačić' Verdi-*Requiem* unter die Haut. Er hatte die Bläser des Fernorchesters an den Öffnungen bei den Lampen in der Decke des Zuschauerraums postiert. Von dort tönte ihr Spiel wie aus dem Jenseits.

Natürlich sollte der kostbare wieder geknüpfte Kontakt zur Museumsgesellschaft durch ein Konzert unter Egels Leitung gefestigt werden. Bei dem dafür festgelegten Werk, Arthur Honeggers *König David*, waren vom Gros des eher konservativen Museumspublikums freilich keine Beifallsstürme zu erwarten. Es würde jedoch vor allem auf das Votum des Orchesters ankommen. Am 17. Februar 1964 fand die entscheidende Aufführung statt, und das Orchester befand, dass Egel wohl ein guter Chordirigent, aber kein guter Orchesterdirigent sei. Weitere Konzerte mit ihm lehnte es ab. Da Egel seine Sängerschaft prinzipiell nicht ohne entsprechende Gegenleistung mit anderen Stabführern teilte, war damit das Ende der geschichtsträchtigen »Ehe« des Cäcilien-Vereins mit der Museumsgesellschaft und ihrem Orchester gekommen, zumindest solange Egel amtierte. Glücklicherweise glich das Sinfonieorchester des Hessischen Rundfunks, das schon öfter unter Stephani gespielt hatte, den Verlust zum Teil aus. Es begleitete auch das Jubiläumskonzert im Jahr 1968, und der Hessische Rundfunk nahm es auf.

Seit den 1960er Jahren veränderte sich die Frankfurter Chorlandschaft dramatisch. 20 Jahre nach Kriegsende hatte sich die Einwohnerzahl der Stadt verdoppelt und damit die der Sangesfreudigen und ihrer Fans vervielfacht, wodurch sich die Konkurrenz verstärkte. 1964 bildete Kurt Thomas, der aus Leipzig zurückgekehrt war, aus Mitgliedern seiner ehemaligen Kantorei an der Dreikönigskirche einen ebenfalls dort beheimateten Konzertchor, die Frankfurter Kantorei. Zwei Jahre später entstand unter Alois Ickstadt der Figuralchor. Zudem zeigte sich die Singakademie in den siebziger Jahren wiederholt bereit, auch unter fremder Leitung aufzutreten, und baute damit langsam aber sicher eine Zusammenarbeit mit der Museumsgesellschaft auf. Heute ist ein Leitungswechsel von Fall zu Fall bei vielen Chören gängige Praxis, damals allerdings war er nicht üblich. Doch wie auch immer – da die kulturelle Infrastruktur mit dem erhöhten Raumbedarf nicht Schritt gehalten hatte, litten alle Veranstalter unter der Raumnot, und jeder Chor suchte als Ausweg aus der Misere Auftrittsmöglichkeiten außerhalb der Stadt. Damit begann auch für den Cäcilien-Verein die Zeit der Chorreisen.

1969 drehte das ZDF einen Film im Marienmünster zu Amorbach im Odenwald mit der Originalfassung der *Cäcilien-Messe* von Joseph Haydn in der Bearbeitung Egels, der das Werk ausgegraben hatte. Das private Farbfernsehen war im Kommen, und die Produktion versuchte, die Musik und die bildende Kunst, den Zauber der Komposition und den der barocken Kirche, synästhetisch miteinan-

Feierliche Inszenierung:
Fernsehaufzeichnung von
Joseph Haydns *Cäcilien-Messe*
in der ehemaligen Abteikirche
zu Amorbach. Der Cäcilienchor
musiziert mit der
Philharmonia Hungarica unter
Theodor Egel, 1968.

der zu verschmelzen. Dazu wurde sogar die Chorkleidung der Damen auf die zarten Farben des Kirchenraums abgestimmt, und alle Mitwirkenden mussten schlaflose Nächte, teils im Münster, teils im Zubringerbus, in Kauf nehmen.

Anders als Thomas sorgte Egel für ein fruchtbares Miteinander zwischen seinen beiden Chören, dem Frankfurter und dem Freiburger. Davon profitierten beide Vereinigungen: zahlenmäßig, stimmlich, organisatorisch, ökonomisch und *last but not least* durch den Namen des weithin bekannten Frankfurter Cäcilien-Vereins. Dank der Zusammenarbeit mit dem Freiburger Bachchor konnten die Cäcilianer, die in ihrer Vaterstadt keinen geeigneten Raum zum Konzertieren fanden, zahlreiche auswärtige Auftritte absolvieren, 41 allein im Ausland.

In den sechziger Jahren waren Busse noch weit entfernt vom heute üblichen Komfort und Auslandsreisen noch lange nicht für jedermann selbstverständlich. Nur Wenige fuhren schon mit dem eigenen PKW, der Chor oft im voll besetzten Liegewagen. Noch dazu in bester Laune. Die Musik öffnete den Deutschen Türen und verschaffte ihnen Anerkennung jenseits der Grenzen. Sie durften in den berühmten Konzertsälen von Genf und Basel singen, im Dogenpalast zu Venedig, in den herrlichen Kirchen von Lucca, Vicenza, Rimini, Lyon und Metz und häufig im Kongresspalast von Stresa zur Eröffnung der dortigen Musikwochen. Cäcilien-Vereins-Konzerte unter Egels Leitung wurden ebenso von Radio France aus der berühmten Salle Pleyel in Paris wie vom italienischen Rundfunk, der RAI, aus ihrem Auditorium in Turin übertragen. Die Musiker der Deutschen Solistenvereinigung, die Egel nach Bedarf aus Spitzenkräften deutscher Orchester zusammenstellte, nahmen gegen eine bescheidene Gage weite und strapaziöse Fahrten auf sich, »weil der Egel Musik macht wie kein anderer«, wie einer von ihnen einmal sagte, und »weil ihr singt wie die Engel«, ein anderer.

Mehr denn je wuchs der Cäcilien-Verein zu einer Gemeinschaft zusammen. Oft reisten und wirkten Egels vier Kinder mit. Manches wurde mit Intuition und Improvisation aus dem Augenblick heraus gestaltet. Alles das machte Egels Amtszeit zu einer außergewöhnlichen. Seit 1966 war er Professor und Träger des Freiburger Reinhold-Schneider-Preises. In Frankreich hatte man ihn zum »Chevalier dans l'Ordre des palmes académiques« ernannt.

Im Sommer 1980 überstürzten sich plötzlich die Ereignisse: Im Juni nahm der Südwestfunk Baden-Baden Bruckners *Messe in f-Moll* und sein *Te deum* auf Schallplatte auf. Bei den entsprechenden öffentlichen Aufführungen waren das Freiburger und das Schwarzacher Münster voll besetzt. Parallel dazu liefen die Vorbereitungen für eine einwöchige Amerika-Tournee im Juli, bei der das *Deutsche Requiem* von Brahms auf dem Programm stand. Das Ehepaar Gottlieb und Almut Haas aus dem Cäcilien-Verein hatte private Kontakte zu einem Chor in North-Carolina geknüpft und gemeinsame Aufführungen mit ihm vereinbart. Auch ein Schnupperstopp in New York war eingeplant. Doch in der letzten Probe

Eine der zahlreichen Konzertreisen ins europäische Ausland in den 1960er-Jahren zusammen mit Theodor Egel: Die *Matthäuspassion* im berühmten Salle Pleyel, Paris 1962, u.a. mit Dietrich Fischer-Dieskau, Agnes Giebel, Marga Höffgen und Theo Adam.

Aus einem Album von Fritz Volk, seinerzeit Bass im Cäcilienchor.

SALLE PLEYEL   VENDREDI 20 AVRIL 1962

BACH PASSION selon St MATTHIEU

A. GIEBEL - M. HOFFGEN - H. MARTEN - G. UNGER - T. ADAM

Dietrich FISCHER-DIESKAU

ASSOCIATION Ste-CECILE DE FRANCFORT
CHŒUR BACH DE FRIBOURG

ORCHESTRE DE CHAMBRE DE PFORZHEIM
ORCH. DE CHAMBRE EGEL DE FRANCFORT

250 Exécutants sous la direction de Theodor EGEL

BUREAU DE CONCERTS MARCEL DE VALMALETE,

PROBE!
mit T.Egel

Salle Pleyel ⟶

Und immer wieder
nach Italien: Konzert
im Dogen-Palast in
Venedig im Jahr 1965
und in der Basilika
des Heiligen Antonius
zu Padua
im Jahr 1968.

Marga Höffgen
auf Reisen, 1964. Durch
ihre Verbindung zu
Theodor Egel kam der
Cäcilienchor immer wieder
in den Genuss der
Zusammenarbeit mit
dieser gefeierten Altistin.

vor der Abreise legte Egel, inzwischen 65 Jahre alt, völlig überraschend die Leitung des Cäcilien-Vereins aus gesundheitlichen Gründen nieder. Die Durchführung der Amerika-Fahrt hatte er Roland Bader übertragen, dem Leiter des Chores der St. Hedwigs-Kathedrale zu Berlin. Als seinen Nachfolger beim Cäcilien-Verein kündigte er einen Freund seines Sohnes Martin an, Enoch Freiherrn von und zu Guttenberg. Der Chor war wie vom Donner gerührt.

Trotz Egels Absage und einer schier unerträglichen Hitze in den USA wurde die Amerika-Fahrt unter Baders Führung zu einem großen Erfolg. Die Herausforderungen der Tournee bewiesen aber auch, dass Egels Rücktritt richtig gewesen war. Außerdem ersparte er dem Chor mit der Benennung eines Nachfolgers eine erneute Dirigentensuche und eine etwaige zweite Dirigentenwahl mit allen ihren Unwägbarkeiten.

Für den Cäcilien-Verein endeten mit Egels Amtszeit 20 erlebnisreiche Jahre unter einem Chorleiter unverwechselbarer Prägung. 85 Aufführungen in Frankfurt und 69 an anderen Orten ergaben eine für die Zeitumstände beachtliche Bilanz von 7,2 Auftritten pro Kalenderjahr. Egel hatte fast ein halbes Jahrhundert nach der ersten Aufführung von Dvořáks *Stabat mater* im Cäcilien-Verein das Werk wieder in Erinnerung gebracht, er hatte Beethovens *Missa solemnis* und Mendelssohns *Elias*, die beide nach dem Krieg nur je einmal unter Solti bzw. Vondenhoff erklungen waren, wieder belebt und Mendelssohns *Paulus*, das dem Cäcilien-Verein gewidmete Jugendwerk des Komponisten, zum ersten Mal seit dem Jahr 1900 wieder erklingen lassen. Leider »nur« in der Dreikönigskirche. Denn Egel bedauerte zutiefst, dass es ihm nicht mehr vergönnt war, mit dem Cäcilien-Verein in der Alten Oper aufzutreten, weil sich deren für 1980 geplante Eröffnung um ein Jahr verzögerte.

Mit dem Wiederaufbau der imposanten Ruine des 1944 ausgebrannten Opernhauses verlor sich der Schrecken der Frankfurter Bombennächte. 36 Jahre nach der Zerstörung des so schmerzlich vermissten Saalbaus endete für die Frankfurter Chöre insgesamt im weitesten Sinne des Wortes die Nachkriegszeit, und mit der Eröffnung der Alten Oper als Konzerthaus begann eine neue Ära.

Theodor Egel probt Bachs *h-Moll-Messe* in der Katharinenkirche,
zusammen mit der Sopranistin Agnes Giebel
und der Altistin Marga Höffgen, 1969. Fotos: Peter Zollna

Das Konzert wurde
für das Fernsehen
aufgezeichnet.

Fotos: Peter Zollna

Sommerliches Requiem

Das Orchester der North Carolina School in Gelnhausen

Längst hat das Deutsche Requiem von Johannes Brahms seinen festen Platz im Terminkalender deutscher Chöre und Orchester: im Herbst, vorzugsweise im November, wenn das Gras ist verdorret und wenn der Nebel schwermütig stimmt. Auf den von einem solchermaßen ritualisierten Konzertfahrplan „geeichten" Zuhörer muß eine Aufführung dieser Komposition an einem Sommerabend befremdlich wirken.

Aber unkonventionell war die Wiedergabe des Werkes aus Anlaß der achthundertsten Wiederkehr des Reichstages in Gelnhausen nicht allein deshalb. Es wirkte auch ein ungewöhnliches, weil sehr junges Orchester mit: das der North Carolina School of the Arts aus Amerika, das sich gegenwärtig auf einer Deutschland- und Italien-Tournee befindet — ein aus sechzehn- bis zweiundzwanzigjährigen Musikern zusammengesetztes Ensemble. Brahms' Requiem hatte das Orchester zusammen mit den Chören des Frankfurter Cäcilienvereins und des Freiburger Bachchores zuvor an verschiedenen Orten in den Vereinigten Staaten aufgeführt: Auch diese Zusammenarbeit darf als ungewöhnlich bezeichnet werden, der Organisator der Tournee glaubt gar, daß es ähnliches in der Vergangenheit noch nicht gegeben habe.

Die lichtdurchflutete, die „tröstliche" Seite betonende Darbietung des Brahmsschen Totengesangs beruhte zuallererst auf der außerordentlichen Transparenz des Klangs dieses Orchesters. Da gerät nichts verschwommen oder mulmig; die rasenden Läufe in den Streichern zur „schallenden Posaune" (Teil 6) beispielsweise kommen wie gemeißelt. Die klangliche Geschlossenheit ist ein um so erstaunlicheres Phänomen, wenn man bedenkt, daß das anspruchsvolle Werk in nur drei Wochen einstudiert wurde, eine Leistung, die zum einen sicher auf dem hohen Ausbildungsstand beruht, die aber auch dem Geschick des Dirigenten Roland

Bader (Berlin) zu verdanken ist (der für den erkrankten Theodor Egel eingesprungen war).

Einiges von der Präzision und den sonstigen Vorzügen des Orchesters (klangschöne Holzbläsergruppe, zuverlässiges Blech) ging freilich in der halligen Akustik der Marienkirche verloren, und hinderlich war auch die räumliche Enge; bei den Fortissimo-Stellen schienen die Grundfesten der Kirche erschüttert. Wenn Bader bei solchen Passagen auch gewissermaßen die letzten Reserven mobilisierte, ging er dennoch insgesamt ökonomisch vor. So hielt er sich etwa beim Crescendo „Denn alles Fleisch..." auffallend zurück und legte innerhalb des zweiten Teils des Werkes den Hauptakzent auf den Abschnitt „Aber des Herrn Wort...", was ja auch der Text heischt. Und gerade hier hatte der Chor seinen beeindruckendsten Moment. Da zeigte er sich von so inspiriertem Zugriff, so klar konturiert, wie man das selbst von renommierten Chören kaum gewohnt ist. Nur die Textverständlichkeit könnte noch etwas besser sein.

Auch die beiden Solisten, die sinnvollerweise von der Kanzel aus sangen, hielten ihre Partien von falschem Pathos fern, nicht von Ausdruck schlechthin. Gerade Martin Engels Bariton-Soli waren von großer Expressivität, aber eben sicher kontrolliert und am Text orientiert, dazu überaus klangschön und beweglich. Das gleiche gilt für die Sopranistin Christiane Baumann, die mit schlanker Stimme und geradezu homöopathisch dosiertem Vibrato die extremen Gemütsregungen, die ihr Solo suggeriert — „Traurigkeit", „Freude" — sensibel nachzeichnete.

Eine äußerst fruchtbare Zusammenarbeit zwischen erfahrenen Solisten, Laienchorsängern und noch lernenden Musikern, zugleich eine solche von Mitwirkenden zweier Nationen — ein nicht so leicht zu vergessendes Konzerterlebnis.
oe.

Frankfurter Allgemeine Zeitung

Roland Bader vertritt den erkrankten Theodor Egel beim Brahms-*Requiem* in Gelnhausen im Juli 1980.

1 Der heute gebräuchliche Name Cäcilienchor kam erst in den 1990er Jahren auf. Deshalb erscheint er nicht in der folgenden Chronik. Nach wie vor ist der Cäcilienchor amtlich eingetragen als Cäcilien-Verein Frankfurt e.V.

2 Institut für Stadtgeschichte Frankfurt am Main, Personalakte 40705, Dienstverträge Bl. 25, 69, 70, 109, 123. Ergänzend hierzu Mitteilung von Frau Ingeborg Romansky, Ende 2005.

3 Universitätsbibliothek Frankfurt, Archiv des Cäcilien-Vereins (ACV), 1945-1949. I. Hamacher an Militärregierung 2.7.1945, Hamacher an Romansky 5.10.1947. Besoldung siehe ACV, Rechnungsbuch.

4 Beamte und Angestellte im öffentlichen Dienst, insbesondere wenn sie eine leitende Position innehatten, konnten im Gegensatz zu Selbstständigen und Nicht-Berufstätigen eine Parteimitgliedschaft kaum umgehen.

5 Teuto Rocholl, *Sehet, welch ein Chor*, Frankfurt am Main 1992, S. 2, und mündliche Mitteilungen von ihm. Thomas wurde am 28.6.1945 vom Amt des Schulleiters suspendiert und am 28.8.1945 entlassen (ISG, Schulamt 3849, Thomas am 12.5. und 10.6.1945, Personalakte 210455, S. 151). Vgl. auch Neithard Bethke, *Kurt Thomas. Studien zu Leben und Werk*, Kassel 1989, S. 71. ACV, Thomas an den Cäcilien-Verein am 27.7.1945.

6 D-F, Nachlass Romansky, *Chronik der Frankfurter Kirchenmusik*, St. Ignatius-Kirche 5.8.1945. Vgl. zudem Gertrud Becker, *Frankfurter Brief*, in: Die Neue Zeitung, 30.11.1945; ACV, Protokoll der Mitgliederversammlung vom 12.8.1946.

7 Vgl. die Kritik zur Aufführung der *Schöpfung* von Max Bartsch, *Das Konzertleben beginnt*, in: FR, 18.8.1945, sowie ebend. den Hinweis zum Konzerttermin unter »Kleine Kunstnachrichten«.

8 Von der Verfasserin als Mitwirkende miterlebt.

9 Gertrud Becker, *Frankfurter Brief*, in: Die Neue Zeitung, 30.11.1945.

10 Mitteilungen von Lilli Brandau (Cäcilien-Verein) und Rosmarie Günther (Singakademie), auch ISG, Personalakte 40705, Bl. 173.

11 Vgl. den Artikel *Neuer Intendant der Frankfurter Oper*, in: FR, 13.10.1945.

12 Vondenhoff (1902-1982) verfügte über eine 22-jährige Praxis als Kapellmeister, 15 Jahre davon in leitender Position an einem Opernhaus, vgl. Eva Zander, *Im Rhythmus der verwirrten Welt. Der Dirigent Bruno Vondenhoff*, Mainz 2005, S. 7-159. Romansky (1912-1989) hatte damals noch keine Leitungserfahrung und war vor dem Zusammenbruch als »Kriegsersatzkraft« mehrfach gerügt worden (vgl. D-Fsa, Personalakte 40705, Bl. 40; 132, 135, 137ff., 166-171). Hingegen war

sein Einsatz in den ersten Nachkriegsmonaten denkwürdig. 1967 erhielt er dafür die Erinnerungsplakette der Stadt Frankfurt.

13 D-Fsa, S/1, 775, Nr. 4, Tagebücher I, 10./11.11.1945, (vgl.D-F, Nachlass Romansky), *Die Übernahme der Leitung der Frankfurter Singakademie nach Kriegsende [...]* 7.7.1971. Im Widerspruch dazu Vermerke seiner Bezahlung im CV-Zweitarchiv Neu-Isenburg, Rechnungsbuch. Für Hamacher war Romanskys Ablösung durch den neuen GMD selbstverständlich.

14 Vondenhoff, Träger der Händel-Plakette der Stadt Halle, brachte im Februar 1946 mit *Otto und Theophano* (*Ottone, re di Germania*) auch die erste Händel-Oper nach Frankfurt.

15 Erinnerung der Verfasserin als Mitwirkende.

16 E.K., »*Judas Maccabäus*« *im Museum*, in: FR, 19.3.1946. – Konzertprogramm vom 16., 17., 18.3.1946. 7. Museumskonzert.

17 ACV, 1945-1949 II. Walcha an Museumsgesellschaft, 29.3.1946. Die Aufführung war außerdem dadurch in Frage gestellt worden, dass die Singakademie während der Probenzeit beschloss, ihre Tätigkeit wieder aufzunehmen, und ihre Mitglieder aufforderte, den Cäcilien-Verein zu verlassen (Mitteilung eines Mitglieds der Singakademie). Ihr Vorstand hatte Romansky (der inzwischen die deutsche Staatsbürgerschaft hatte) zum Leiter erwählt, weil er ihn, wie Romansky später schriftlich niederlegte, durch seine Teilnahme an den Proben im Cäcilien-Verein schätzen gelernt habe (Nachlass Romansky, *Die Übernahme der Leitung der Frankfurter Singakademie nach Kriegsende [...]* 7.7.1971). Hamacher war konsterniert, und Vondenhoff als Generalmusikdirektor blockte ab. Die Singakademie kam deshalb erst gegen Ende Juni 1946 zu ihrer ersten Probe zusammen. Romansky versprach Vondenhoff »loyale Konkurrenz« und warb auch im Cäcilien-Verein um Stimmen, unter der Bedingung, dass sie auch diesem treu blieben (von der Verfasserin miterlebt).

18 E.K., *Frankfurter Passionmusik*, in: FR, 19.4.1946.

19 Artikel *Zweimal Matthäus-Passion*, in: FNP, 23.4.1946.

20 Otto Klemperer (1885-1973), deutscher Dirigent, 1933 emigriert (Los Angeles), nach dem Krieg in London, ab 1970 in Israel.

21 Zeitzeugenerlebnisse der Verfasserin. Für den Kritiker Puetter allerdings war der von Vondenhoff »eingeschlagene Mittelweg zwischen den Extremen einer allzu romantisch-gefühlhaften Ausdeutung und kühl-sachlicher Objektivität überzeugend«. Hugo Puetter, *Zweimal Matthäus-Passion*, in: FNP,

23.4.1946.

22 Helmut Walcha am 19.3.1946 an die Museumsgesellschaft, in: ACV, 1945-1949 II.

23 Mitteilungen von Zeitzeugen, darunter Gusthelm Gessel.

24 Vgl. hierzu Zander, *Rhythmus*, 2005, S. 100, 101, 149, 151.

25 Vgl. das Protokoll der Mitgliederversammlung vom 26.8.1946, in: ACV, 1945-1949 II.

26 Wie viele jüdische Mitglieder es einst im Cäcilien-Verein gegeben hatte, ist u.a. mangels Mitgliederlisten nicht mehr festzustellen.

27 In der Singakademie wäre das nicht möglich gewesen, denn hier war bis zum letzten Konzert vor Kriegsende, im März 1943, ein Protokollbuch geführt worden (vgl. Andreas Bomba, *75 Jahre Frankfurter Singakademie*, Frankfurt am Main 1997, S. 47). Laut Mitteilung von Amanda Huttel, einer langjährigen Stimmführerin im Alt des Cäcilien-Vereins, durften in der Singakademie keine »Halbjuden« mitsingen.

28 Nachweis über ein Schreiben des »Bruckner«-Verlags an Hamacher, 29.7.1946, in: ACV, 1945-1949 II. Demnach hatte Vondenhoff den Verlag in Leipzig persönlich besucht.

29 Artikel *Frankfurter Brucknertage*, in: FNP, 21.10.1946.

30 Telegramm von Romansky an Vondenhoff, 25.7.1946, in: D-Fsa, Personalakte 40705, Bl. 222a.

31 Am 19.9.1945 wurde durch die Proklamation Nr. 2 der amerikanischen Militärregierung der Staat GroßHessen gebildet.

32 Die öffentliche Hauptprobe am Vormittag musste nach vergeblichem Warten mit nur der Hälfte der Chorverstärkung begonnen werden. Während im zweiten Satz, dem »Dies irae«, musikalisch die Hölle los war, erschien jedoch zu Romanskys sichtlicher Freude bei jedem Orchesterdonner in der hintersten Reihe ein neuer singender Kopf. Für das Mittagessen sammelte der Dirigent persönlich die notwendigen 5-Gramm-Fettmarken pro Person ein. Das Blechbesteck wurde jedoch nur gegen ein Pfand von 20 Reichsmark ausgegeben, mehr als mancher besaß. Bei der Heimfahrt nach der Hauptaufführung am Spätnachmittag konnte wieder nur in zwei Schichten gefahren werden. Die Spätschicht, die schon am Morgen auf dem von Ruinen umgebenen Frankfurter Opernplatz in eisigem Nieselregen hatte ausharren müssen, kam erst nach Beginn der nächtlichen Sperrstunde in Frankfurt wieder an. Alle stoben eilig auseinander, um von der Militärpolizei unbemerkt nach Hause zu gelangen (Erinnerung der Verfasserin als Mitwirkende).

33 Hugo Puetter bescheinigte dem Chor »bedeutende Suggestivkraft«, vgl.

den Artikel *Chor und Orchester-konzerte*, in: FNP, 11.12.1946.

34 Hamacher an Heinz Schröter, November 1946 (Rosbaud und Vondenhoff waren verhindert), in: ACV, 1945–1949 II.

35 Vermerk im Kassenbuch, 12.12.1946, in: ACV. Da Romansky einzelne Mitglieder der Singakademie an diesem Konzert beteiligte, gewannen diese den Eindruck, alle Nachkriegsaufführungen unter Romansky, bei denen sie mitgewirkt hatten, seien auch Veranstaltungen der Singakademie gewesen. Daher ist das Konzert irrtümlich auch bei Bomba, *75 Jahre Frankfurter Singakademie*, 1997, S. 102, vermerkt.

36 Die gegenwärtige Kurzform Goethe-Universität wurde erst 2008 im Zug der Umformung in eine Stiftungshochschule öffentlichen Rechts eingeführt.

37 Schreiben der Städtischen Bühnen Köln (Lüttringhaus) an Hamacher, 8.8.1946, und Hamacher an das Wirtschaftsamt, 16.12.1947, in: ACV, 1945–1949 I.

38 W.M., *Frankfurter Konzertspiegel*, in: FR, 15.2.1947.

39 Vgl. Erwin Kester, *Woche für Neue Musik in Frankfurt*, in: FR, 7.6.1947. Die Aufführung unter dem Ersten Kapellmeister Winfried Zillig (1947–1951) beeindruckte als ein »mit erschütternder Symbolgewalt beladenes Abbild unserer Zeit«. Im folgenden Jahr wirkte der Cäcilien-Verein auch bei einer Rundfunk-Aufführung von Bruckners *Te deum* mit (vgl. August Kruhm, *Frankfurter Konzertspiegel*, in: FR, 4.5.1948).

40 In seinem Schreiben an Hamacher, 6.1.1947, in: ACV, dankt Chefdirigent Kurt Schröder (1946–1953) für »hervorragenden künstlerischen Geist« und drückt seine Hoffnung auf weitere Zusammenarbeit aus. Gemäß den im Kassenbuch vermerkten Vergütungen für Übertragungen an den Chor dürfte es sich bei den gelegentlichen Beteiligungen um Einspielungen der *Faust-Sinfonie* von Franz Liszt, der Oper *Hänsel und Gretel* von Engelbert Humperdinck sowie Richard Wagners *Lohengrin* gehandelt haben. Radio Frankfurt gehörte damals noch zum Südwestfunk.

41 Der erste größere Einsatz erfolgte in Beethovens *Fidelio* – eine willkommene Abwechslung für die Chorjugend, mit einer Abendgage von 3 Reichsmark.

42 Vgl. Zander, *Rhythmus*, 2005, S. 221–224.

43 Zu Mendelssohn und seinen Kontakten nach Frankfurt und zum Cäcilien-Verein vgl. die beiden Aufsätze von Ralf-Olivier Schwarz und Ralf Wehner in der vorliegenden Publikation, S. 15–37 und 39–51.

44 Ein Beispiel ist das Schreiben von

Adele Trip an Hamacher, 22.10.1947, in: ACV, 1945–1949 I.: Ein Chormitglied konnte nicht mitsingen, weil die Konzertproben mit seiner Tätigkeit bei den Amerikanern kollidierten. Deren Angestellte erhielten täglich ein gehaltvolles Mittagessen, wodurch ersparte Lebensmittelmarken hungernden Familienmitgliedern zugutekamen. Um aber zwei Konzertkarten kaufen zu dürfen, wollte das Mitglied seinen damals unersetzlichen Klavierauszug des Werks für einen Solisten zur Verfügung stellen.

45 Aufführungen am 15., 17. und 18.12.1947, vgl. das Konzertprogramm, in: ACV.

46 Mitteilungen der Stadtverwaltung Frankfurt am Main, Nr. 52, 24.12.1947, S. 1.

47 Schreiben von Hessenberg an Vondenhoff, 26.2.1948, vgl. *Das hohe Ces. Chorzeitung zum 150-jährigen Bestehen des Cäcilienvereins Frankfurt am Main* 1968, S. 62, ACV. Siehe auch die Konzertkritik von H.H., *Kurt Hessenberg: »Fiedellieder«. Achtes »Museums-Konzert« in Frankfurt*, in: FR, 27.2.1948.

48 Genauere Angaben erlaubt die einzige vorliegende Quelle – Teuto Rocholl, *Sehet, welch ein Chor*, 1992 – leider nicht.

49 Die letzte Frankfurter Aufführung der *Johannespassion* hatte 1936 durch den Cäcilien-Verein unter Leitung von Paul Belker im Saalbau stattgefunden.

50 Artikel *Passionsmusik in Frankfurt*, in: FNP, 27.3.1948.

51 Erwin Kester, *Konzertnachrichten*, in: FR, 30.3.1948.

52 Nach der Erinnerung der Verfasserin hat sich Thomas bereits bald nach seiner Entnazifizierung wieder um die Leitung des Cäcilien-Vereins beworben, was Hamacher jedoch als zum gegebenen Zeitpunkt völlig unrealistisch zurückwies. Das Archiv des Cäcilien-Vereins enthält keinen Beleg darüber. Das schließt allerdings nicht aus, dass ein solcher Versuch stattgefunden hat.

53 Hugo Puetter, *Festliche Konzerte in der Paulskirchen-Woche. Beethovens »Neunte«*, in: FNP, 21.5.1948.

54 Das gut erhaltene Offenbacher Theater bot der Frankfurter Oper damals eine wichtige Ersatzbühne; daher bestanden enge musikalische Beziehungen zwischen den beiden Städten.

55 Vgl. Bomba, *75 Jahre Frankfurter Singakademie*, 1997, S. 57, und detaillierte Mitteilungen von Rosmarie Günther als Mitwirkende. Ebenso Erinnerungen der Verfasserin als Mitwirkende.

56 Vgl. die Schreiben von Hamacher an Schmidt (Singakademie), 23.7.1947, sowie von Vondenhoff an Schmidt (Singakademie), 14.2. und 17.3.1948, in:

ACV, 1945–1949 II.

57 Friedrich Stichtenoth, *Konzerte zur Jahrhundertfeier. »Das gesegnete Jahr.« Uraufführung im Palmengarten*, in: FR, 20.5.1948.

58 Schreiben vom 13.6.1948, in: ACV, 1945–1950 I.

59 Vgl. den Artikel von E.K., *Konzertspiegel*, in: Frankfurter Rundschau, 24.6.1948; sowie in: Die Neue Musikzeitschrift 4/1949, S. 83f.

60 Franz von Schober, *An die Musik*, vertont 1817 von Franz Schubert.

61 Im Artikel »*Et in terra pax«. Erstaufführung im Museumskonzert* von F. St., in: FR, 27.1.1949, ist vermerkt: »Das sechste Museumskonzert wurzelte tief im Menschlichen und mit beinahe erschreckender Aktualität in den Ängsten dieser Zeit. Die unheimliche und dennoch tröstende Beschwörung ›Et in terra pax‹ – ›Und Friede auf Erden‹ – erfüllte das neue wie das alte Werk. Und die ganze Unsicherheit unseres Menschseins zeigte sich in dem Verhalten des Publikums. Nach Schubert sowohl wie nach Frank Martin verharrten die Zuhörer wohl eine Minute lang in tiefster Ergriffenheit. Dann wurden sie mit sich selbst uneins und setzten die Hände zu lautem Beifall in Bewegung. Man saß hier im Palmengarten doch in einem Konzert-, nein, in einem Vergnügungssaal; und den Künstlern musste für ihre Leistung ja gedankt werden. Man befand sich ›in Gesellschaft‹ und fühlte sich im Anhören doch zur Gemeinde verbunden. Was sollte man tun? Die Raumnot griff tief in das Seelische hinein.«

62 Ein Unbekannter war Martin hier nicht mehr. Die Singakademie unter Romansky hatte schon seinen *Zaubertrank* geboten und Vondenhoff im Museum die *Petite sinfonie concertante* sowie *Die Weise von Liebe und Tod des Cornets Christoph Rilke*, die der Rundfunk in einer Woche für Neue Musik sogar als deutsche Erstaufführung gebracht hatte.

63 Hugo Puetter, *Bachs »Matthäus-Passion«, Aufführung in der Frankfurter St. Josephskirche*, in: FNP, 16.4.1949.

64 Pfitzner hat in der 1921 komponierten Kantate Sprüche und Gedichte von Joseph von Eichendorff vertont. Thematisch kreisen sie um Mensch und Natur, Abend und Nacht, Leben und Singen und Symbole wie der alte Garten, der Postillon als Tod, die Nonne usw. Der Schlussgesang ist getragen von Gottvertrauen.

65 In einer Zeit, in der die Wiederaufbau der lebensnotwendigen Infrastruktur noch Vorrang vor allem anderen hatte, waren noch kaum physische und mentale Kräfte für eine Auseinandersetzung mit der jüngsten Vergangenheit frei. Auch fehlte noch

der nötige zeitliche Abstand dazu. Im Falle Pfitzner überwogen zwischenmenschliche Bindungen und sein Rang als Komponist. Zum Verhältnis Vondenhoff – Pfitzner vgl. Zander, *Rhythmus*, 2005, S. 61-65 und für 1949 S. 272ff.

66 E.K., in: FR, 27.6.1949, ebenda: »Bruno Vondenhoff inspirierte Sänger und Spieler vom Klanglichen und vom Geistigen her und bewirkte genau jene sonderbare ‚Zwischenatmosphäre‘, die diesen Szenen entspricht. Die Chöre [auch der Opernchor wirkte mit] sangen stimmlich gepflegt, präzise und der inneren Vorgänge bewusst. Das Orchester hielt sich dazu im sorgsam ausgewogenen Gleichgewicht. Ein ansehnliches Aufgebot von bemerkenswert klugen Solisten mit schönen Stimmen krönte den Abend.«

67 Vondenhoff in einem Brief vom 23.8.1968 aus Grindelwald, Archiv Eva Zander.

68 Vgl. Zander, *Rhythmus*, 2005, S. 257-298.

69 ACV, Aktennotiz 2004 von Zander (auch Erinnerungen als Mitwirkende) für das Archiv betreffs Kurt Thomas.

70 ACV, Vondenhoff an den Cäcilien-Verein, 23.7.1949.

71 Auch die beiden Solistinnen, die für die verhinderten Erstbesetzungen einsprangen, Annelies Kupper und Gusta Hammer für Clara Ebers und Lore Fischer, konnten noch erfolgreich einstudiert werden. In den Tenor- und Baritonpartien sangen Helmut Melchert (Tenor), Hans-Olaf Hudemann und Rudolf Gonszar (beide Bass-Bariton).

72 Zum Besuch von Frank Martin vgl. Zander, *Rhythmus*, 2005, S. 287-289.

73 So etwa 1956 die *Psalmensinfonie* unter Paul Sacher im Museum. Bei den Proben hatte Thomas seine Sänger zu den gegenläufigen Klagegesängen gegenläufig in zwei Kreisen im Rhythmus gehen lassen, um die unterschiedlichen Akzente physisch erfahrbar zu machen (Erinnerung der Verfasserin als Mitwirkende).

74 In der Presse wird die Aufführung des Oratoriums als »bemerkenswert gut« bezeichnet, in: FR, 16.6.1950.

75 Von der Verfasserin als Mitwirkende miterlebt; Buckwitz äußerte seine Ablehnung der Konzerte unverblümt.

76 Vgl. Heinz Enke, *Erhabenes Chor-Schauspiel*, in: FR, 28.1.1953.

77 Der Cäcilien-Verein wurde allerdings nur unter der Bedingung aufgenommen, dass seine Mitglieder sich in den Probenpausen nicht mit den Schmalzbroten bedienten, die als Abendessen für die Bewohner gedacht waren. Küche und Speiseraum seien tabu für ihn. Von einzelnen Übertretungen abgesehen, verzehrten die Cäcilianer also in der Pause ihre mitgebrachte Stulle brav auf der Straße

– sofern es nicht regnete. Singakademiker jedoch schwärmten noch nach Jahrzehnten von den Schmalzbroten.

78 Vgl. Alfred Sous, *Ein Orchester für das Radio*, Frankfurt am Main 1998, S. 78-81. Zum Glück konnte Böhm nicht sehen, dass sein Kollege Furtwängler im Publikum an der Schulter seiner Nachbarin, Vondenhoffs Frau Eleonore, die das später gern erzählte, während der Aufführung einschlief. Zu seiner und aller Ehrenrettung sei hinzugefügt, dass Furtwängler gegen Ende seines Lebens schwerhörig geworden war und zwei Monate später starb.

79 Sir Georg Solti, *Solti über Solti*, München 1997, S. 35-65 zur NS-Zeit; S. 184: »Was ich in Chicago erlebte, war eine Wiederholung meiner Erfahrungen in Frankfurt und an Covent Garden: Als ich hinkam, war die Institution besser als ich. [....] Als ich in Frankfurt begann, blickte ich auf eine erst sechsjährige Erfahrung als Dirigent zurück und mußte eine ganze Menge nachholen.« Vgl. auch Hans Drewanz, *Solti, der Berserker*, in: Oper Frankfurt magazin 1997, 2. Heft, S. 24-29.

80 Mitteilungen aus dem Orchester an die Verfasserin.

81 Montijn, Aleida, *Nachrichten an K.G.*, Kassel 1988, S. 159. Vgl. auch Zander, *Rhythmus*, 2005, S. 348-351 (s. Anmerkung 12).

82 Es sickerte außerdem durch, dass Solti seine Fühler nach der Singakademie ausgestreckt, Romansky ihm seinen Chor jedoch nicht überlassen habe.

83 D-FMG, Sitzungsprotokolle vom 10.12.1954 und 13.1.1955. Vgl. auch Zander, *Rhythmus*, 2005, S. 385.

84 Friedrich Stichtenoth, *Der Frankfurter Cäcilien-Verein 1818-1968*, Frankfurt am Main 1968, S. 75, ACV, Nekrolog, gehalten von Prof. Dr. Dr. Hans-Josef Gummersbach, auf der Trauerkneipe der K.D.St.V. Greiffenstein Breslau zu Frankfurt/Main am 23.2.1955.

85 Thomas selbst erzählte dies missmutig in einer Probe (von der Verfasserin miterlebt).

86 Solti, *Solti über Solti*, S. 39f., 50 (s. Anmerkung 79).

87 Der Rundfunkintendant hatte etwas Mühe, Solti klar zu machen, dass der Hessische Rundfunk als selbständiges Unternehmen nicht dem Frankfurter städtischen Generalmusikdirektor unterstand (Äußerungen des Intendanten Beckmann im Beisein der Verfasserin).

88 Der Verstärkungschor sang im Dezember 1957 den *Psalmus hungaricus* als Geburtstagsgeschenk Soltis für seinen Lehrer, den 75-jährigen Kodaly, sowie die *Psalmensinfonie* von Strawinsky.

89 Möglicherweise stand diese seltsame Chorgründung in Verbindung mit Buckwitz' Plan, eigene Konzerte der Städtischen Bühnen aufzuziehen (Mitteilung von Buckwitz an Amt für Wissenschaft, Kunst und Volksbildung vom 14.5.1955, in: D-Fsa, KA 943, Bl. 252f.).

90 So nannte Stephani die überpointierte Deklamationsart gegenüber der Verfasserin.

91 Als bestgeeigneter Aufnahmeraum war der Plattenfirma Goehrs, der Concert Hall, eine Turnhalle im Stadtteil Niederrad im Süden Frankfurts erschienen, der allerdings nicht weit vom Flughafen Rhein-Main liegt. Wegen des Fluglärms mussten die Aufnahmen in der Nacht erfolgen.

92 Vgl. Friedrich Herzfeld (Hrsg.), *DBG-Musiklexikon*, Frankfurt am Main 1965, S. 205.

93 Mit der Begründung, der Chor sei »zu gut« für ihn, war Hübner schon vor der Entscheidung von seiner Kandidatur zurückgetreten. Vermutlich war das jedoch die höfliche Version der Erkenntnis einer grundsätzlichen Unvereinbarkeit mit seinen persönlichen Interessen. Denn der Heidelberger Hübner verfügte über alle notwendigen Voraussetzungen. Er machte in der Folge eine fabelhafte Karriere vom Bezirkskantor über den Landesobmann der Badischen Kirchenmusiker zum Präsidenten des Verbandes evangelischer Kirchenmusiker in Deutschland und Vorstand des Zentralrats für evangelische Kirchenmusik. Seine Heidelberger Bachtage wurden berühmt. Er lehrte auch an der heimatlichen Hochschule für Kirchenmusik und schlug das Angebot einer Professur in Berlin aus. Nach seinem Tod im Jahr 1985 wurde der nachmalige und im Jahr 2018 noch immer amtierende Leiter des Cäcilien-Vereins, der Würzburger Kirchenmusikdirektor Christian Kabitz, sein Nachfolger beim Heidelberger Bachchor.

94 Vgl. Renato Brugger, *Erinnerungen und Erkenntnisse*, in: *Das Hohe His, Chorzeitschrift zum 175-jährigen Jubiläum des Frankfurter Caecilien-Vereins*, S. 9-11.

95 Organistin und Chorleiterin an der Katharinenkirche war damals Ingrid Stieber.

96 Vgl. Alfred Baresel, *Generalmusikdirektor Lovro von Matačić*, in: Heinrich Heym (Hrsg.), *Frankfurt und sein Theater*, Frankfurt am Main 1963/73, S. 240-247.

JAN SCHUMACHER

Gedanken zum Musizieren von Amateuren und Profis

Die Leute singen mit soviel Feuer und so zusammen, dass es eine Freude ist«, schrieb Felix Mendelssohn Bartholdy über den Frankfurter Cäcilienchor. Auf solch ein Lob können die Sängerinnen und Sänger zu Recht stolz sein – welcher Chor kann sich schon mit einem ähnlich herausragenden Urteil eines der wichtigsten Komponisten der Musikgeschichte schmücken? Noch heute kann man den Cäcilienchor dazu nur beglückwünschen und ihm alles Gute für die Zukunft wünschen! Mendelssohns Ausspruch, der sich in einem Brief aus dem Jahr 1832 an Carl Friedrich Zelter findet (S.46) verrät zweierlei: Zum einen, dass die musikalische Qualität des Cäcilienchores schon in den ersten Jahren seines Bestehens ausgezeichnet war (wir wissen, wie hoch Mendelssohns Qualitätsansprüche waren!) und zum anderen, dass ihn die besonders große Musizierfreude der Sänger sehr stark und unmittelbar berührt haben muss! Und gerade hiermit benennt Mendelssohn einen Kern des Musizierens mit musikalischen Amateuren, der bis heute den ganz besonderen Charakter von Laienchören und -orchestern ausmacht.

Musikalische Laien? Musikalische Amateure? Was zunächst nach dem gleichen Inhalt klingt, lohnt einer näheren Betrachtung: Tatsächlich impliziert das Wort »Laie« Ahnungslosigkeit oder Unfähigkeit – ein »Amateur« allerdings ist wortwörtlich ein Liebhaber! Dies klingt nicht nur besser, sondern trägt eben auch dem Umstand Rechnung, dass viele Amateur-Musiker im stande sind, beeindruckende Leistungen zu erbringen – insbesondere als Kollektiv in Chor oder Orchester – und, dass der eine oder andere musikalische Liebhaber eine bessere »musikalische Allgemeinbildung« besitzt als so mancher spezialisierte Profi-Musiker. Ein wesentlicher Unterschied zwischen Profis und Amateuren ist jedoch, dass Letztere in der Regel keinen finanziellen Lohn für ihre musikalischen Aktivitäten erhalten.

Spannend wird es, wenn man die Grenzen zwischen Amateuren und Profis verwischt – schließlich waren alle Profis auch einmal Amateure, und sie brauchen diese als Publikum. Beide Seiten können voneinander profitieren: Amateure sollten sich an professioneller Qualität orientieren und professionelle Musiker sollten die Begeisterung der Amateure nicht verlieren. Yehudi Menuhin sagt in seinen musikalischen Reflektionen *The compleat Violinist* aus dem Jahr 1986 dazu: »I would hate to think I am not an amateur. An amateur is one who loves what he is doing. Very often, I'm afraid, the professional hates what he is doing. So, I´d rather be an amateur.«

Seit der Gründungszeit des Cäcilienchores bis heute ist das Musizieren bürgerlicher Amateure eine (vielleicht d i e) wesentliche Säule des öffentlichen Musiklebens. Meist werden diese Chöre und Orchester von Dirigenten geleitet, die ihrerseits professionelle Musiker sind. Welche Konsequenzen ergeben sich für Dirigenten aus dieser Konstellation?

Bei seiner Arbeit mit Amateuren kann der Dirigent nicht davon ausgehen, dass die Musiker sowohl mit den gängigen Stilen als auch mit dem Standardrepertoire vertraut sind, wie dies in Profi-Ensembles üblich ist. Vielmehr muss er mit »seinen« Amateur-Musikern zunächst am Notentext arbeiten, bevor er sich mit seinen Musikern interpretatorischen Fragen widmen kann. Ein Amateur-Ensemble benötigt also in der Regel deutlich mehr Zeit, um ein neues Werk zu erarbeiten. Dagegen klagen Musiker vieler Profi-Ensembles über den enormen Druck, der im schnelllebigen Konzertbetrieb durch Intendanzen, Publikum, Kritik und Kollegen auf sie ausgeübt wird. Nicht zuletzt deshalb besteht im Allgemeinen keine so enge persönliche Bindung zwischen Leitern und Ensembles sowie auch zwischen den Ensemblemitgliedern untereinander, wie sie bei Amateur-Musikern vielfach anzutreffen ist.

Von Seiten eines Amateur-Ensembles richten sich auf den Dirigenten daher gerade auch Erwartungen, die den persönlichen Umgang betreffen: Ihre Musiker wünschen sich oft eine persönlich geprägte Ansprache und mitunter auch einen umfangreichen persönlichen Einsatz für ihr Ensemble. (Dieser kann manchmal den vereinbarten bzw. vergüteten Arbeitsaufwand des Dirigenten deutlich übersteigen!) Zudem benötigt der Dirigent eines Amateur-Ensembles ausgeprägte pädagogische und psychologische Fähigkeiten sowie eine gehörige Portion Philanthropie, bei der etwas Humor sicher auch nicht schadet. All dies erleichtert ihm die Vermittlung seiner musikalischen und technischen Vorstel-

Die Thomaskirche in Leipzig, vom Bach-Denkmal aus gesehen.
Foto: Christiane Grün

Sicht aus dem Chor auf das Orchester in der Thomaskirche in Leipzig: Aufführung des *Paulus* von Felix Mendelssohn Bartholdy im Rahmen der Mendelssohn-Festtage 2005. Leitung: Christian Kabitz.

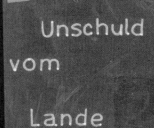

Unschuld vom Lande

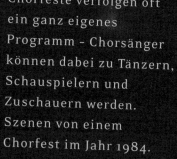

Chorfeste verfolgen oft ein ganz eigenes Programm - Chorsänger können dabei zu Tänzern, Schauspielern und Zuschauern werden. Szenen von einem Chorfest im Jahr 1984.

Die Swingle Singers

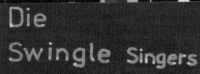

lungen an das Ensemble. Während sich Dirigenten von Profi-Ensembles oftmals einen »Schutzpanzer« zulegen müssen, erreicht der Dirigent von Amateuren nicht selten durch Offenheit und Empathie die besten Ergebnisse. Amateure spüren die menschliche Authentizität besonders stark, und dies motiviert sie oft zu großen Leistungen. Denn sie musizieren aus Freude und ohne den Druck des nötigen Gelderwerbs. Hieraus speist sich ihre außerordentliche Motivation. Ungeachtet der Notwendigkeit dieser »Soft Skills« arbeitet der Dirigent von Amateur-Ensembles aber ebenso auf künstlerisch und dirigier- bzw. probentechnisch höchstem Niveau! Die gesamte Probenphase ist auf ein künstlerisch-professionelles Ergebnis hin ausgerichtet, wobei es mit einem Amateur-Ensemble gerade in den letzten Proben vor dem Konzert oftmals zu einer extremen Qualitätssteigerung kommt. Da aber mit Amateur-Ensembles dennoch häufig keine technisch perfekte Leistung zu erreichen ist, muss sich der Dirigent beim Konzert von seinen diesbezüglichen Ansprüchen befreien können und ganz der Wiedergabe und unmittelbaren Interpretation der Musik verpflichten.

Ein außerordentlicher Stellenwert kommt der Werkauswahl zu. Sie ist eine wesentliche Komponente der Kompetenz des Dirigenten: Leitern professioneller Ensembles wird ein beachtlicher Teil ihres Programmes von Intendanten und Dramaturgen diktiert – bei Laienensembles hingegen, ist in der Regel der Diri-

gent selbst für die Auswahl zuständig. Dabei muss er sich an erster Stelle mit einem ehrlichen Blick fragen, welche Werke dem Ensemble möglich sind (von »gut möglich« bis »noch möglich«, oder auch »geringfügig zu schwer, aber wird helfen, das Ensemble weiterzubringen!«), und er darf sich nicht durch persönliche Ambitionen zu einer womöglich ganz falschen Literaturauswahl treiben lassen. Natürlich gibt es einen Kanon an »Gipfelwerken«, die sowohl vom Publikum als auch von den Amateur-Musikern geradezu gefordert werden – und es ist für die Amateur-Ensembles vor allem in musikalischer Hinsicht sinnvoll, diese zu erarbeiten. Dies betont u.a. Karl Marguerre in seiner Vorbemerkung zu der 1979 erschienenen Dokumentation zum Konzertrepertoire des Darmstädter Universitäts-Orchesters und -Chores: »Das große Werk (das zehn oder mehr Proben aushalten muß, ohne seine Frische zu verlieren) verträgt die Liebhaberaufführung mit ihren unvermeidlichen Mängeln; unter der Voraussetzung natürlich, dass die Liebhaber sich bemühen.« Aber meiner Meinung nach ist es ebenso wichtig, neue oder unbekannte Werke auszuwählen, qualitätsvolle versteht sich. Wenn man sowohl seine Musiker als auch das Publikum mit auf die Reise in neue musikalische Welten nimmt, sind meistens beide begeistert bei der Sache. Dies gilt übrigens auch für andere Experimente, die das Konzertdesign oder die Wahl ausgefallener Konzertorte betreffen können, und auch interdisziplinäre Ansätze umfassen. Allerdings sind die professionellen

Sängerinnen und Sänger lauschen den Solisten. Aufführung der *Matthäuspassion* am 10. März 2018 in St. Albert in Frankfurt, unter der Leitung von Christian Kabitz mit dem Wrocław Baroque Orcestra und der Frankfurter Domsingschule. Die Solisten: Ina Jäger, Hanna Zumsande, Jörg Dürmüller, David Pichlmaier und Samuel Hasselhorn.

Foto: Frank Nagel

Ensembles den Amateuren bei eher unkonventionellen Arrangements oft voraus, da sie sich aufgrund ihrer Rolle im Konzertbetrieb und der Zusammensetzung des Publikums noch zwingender über neue Ideen Gedanken machen müssen. Insbesondere Chöre müssen sich neuen Ideen gegenüber aufgeschlossen zeigen, gilt doch die Chormusik in der öffentlichen Wahrnehmung nach wie vor als »verstaubt« und unmodern. Da Chöre in Konzerten flexibler agieren können als Instrumentalensembles, haben sie es deutlich leichter, Innovationen umzusetzen; zudem können schon kleine Ideen eine große Wirkung haben: so etwa räumliche Veränderungen der Aufstellung im Konzert, Farbwechsel der Beleuchtung, verbindende Texte und effektvolles Auftreten - ein entsprechendes Training vorausgesetzt -, das bis hin zu szenischer Umsetzung gehen kann. Zusammenfassend gilt hier nach wie vor, was - in Frankfurt kein Text ohne Theodor W. Adorno - in der *Kritik des Musikanten* von 1956 vermerkt ist: »Nirgends steht geschrieben, dass Singen not sei. Zu fragen ist, was gesungen wird, wie und in welchem Ambiente.«

Manchmal schauen die Amateur-Orchestermusiker etwas geringschätzig auf ihre chorsingenden Kollegen herab - schließlich muss man lange Jahre Unterricht nehmen und viel Zeit und Geld investieren, um ein Instrument auf orchesterfähigem Niveau spielen zu können; doch »Singen kann ja jeder«. Allerdings vermag es ein Amateur-Chor noch stärker als ein -Orchester, das Publikum in

seinen Bann zu ziehen. Denn es berührt den Zuhörer unmittelbar, wenn dieser in die Gesichter vieler Sänger blicken kann, die sich mit tiefer Emotion der Präsentation ihrer Probenarbeit und eines musikalischen Werkes verschreiben. Für die Sänger selbst stellt sich oft nach Ende des Konzertes ein ganz besonderes Glücksgefühl ein, das – zunächst unterbewusst – vom Wissen um das gemeinsam Geleistete herrührt. Dieses Gefühl vermag einen musizierenden Menschen mehr zu erheben, als es jegliche Art des (sportlichen) Wettstreits könnte. Zudem öffnet das Chorsingen (durch den gemeinsamen Einsatz des körpereigenen Instrumentes Stimme) die Sänger im persönlichen Umgang zueinander und stärkt letztlich deren Bereitschaft, sich für ihren Chor zu engagieren.

So sind es schließlich die Musik-Amateure selbst, die die erfolgreiche Arbeit in ihrem Ensemble bewirken, denn sie opfern unter großem Einsatz ihre Freizeit für das gemeinsame Singen und Musizieren. Unsere sich schnell wandelnde Gesellschaft macht das allerdings nicht leichter, wobei der Verzicht auf das Musizieren oft eine Fehlentscheidung ist: Wer sich musikalisch neben seinem Beruf engagiert, ist meist körperlich gesünder und psychisch ausgeglichener. In musikalischer Hinsicht ist dies ein Gewinn für die Termine der Proben und Konzerte, und darüber hinaus für die Arbeiten, die in einem Laienensemble eben selbst in aufwendiger Vorstands- und Helfersarbeit zu leisten sind. Professionelle Musiker sind als Angestellte ihrer jeweiligen Institution von

Manchmal dürfen einzelne Sängerinnen und Sänger auch aus dem Chor heraustreten: So geschehen auf dem Fördererkonzert »Der Cäcilienchor auf Abwegen« 2009. Gesungen wurde unter anderem ein Duett aus Andrew Lloyd Webbers Musical *Das Phantom der Oper* (links) und Friedrich Hollaenders »Wenn die beste Freundin« (rechts).

dieser geprägt – bei Amateuren ist es genau umgekehrt: Sie sind in der Lage, durch ihren umfassenden Einsatz die eigene Institution in hohem Maße selbstständig zu prägen. Dass eine Institution wie der Cäcilienchor in diesem Jahr sein 200-jähriges Jubiläum feiern und große Chorkonzerte veranstalten kann, ist nur durch das gemeinsame Engagement vieler begeisterter Amateure möglich geworden – sie verfügen über den Enthusiasmus, der gemäß Robert Schumanns 1850 erschienenen *Musikalischen Haus- und Lebensregeln* nicht fehlen darf, denn: »Ohne Enthusiasmus wird nichts Rechtes in der Kunst zu Wege gebracht!«

CHRISTIANE GRÜN

Ändern, um sich treu zu bleiben – Von Enoch zu Guttenberg zur Ära Christian Kabitz

D ie Alte Oper in Frankfurt ist ein Ort, an dem man einiges zu hören bekommen kann. Nicht nur Musik in den verschiedenen Sälen des Konzerthauses. Manchmal nimmt man auch durch ein Pausengespräch etwas mit, das sich erst später als eine tiefere Wahrheit entpuppt. Im Rahmen der Frankfurter Bachkonzerte also stand man in der Pause einer *Matthäuspassion* zusammen und versuchte zu einem Urteil über das exzellente Ensemble zu kommen, dessen Chor jedoch leider nur aus acht Personen bestand. Bachs Turba-Chöre für einen Kammerchor - das war irgendwie blutleer. Unnötig zu erwähnen, dass die Gruppe, die da diskutierte, Mitglieder des Cäcilienchors waren. Während wir noch zwischen Faszination an der musikalischen Leistung und Befremden über das Ungewohnte hin- und hergerissen waren, mischte sich ein älterer Herr in das Gespräch. Er bekannte, dass es für ihn nur einen Chor gäbe, der die *Matthäuspassion* singen könne, und das sei der Cäcilien-Verein. Wie er dazu käme, wollten wir wissen? Vor allem wegen des besonders weichen Klangs, antwortete er, und dann sagte er diesen Satz: »Ich höre den Cäcilienchor schon seit 40 Jahren, und ich könnte ihn immer aus allen Chören heraushören.« Seit diesem Pausengespräch beschäftigt mich dieser Satz und mit ihm die Frage: Klingt der Chor denn seit 40 Jahren gleich? Seine Besetzung hat sich schließlich über die Jahre hinweg verändert. Existiert eine Art Klang-DNA, die den Chor unverwechselbar macht? Können Entwick-

Singen Sie mit !

Unsere nächsten Konzerte

unter unserem neuen Dirigenten Enoch zu Guttenberg:

1. 9. 1980 „**Orpheus**" - Gluck
(Palmengarten)

15. 11. 1980 „**h-moll-Messe**" - Bach
(Dreikönigskirche)

21. 12. 1980 „**Weihnachts-Oratorium**" - Bach
(Dreikönigskirche)

Joh. Seb. Bach
12. 4. 1981 „**Johannespassion**"
(Städt. Bühnen / Oper)

Kommen Sie in unsere Proben, jeweils dienstags von 18.15 - 20.15 Uhr im Musiksaal der Holzhausenschule, Bremer Straße - Ecke Eschersheimer Landstraße. U-Bahn 1, 23, Haltestelle Holzhausenstraße. Einzige Voraussetzung: Notenkenntnis (kein Vorsingen) Näheres: Telefon 545693

CÄCILIEN-VEREIN

LEITUNG: ENOCH ZU GUTTENBERG

Zwei in Einem: Plakat mit Mitgliederwerbung
und Konzertankündigung von 1980.

lung und Konstante nebeneinander existieren? Oder ist das Magie, die durch Musik und das gemeinsame Musizieren möglich und über Jahrzehnte weitergegeben wird?

Der Frage nach dem Zusammenhang von Kontinuität und Erneuerung soll im Folgenden mit Blick auf die künstlerischen Leiter des Cäcilienchors seit 1980 bis heute nachgegangen werden. Für den langjährigen Vorstandsvorsitzenden Renato Brugger waren und sind sie der »Mittelpunkt und Herz für das Gedeihen eines Chores«.[1] Begeben wir uns in dieses Herz und betrachten dessen Entwicklung durch die musikalischen Gestalter der vergangenen 40 Jahre.[2]

Im Jahr 1980 zeichneten sich nach der 20-jährigen Leitung des Chores durch Theodor Egel Veränderungen ab. Egel hatte nicht nur seit Längerem mit gesundheitlichen Problemen zu kämpfen, auch um die Beziehung zwischen ihm und dem Vorstand, namentlich seinem Vorsitzenden Dr. Otto Tempel, stand es nicht gut.[3] Die für den Sommer geplante USA-Tournee musste Egel wegen einer Herzerkrankung sehr kurzfristig absagen. Otto Tempel sah darin einen Vorwand, worauf Roland Bader, der als Summer-School-Dirigent in Winston Salem tätig war, kurzfristig engagiert wurde. Die Verbindung Cäcilienchor/Egel kam damit zu einem abrupten Ende. Doch die Reise wurde auch ohne die vertraute musikalische Führung ein Erfolg und brachte eine neue Qualität des Miteinanders. Ein neuer Dirigent musste dennoch gefunden werden. Egels Sohn Martin, selbst Sänger und zu der Zeit auch Manager des jungen und aufstrebenden Dirigenten Enoch zu Guttenberg, stellte den Kontakt zwischen diesem Dirigenten und dem Vorstand her.

Guttenberg war seit einigen Jahren Chorleiter der Chorgemeinschaft Neubeuern in der Nähe von München und hatte großes Interesse daran, seinen musikalischen Radius auch auf andere deutsche Großstädte auszuweiten. Ein Chor in Frankfurt erschien zu diesem Zeitpunkt ein geeignetes Sprungbrett zu sein, und so schlug Otto Tempel Guttenberg als Nachfolger Egels vor. Dass damit erneut ein Dirigent dem Frankfurter Cäcilien-Verein vorstand, der selbst nicht in Frankfurt verwurzelt war, wurde zunächst nicht als Problem angesehen, denn pendelnde Dirigenten war man gewohnt. Enoch zu Guttenberg, aus altem fränkischem Adel, traf auf eine eingeschworene, großstädtische Chorgemeinschaft, die ihn jedoch offen aufnahm. Egel hatte seinerzeit nie Stücke einstudiert, die er nicht auch selbst dirigierte. Aus diesem Grunde waren 20 Jahre lang keine Gemeinschaftskonzerte mit den anderen Frankfurter Chören möglich gewesen. Dies und noch so einiges mehr sollte sich unter Enoch zu Guttenberg ändern.

Jede Woche ließ sich der Baron gemeinsam mit seinem Korrepetitor, dem sanften und zurückhaltenden Hubert Huber, mit dem Auto nach Frankfurt fahren, weniger aus Bequemlichkeit, sondern um Zeit zu sparen, da er am darauffolgenden Tag meistens Verpflichtungen in München hatte. Um nicht nur Zeit, sondern auch Kosten zu sparen, stieg er später auf das kostengünstigere Flugzeug um.

Der menschlich-soziale Aspekt des gemeinsamen Singens rückte bei Guttenberg in den Fokus. Er nahm großen Anteil an den persönlichen Schicksalen seiner Cäcilien und wollte immer über wichtige Ereignisse oder einschneidende Veränderungen in deren Leben informiert werden. Das Duzen, unter Egel undenkbar, wurde salonfähig, wie überhaupt ein informellerer Umgang miteinander. Dies unterstützte und unterstrich auch ein Gefühl von Zusammengehörigkeit. Bei Guttenberg stand der soziale Ansatz des Laiengesangs im Vordergrund. Es gab deshalb zunächst keine generelle Stimmüberprüfung, und auch das Vorsingen vor Aufnahme neuer Sängerinnen und Sänger in den Chor wurde solange vertagt, bis sich die möglichen Anwärter in das Chorleben und die -arbeit eingewöhnt hatten und glaubten, dessen Anforderungen gerecht zu werden; eine Vorgehensweise, die mit dem Vorstandsvorsitzenden Otto Tempel abgestimmt worden war.

Im Herbst 1981 bekam der Chor dann auch eine eigene Chorkleidung, die sich vom üblichen Schwarz der anderen Chöre abhob. Dieser Dirndl-meets-Laura-Ashley-Look, eine Kombination aus bordeauxrotem, geblümtem Rock mit altrosafarbener 100-Prozent-Polyesterbluse, war bei den Sängerinnen zwar nicht übermäßig beliebt, doch es schaffte ein Wir-Gefühl und eine sichtbare Identifikation mit dem Chor. Identifikation und Wir-Gefühl spiegelten sich im sozialen Miteinander und in Aktivitäten auch außerhalb der Probentermine wider. Nach den Proben in der Holzhausenschule, dem Lessing-Gymnasium, später auch im Haus Dornbusch ging man zusammen mit Enoch in die Kneipe. Auch Chorreisen ließen den Cäcilien-Verein weit über den Tellerrand Frankfurts schauen. Im Juni 1981 ging es mit der Chorgemeinschaft Neubeuern nach Erl in Südtirol, knapp einen Monat später, am 24. Juli, sang man im Antiken Theater im südfranzösischen Orange. Es gab Konzerte in der Philharmonie am Gasteig in München (1986 und 1988) sowie in der Basilika in Ottobeuren (Juli 1986). Chorausflüge und vor allem Chorfeste wurden organisiert und offenbarten neben der Fähigkeit zu singen so manch geniales Dichtertalent. Private Dokumente und diverse Jubiläumsschriften des Cäcilien-Vereins zeugen von der Kreativität und dem Witz seiner Mitglieder. Auch die Einladung Guttenbergs nach Schloss Guttenberg hat bei vielen Choristen einen nachhaltigen Eindruck hinterlassen. Und so war die Stimmung im Chor Anfang bis Mitte der 1980er-Jahre gut. Doch was passierte musikalisch?

Das neue Chorkleid an drei Damen des Cäcilienchores vor der Dreikönigskirche in Frankfurt, um 1984.

Enoch zu Guttenberg in seinem Element, bei einer Probe im Haus Dornbusch, 1982.

Zwei Chöre in Bachs Passion

Guttenberg, Neubeuern und Frankfurt in Erl

In Bachs Matthäus-Passion singen bekanntlich zwei, einige Male sogar drei Chöre. Bach hat ausdrücklich vorgeschrieben, wann Coro 1 dran ist, wann Coro 2 dazustößt — und in dem Eröffnungsstück vereinigten sich nicht nur diese beiden Chöre, sondern es tritt noch ein Knaben-, ein Sopran-Chor hinzu, der über dem mächtigen Klangvolumen Bachscher Doppelchörigkeit noch seinen Cantus firmus: „O Lamm Gottes unschuldig" durchdringend hörbar machen muß.

Enoch zu Guttenberg, der die Chorgemeinschaft Neubeuern gründete, aus notenunkundigen Dörflern eine Gemeinschaft ihrem Dirigenten hingebungsvoll folgender, rein (wie vom absoluten Gehör gesteuert) intonierender, mittlerweile in Deutschland und im Ausland beliebter Sänger gemacht hat, entschloß sich, die Doppelchor-Anweisungen Bachs einmal wörtlich zu nehmen. Das heißt: wirklich *zwei verschiedene* Chöre einzusetzen bei der Aufführung im Tiroler Passionsspielhaus Erl.

Der Doppel-Beschluß wurde Guttenberg möglich, weil der junge Künstler seit einiger Zeit auch den Frankfurter Cäcilienverein als Dirigent betreut. So geschah also wahrhaft Ungewöhnliches in Erl. Vom Zuschauer aus links, in Trachten bäuerisch schmucker Art: die Chorgemeinschaft Neubeuern. Rechts, eher städtisch gekleidet, in anderen Farben und Tüchern als Coro 2: der Frankfurter Cäcilienverein. Hinten marschierte noch ein Kinderchor aus einem Rosenheimer Gymnasium und Neubeuern auf.

Was erbrachte die visuelle und akustische Gegenüberstellung zweier radikal verschiedener Singgemeinschaften? Während des Einleitungschores spürt man förmlich, wie die beiden Chöre ihre Identität darzustellen und zu behaupten suchten. Der Neubeurer Ton schien würziger, herber, aufregender — der Frankfurter hingegen etwas glatter, oratorienvereinshafter. Doch wenn die Frankfurter dazwischenfragen mußten im responsorialen Gegeneinander, dann bedeutete die andere Färbung des fragenden Gemeinde-Tones im Verhältnis zum sagenden Neubeurer Chorton eine bemerkenswerte Bereicherung. Freilich soll den Frankfurtern hier kein Unrecht angetan werden: daß der Dirigent sich mehr an seine angestammten Sänger wendete, als an seine neuen Frankfurter Sänger, war kaum zu übersehen.

Manchmal, während der Choräle und der zarten Nummern, schien Guttenberg sogar Angst vor der Verdoppelungs-Massivität zu haben. Da klang der Ausdruck beider Chöre dann ein wenig indifferent, nicht ganz zusammenstimmend.

Es geht dem Dirigenten Enoch zu Guttenberg beim Bach-Passions-Dirigieren konzessionslos um die christliche Sache des Evangelisten. Er will aufrütteln: Das gelingt ihm zwingend, wenn Bach wilden Ingrimm komponiert hat über eine sündhafte Welt. In der Johannes-Passion, die Guttenberg einstweilen näherzuliegen scheint, dirigiert er einen flammenden Protest dagegen, daß Menschen einst so waren (und noch so sind). In der Matthäus-Passion kommt es dem Dirigenten auf die *ekstatische* Klage oder Anklage mehr an als auf die musikalische Mitte. Bei dem Choral „O Haupt voll Blut und Wunden, voll Schmerz und voller Hohn!" dirigiert er nicht das Erbauungsstück, sondern den (oft übersehen) Sinn der Worte *Schmerz* und *Hohn*. Den Barrabam-Schrei zieht er, als ewige Anklage gegen Massenwahn und Verhetzung riesig in die Länge. „Wenn ich einmal soll scheiden" wird zur Sterbe-Meditative eines einzigen individuellen Menschen.

Bei dieser Konzeption halfen Guttenberg ein wahrhaft intelligenter, verstehender Evangelist (Lutz Michael Harder, der befangen-unsicher begann) und Theo Adam, der die Christus-Partie zu dem machte, was sie oft nicht ist, zum eigentlichen Mittelpunkt. (Weitere Solisten: Edith Wiens, Sopran; Ortrud Wenkel, Alt; Peter Maus, Tenor; Martin Egel, Baß.) Es gab große, ergreifende Momente, aber als Ganzes gelang die Aufführung nicht.

Besonders auffallend war, daß der meist schwächer wirkende, zweite Teil weitaus einheitlicher, erfüllter und richtiger herauskam als der erste Teil der Passion. Ob das mit Befangenheit zusammenhing, mit dem zumal bei den Bläsern erschreckend schwachen Bayerischen Kammerorchester, oder mit den Schwierigkeiten der riesigen Gesamtposition, es mag hier unentschieden bleiben.

Doch unüberhörbar war, daß Guttenberg, vielleicht weil er so entschieden vom Text ausgeht, Bachs Musik zu sehr als Oberstimmenmusik versteht. Kam der große Einleitungsdoppelchor um eine entscheidende Nuance zu langsam, als daß ekstatische Bewegungen und Steigerungen noch möglich wären, so überforderte Guttenberg seine Bläser, wenn er das Tenorsolo „Ich will bei meinem Jesu wachen" und das vorhergehende Rezitativ in abenteuerlichem Tempo versuchte, wenn er bei der Alt-Arie „Buß' und Reu'" zu rasch, zu wenig artikulierend dirigierte, wenn er nicht genügend die Mittelstimmen und die harmonischen Verläufe herausarbeitete, wie es beim Choral „Was mein Gott will, das g'scheh' allzeit" passierte, und leider auch fast regelmäßig der Fall war, wenn die Chöre leise begleiteten, und dabei aber nicht nur zu leise waren, sondern diffus („Mein Jesu, gute Nacht", „So schlafen unsere Sünden ein"). Wie der Dirigent die Unruhe des *Duetts mit Chor* „So ist mein Jesu nun gefangen" meisterte, wie er im zweiten Teil, hörbar befreiter, ein Gleichgewicht herstellte zwischen Evangelium und Chorklang so müßte er sich die ganze Passion erarbeiten.

JOACHIM KAISER

E noch zu Guttenberg hatte selbst immer ein hoch emotionales Verhältnis zur Musik und zu seiner musikalischen Arbeit. Spiel und Bild lagen für ihn mit dem Miterleben auf einer Bedeutungsebene. So taucht auch in den Erinnerungen einiger Chormitglieder immer wieder der Begriff »Bildermaler« auf. Gerade bezüglich seines Kernrepertoires war die Leidensgeschichte Jesu für ihn Musik gewordenes Passionsspiel. In seiner Probenarbeit versuchte der eloquente und temperamentvolle Guttenberg deshalb an die Vorstellungskraft seiner Sängerinnen und Sänger zu appellieren. Er wollte bei den Bach-Passionen nicht einfach nur große musikalische Werke zu Gehör bringen, sondern die Sänger während der Aufführung ganz in den Dienst des Bekenntnisses des Komponisten stellen und die Wahrhaftigkeit dieses Bekenntnisses auch für den Hörer spürbar machen. Das betraf auch einen Komponisten wie Verdi, mit dessen Frömmigkeit es bekanntermaßen nicht weit her war. In seinem *Requiem* galt es, dem Spannungsverhältnis zwischen dessen katholischen Wurzeln und seiner eigenen atheistischen Haltung nachzuspüren. Wenn bei Guttenberg vom »katholischen Ansatz«[4] gesprochen wird, meint man ebendiese Art der Vermittlung. Doch nicht alle identifizierten sich mit diesem Ansatz. Während einige im Konzert das Musizieren wie »im Flow« gleich einem Gottesdienst erlebten, konnten andere mit seinen wortgewaltigen, predigtartigen Einlassungen nichts anfangen und standen seinem expressiven Stil distanziert gegenüber. Denn anders als in seiner in einem katholischen Umfeld verwurzelten Chorgemeinschaft Neubeuern waren die Frankfurter Großstädter grundsätzlich wesentlich skeptischer eingestellt. Man fragte sich, wie viel an expressionistischer Gebärde eine *Matthäuspassion* überhaupt be-

nötigte. Auch in der Vermittlung technischer Hilfestellungen für das Singen waren seine Bilder nicht für alle Sängerinnen und Sänger hilf- und erfolgreich. Heute sagt Enoch zu Guttenberg dazu: »Mein grundsätzlicher Interpretationsansatz bei Johann Sebastian Bach ist bis heute, möglichst alles über die historische Aufführungspraxis zu wissen und auch musikalisch umzusetzen, aber nicht um ihrer selbst willen, sondern diese auch in den Kontext der Bekenntnisse der jeweiligen Komponisten zu stellen *und* mit den Emotionen der Menschen des 20./21. Jahrhunderts zu verbinden. Dies war natürlich am Anfang meiner Laufbahn oft eine gewagte Gratwanderung, die sich aber, wie ich glaube, zu einer sehr bewährten Interpretationsrichtung entwickelt hat.«[5]

In der Presse wurde der Dirigentenwechsel in Frankfurts Traditionschor zunächst sehr positiv aufgenommen. Man feierte den »so wohltuend kantorenfern dirigierenden neuen Cäcilien-Vereins-Chef stürmisch« und sah ihn allgemein als einen Gewinn für die Stadt.[6] Die FAZ konstatierte, dass Guttenberg »die rechte Art für seine Sänger« zu haben schien,[7] und Klaus Füller schrieb in der Frankfurter Rundschau, dass der Chorklang »professioneller« geworden sei.[8] Er legte jedoch auch den Finger in die Wunde, als er fragte, wann der Chor sich unter Wahrung seiner Tradition einmal anderen als den in den letzten Jahren immer wieder aufgeführten Werken zuwenden würde und mahnte dies ein Jahr später noch deutlicher an: »... die Homogenität dieses Chores reicht mit

Impressionen aus Südfrankreich: Der Cäcilienchor singt unter seinem neuen Leiter Enoch zu Guttenberg Bachs Johannespassion im Juli 1981 im Amphitheater in Orange.

Vom Rollfeld ins
Flugzeug in den
Konzertsaal.
Enoch zu Guttenberg
(mit Hut) im November
1988 bei seiner
Abschiedstournee.

Sicherheit aus, um neben der Pflege der Werke Bachs auch andere, möglicherweise für diesen Chor sogar originelle, weil nie in Angriff genommene Aufgaben zu betreiben.«[9] In den folgenden Jahren wurden deshalb neben der Pflege des klassischen Chorrepertoires in Zusammenarbeit mit dem Vorstand andere, weniger häufig gespielte und technisch anspruchsvolle Werke wie zum Beispiel Poulencs *Gloria* oder auch Strawinskys *Psalmensymphonie* geprobt. Dennoch wurde in der Öffentlichkeit und Presse der Cäcilien-Verein unter seinem Dirigenten Guttenberg weiterhin als Bachinterpret wahrgenommen. Da ergab es sich 1981 mit der wiedereröffneten Alten Oper, das Chor-Abonnement erneut zu beleben, was für den Cäcilien-Verein zusätzliche Konzertmöglichkeiten brachte und die Gelegenheit, neue Programmvorschläge einzureichen. In dieser Zeit kam auch, zur Einstudierung dieser neuen Werke in Vertretung für den gesundheitlich angeschlagenen Guttenberg, ein gewisser Christian Kabitz zu den Proben nach Frankfurt.

Seit seinem Studium der Kirchenmusik in München war Kabitz mit Guttenberg vor allem durch die gemeinsame »hemmungslose Karl-Richter-Verehrung« freundschaftlich verbunden und spielte auch öfter als Gast-Cembalist in Neubeuern. Als aufgrund der gesundheitlichen Probleme Guttenbergs ab Mitte der 1980er-Jahre immer häufiger Proben und damit auch Konzerte ausfallen mussten, kam Christian Kabitz nicht nur zu Proben, sondern auch zu Aufführungen an das Pult des Cäcilien-Vereins und dirigierte im September 1985 Händels *Cäcilien-Messe* und das *Dettinger Te Deum* in der Alten Oper.

Dissonanzen zwischen dem Chorvorstand und Guttenberg führten schließlich zur Amtsniederlegung von Otto Tempel und stellten den bis dahin im Hintergrund agierenden Renato Brugger, ein Urgestein des Chores, stärker ins organisatorische Rampenlicht. Der ruhig agierende und diplomatische Brugger sah die Situation um den Baron zu Guttenberg realistisch. Ihm wurde in schwierigen, aber konstruktiven Gesprächen klar,[10] dass dieser seine musikalische Zukunft nicht in Frankfurt sah, auch weil durch die beschränkten finanziellen Mittel des Chores nicht die musikalischen Events möglich waren, die Guttenberg sich zu Beginn seines Engagements in Frankfurt erhofft hatte. Auch wenn sich durch einen Kontakt zum damaligen Deutschland-Chef von American Express, Jürgen Aumüller, kurz eine Geldquelle für den Chor auftat und mit diesem »Sponsoring« eine Europa-Tournee mit Dvořáks *Stabat Mater* finanziert werden konnte, sollte diese Finanzspritze nur von kurzer Dauer sein. Im Hintergrund suchten Renato Brugger und seine Vorstandskollegen derweil fieberhaft nach einem neuen musikalischen Leiter und kamen schließlich auf Christian Kabitz zurück. Man kannte sich ja bereits, und auch Guttenberg goutierte die Wahl. Er schrieb am 28. März 1988 an Brugger: »... mit großer Freude habe ich von der Wahl Christian Kabitz' zu Ihrem musikalischen Leiter erfahren. Dass die großen Kunstwerke, denen Sie sich mit Herrn Kabitz annehmen werden, bei ihm in allerbesten Händen sind, weiß ich aus langjähriger Erfahrung und glückvoller Freundschaft.«[11]

Christian Kabitz leitete jedoch ab dem Frühjahr 1988 nicht nur den Cäcilien-Verein. Seit knapp zehn Jahren war er bereits Kirchenmusikdirektor an St. Johannis in Würzburg und Leiter des dortigen Bachchores, außerdem hatte er drei Jahre zuvor in Heidelberg den dort ansässigen Bachchor übernommen. Doch da er Energie für drei hatte, war es für ihn folgerichtig auch kein Problem, drei Chöre zu leiten. Für den Cäcilien-Verein eröffneten sich dadurch mit ihm auch Perspektiven für Gemeinschaftsprojekte, was nicht nur Konzerte außerhalb Frankfurts, sondern auch eine Erweiterung des musikalischen Repertoires bedeutete.

Christian Kabitz und Renato Brugger im Gespräch, um 1989.

So wurde das Jahr 1988 zu einer Art »Interregnum«, in dem beide Dirigenten mit dem Chor arbeiteten und der Cäcilien-Verein sich von dem einen verabschieden und sich an den anderen gewöhnen konnte. Das hieß auch, sich mit zwei unterschiedlichen musikalischen Ansätzen und Arbeitsweisen auseinanderzusetzen sowie mit grundsätzlichen Vorstellungen, was ein Chor, auch wenn er aus Laien besteht, zu leisten habe. Eine der ersten Maßnahmen von Christian Kabitz war, alle Chormitglieder in Gruppen vorsingen zu lassen, ein Akt, der unter dem harmlosen Begriff »TÜV 1« in die Chorgeschichte einging. Der Cäcilien-Verein sollte sich verjüngen, und wer den strengen Maßstäben nach Intonation und Klarheit der Stimme nicht genügte, dem wurde nahegelegt, den Chor zu verlassen. Das brachte dem jungen Kabitz nicht unbedingt Freunde ein, und so manche und mancher trauerte sehr bald Guttenberg nach. Zum Abschiedsfest im April 1988 schrieb die Sängerin Irene Wilhelm eine »Kleine Laudatio auf einen Bildermacher«, in der sie am Ende bekannte, dass »mich Ihre Proben glücklich gemacht haben«.[12]

Es ist eine allgemein bekannte Weisheit und die Wissenschaft bestätigt es gerade in neuerer Zeit immer wieder, dass Singen in der Gemeinschaft glücklich macht. Dieses Glück festzuhalten, das man durch die gemeinsamen musikalischen Erlebnisse erfahren hatte und das im sozialen Zusammenspiel mit den anderen Geborgenheit und Sicherheit gab, trieb gerade die älteren Chormitglieder zu dieser Zeit um. Die Gruppendynamik des gemeinsam empfundenen Glücks hatte einen großen Anteil an der Außenwirkung des Chores und machte ihn für seine Zuhörer einzigartig. Dass Kunst aber eben auch von Können kommt, das war (und ist) Kabitz wichtig. In seinem ersten Jahr hatte man mit Bachs *h-Moll-Messe* und Händels *Messias* ein gutes Einstiegsrepertoire gewählt. Sowohl Chor als auch Kabitz bewegten sich auf bekanntem Terrain, während Guttenberg sich nach seinem letzten Dirigat der Bach'schen *Johannespassion* in der Jahrhunderthalle im März 1988 der Einstudierung von Dvořáks

Stabat Mater für die Europa-Tournee im November widmete. Der neue Leiter wollte, dass das Altbekannte frisch und neu klang, vertraut und doch überraschend, insgesamt jünger, beweglicher und professioneller. Für seinen Hang zu teilweise sportlichen Tempi war das auch nötig. Dies sollte nicht nur durch gezieltes Stimmtraining und Hinweise zu Gesangstechniken – später auch durch das Engagement eines Stimmbildners – erreicht werden, sondern eben auch durch das Aussortieren weniger flexibler Stimmen. Dies führte zu erheblichen Wallungen, und viele der älteren und altgedienten, meist weiblichen Sängerinnen zogen es vor, in vorauseilender Ahnung und schweren Herzens den Chor zu verlassen. Aber mit dem neuen Leiter kamen auch neue Sängerinnen und Sänger, die sich den Anforderungen durch ein Vorsingen stellen mussten. Man war bereits mittendrin im Neubeginn.

Am 2. Oktober 1988 stellte sich Christian Kabitz in der Dreikönigs-kirche mit Bachs *h-Moll-Messe* den Frankfurtern als neuer künstlerischer Leiter des Cäcilien-Vereins vor. Die Aufführung brachte ihm wohlwollende Kritiken ein. Enoch zu Guttenberg brach am 19. November 1988 mit dem Chor zu seiner Europa-Abschiedstournee auf, die, ähnlich wie andere Reisen zuvor, ein Meilenstein in der Geschichte des Cäci-lien-Vereins wurde, wovon Gedichte und Erinnerungen zeugen.[13] Es waren auch zum ersten Mal Leih-Sänger aus dem Heidelberger Bachchor dabei, und Christian Kabitz ließ es sich nicht nehmen, aus Interesse für seinen neuen Chor und vielleicht auch aus Loyalität zu seinem Freund Guttenberg, in Mailand zur Gruppe dazuzustoßen. Das musikalisch, aber auch chorintern ereignisreiche

Kreativität ist eine Stärke des Cäcilienchores. Was hier aussieht wie die Caecilian Harmonists, war eine Neuinterpretation von Haydns *Schöpfung* zum Abschied von Enoch zu Guttenberg im April 1988.

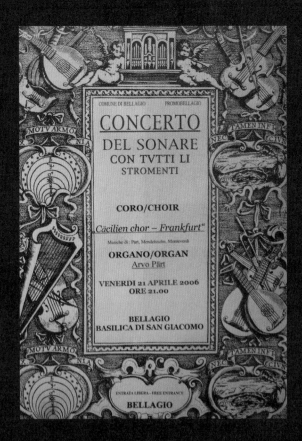

COMUNE DI BELLAGIO   PROMOBELLAGIO

CONCERTO
DEL SONARE
CON TVTTI LI
STROMENTI

CORO/CHOIR

"Cäcilien chor – Frankfurt"

Musiche di : Pärt, Mendelssohn, Monteverdi

ORGANO/ORGAN
Arvo Pärt

VENERDI 21 APRILE 2006
ORE 21.00

BELLAGIO
BASILICA DI SAN GIACOMO

ENTRATA LIBERA · FREE ENTRANCE
BELLAGIO

CÄCILIEN-CHOR
FRANKFURT SEIT 1818

FRANKFURTER
KUNST
GEMEINDE   3

1893

ALEXANDRA COKU • SOPRAN
JUDIT NEMETH • ALT
KURT STREIT • TENOR
PETER LIKA • BASS
EIN TÖLZER KNABE
STAATSKAPELLE WEIMAR
CÄCILIEN CHOR • FRANKFURT
SOWIE MITWIRKENDE DES
HEIDELBERGER BACHCHORES
WÜRZBURGER BACHCHORES
LEITUNG: CHRISTIAN KABITZ

Felix Mendelssohn
Bartholdy

ELIAS

ALTE OPER
FRANKFURT
SONNTAG
16. MAI 93
19.00 UHR

175
JAHRE

KARTENVORKAUF: ALTE OPER, TEL. 13 40 400
SOWIE AN DEN BEKANNTEN VORVERKAUFSSTELLEN

― 歴史を誇るドイツの名門合唱団 ―
第6回日独交流『音のかけ橋コンサート』
2001年10月7日(日)PM3:00(PM2:30開場)/ライフポートとよはし豊橋市コンサートホール

JAPANISCH-DEUTSCHES
BRÜCKENSCHLAG KONZERT

〈曲目〉
TFM合唱団
高田三郎 「混声合唱組曲『水のいのち』(全曲)

ツェツィーリエン・コーア
ブラームス「愛の歌 リルツ集」より
ブラームス「ジプシーの歌」より
指揮：クリスティアン・カビツ
ピアノ：ミヒャエル・シュローター/ルドルフ・ウムリング

豊橋交響楽団
ブラームス「悲劇的序曲」

合同演奏（TFM合唱団/ツェツィーリエン・コーア/豊橋交響楽団）
シューベルト「ミサ曲 ト長調」
指揮：クリスティアン・カビツ　　独唱　ソプラノ：モンテーター 澄子
ナノ：ハーバリヒ・ナガバードのブレメナ
バス：ローラント・オーデンヴァルト

入場料：一般2,000円　小中高生1,000円（豊橋市内プレイガイド・各楽器店・豊橋文化振興財団にあります）

主催：音のかけ橋コンサート演奏会委員会 豊橋市・豊橋市教育委員会・豊橋市振興会・TFM合唱団・豊橋交響楽団・(財)豊橋文化振興財団
後援：ドイツ連邦共和国総領事館・Deutscher Musikrat・(財)日本吹奏楽会・愛知芸術文化協会・愛知県合唱連盟・(財)豊橋市国際交流協会・豊橋合唱連盟・(社)豊橋青年会議所

暮らしの豊かさ、快適さの向上に努めています………中部ガス

SING-AKADEMIE zu BERLIN
― GEGRÜNDET 1791 ―

Philharmonie · Großer Saal   Karfreitag, 1. April 1994, 19 Uhr

J. S. Bach
Matthäus-Passion
Berliner Symphoniker

Regina Schudel   Bogna Bartosz
Peter Maus   Thomas Wittig   Jochen Kupfer   Wolfgang Wedel
                                                                Orgel
Knabenchor Berlin
Sing-Akademie zu Berlin – Mitglieder des Cäcilien-Vereins Frankfurt am Main

Dirigent: **Hans Hilsdorf**

Karten zu DM 16,– bis 42,– an allen Vorverkaufsstellen und an der Abendkasse. Auskünfte und Bestellungen bei (······), Luzerner Straße 14 b, 12205 Berlin, Telefon 8173364

Mit dem Cäcilienchor
kommt man ganz schön
rum. Diese Plakate
geben einen kleinen
Eindruck der regen
Konzerttätigkeit des
Chores im In- und
Ausland.

Jahr 1988 wurde mit einem leicht und transparent musizierten *Messias* in der Dreikönigskirche abgeschlossen.[14]

In den folgenden Jahren gewöhnten sich Chor und Kabitz nicht ohne Widerstände aneinander. Der selbstbewusste, aber auch ruhelose und impulsive Mann polarisierte innerhalb der Chorgemeinschaft und über sie hinaus. Dennoch war die Außenwirkung des Chores zunächst gut. Die Presse goutierte, dass der Chor an Strahlkraft gewonnen habe und eine neue Leichtigkeit und Transparenz des Chorklangs sich bemerkbar mache. Doch intern brodelte es. Die 1990er-Jahre sollten für den Cäcilien-Verein ein Jahrzehnt des Umbaus und einer mitunter schmerzhaften Neuorientierung werden, die ihn fast an den Rand der Auflösung brachte. Das gesamte Gefüge Chor-Vorstand-Künstlerischer Leiter war zwischenzeitlich empfindlich gestört. Inzwischen hatte sich der Vorstand zwar verjüngt, dies führte jedoch nicht automatisch zu reibungslosen Abläufen. Es bedurfte der ordnenden und erfahrenen Hand des Vorsitzenden Renato Bruggers, Eitelkeiten und Kommunikationsprobleme auszugleichen und in der Kritik an den Stimmüberprüfungen und Kabitz' Verhalten älteren Chorsängerinnen gegenüber zu vermitteln. Kabitz selbst war sich dieses unauflösbaren Konflikts zwischen Leistungsbewusstsein und den sozialen Aufgaben eines Laienchores durchaus bewusst, wie er bereits zu Beginn seiner künstlerischen Leitung in einem Interview mit Andreas Bomba zugab.[15] Doch der 38-Jährige war eben auch ein ungeduldiger Geist. Er wollte den Chor professionalisieren, Emotion und Perfektion verbinden, auch um sich endlich – wie immer wieder auch von außen angemahnt – neuem Repertoire zuwenden zu können. Und all das am besten sofort. Das brachte ihm mehrfach den Vorwurf ein, ein überehrgeiziger Dirigent zu sein. Allerdings war in seinem Vertrag die Förderung der künstlerischen Leistungsfähigkeit festgeschrieben, eine Arbeit, die seine Vorgänger gescheut hatten.

Nach dem Jubiläumsjahr 1993 stand eine erneute Überprüfung, inwieweit die Stimmen den Anforderungen an Qualität, Sicherheit, Tragfähigkeit und Intonation genügten, an. Mittlerweile hatte die Verjüngung des Chores oder der Wunsch danach auch seinen Namen erreicht: Aus dem Cäcilien-Verein wurde der Cäcilienchor, man war dem Verband Deutscher Konzertchöre beigetreten und ein Film mit dem bezeichnenden Titel »Gruppenbild mit Löwenbändiger« stellte den Chor auch dem Fernsehpublikum vor. Ferner wurde beschlossen, die inzwischen muffig wirkende Chorkleidung der Damen einzumotten und fortan in azurblauem Kostüm aufzutreten. Die American Express-Farbe konnte den früheren Hauptgeldgeber des Cäcilienchors allerdings nicht dazu bewegen, diesen weiter zu sponsern, zumal die Unterstützung sowieso an Guttenberg als musikalischem Leiter geknüpft war.

Auch Konzerte mit der Arbeitsgemeinschaft Frankfurter Chöre und der Museums-Gesellschaft erhöhten die Taktzahl der Proben und verlangten ein zu-

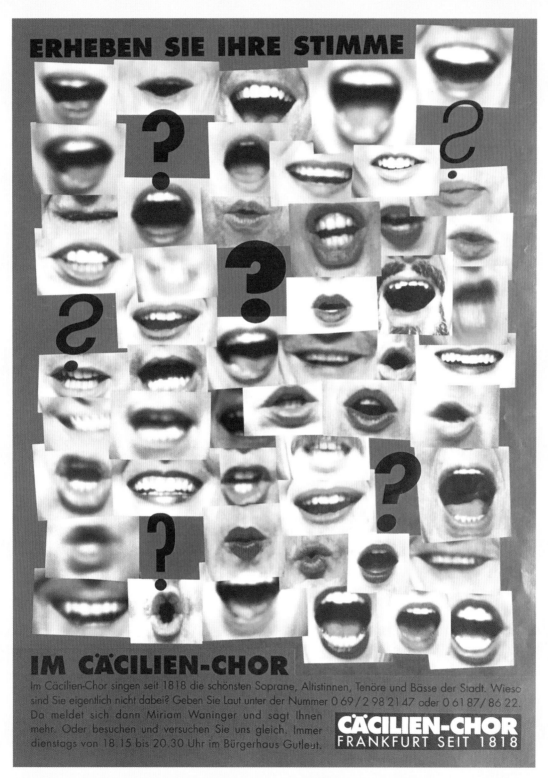

So sah die Mitgliederwerbung 1994 aus. Zu sehen sind
echte Münder von echten Mitgliedern des Cäcilienchores.

Ein würdiger Rahmen für das 175-jährige Jubiläum. Der Cäcilienchor singt am 21. Mai 1993 im Kaisersaal des Römers in Frankfurt. Geboten wurden Kompositionen von Willem Mengelberg, Felix Mendelssohn Bartholdy und Johannes Brahms.

sätzliches Engagement der Sängerinnen und Sänger, was aber nicht alle leisten konnten oder wollten. Es bedurfte erst eines geharnischten Briefes von Renato Brugger an den Chor, in dem er mit Amtsniederlegung drohte, falls die Cäcilianer weiter individuelle Befindlichkeit und allgemeine Bequemlichkeit über die Anliegen der Gemeinschaft stellen würden.[16] Der Gemeinschaft dienen – von Brugger immer wieder beschworen – schien in dieser Zeit des Umbaus schwierig zu sein, denn in den Augen vieler war es ja genau die Vorgehensweise des Aussortierens gewesen, die der Gemeinschaft geschadet hatte. Der Tiefpunkt war im Sommer 1994 erreicht, als erneut ein »TÜV« anstand, der eine weitere Austrittswelle nach sich zog und den einstmals großen Oratorienchor auf eine überschaubare Sängerzahl zusammenschrumpfen ließ. Viele Chormitglieder erinnern sich an diese Zeit als die »längste schlechte Laune«, die Chor und Chorleiter – wenn auch aus unterschiedlichen Gründen – je gehabt haben. Sie führte am Ende dazu, dass die Geschäftsordnung geändert wurde, wonach eine Stimmüberprüfung durch den Dirigenten zur Qualitätssicherung des Instrumentes Chor als Selbstverständlichkeit gelten und zukünftig im Rahmen der Gruppenstimmproben erfolgen sollte.

Auf der anderen Seite lastete auch – wie schon in der Vergangenheit – finanzieller Druck auf dem Chor. Mit den Mitgliedsbeiträgen allein konnten keine großen Konzerte in Eigenverantwortung realisiert werden. Man begann wieder verstärkt nach Sponsoren für den Cäcilienchor zu suchen. Denen musste allerdings auch ein Gegenwert angeboten werden, und der musste eben in der Qualität der Stimmen bestehen. Ein Förderverein wurde gegründet, Fördererkonzerte organisiert, der Vorstand erstellte ein Fragen-Papier zur Verbesserung der Chorqualität und holte schließlich 1999 ein Kommunikationskonzept ein, das eine Verkleinerung und Professionalisierung bis hin zur Auflösung des großen Chores vorsah. An diesem Punkt entschied sich der Cäcilienchor jedoch klar gegen eine Semiprofessionalität, seine Kontinuität wurde von der Gemeinschaft und in diesem Fall nicht vom Chorleiter bestimmt; es musste und sollte auch anders gehen. Und es ging. Denn der Cäcilienchor wäre nicht der Cäcilienchor, wenn nicht trotz der Spannungen der Wunsch zu musizieren, gemeinsam zu singen, eine Art Metaebene geschaffen hätte. Viele Chormitglieder nahmen deshalb auch in dieser Zeit für sie persönlich beglückende und beeindruckende Konzerterlebnisse mit – wie zum Beispiel die Konzertreise nach Israel im Juni 1993 (gemeinsam mit den Bachchören Würzburg und Heidelberg) mit Brahms' *Deutschem Requiem* und Schönbergs *Ein Überlebender aus Warschau*, das Abschlusskonzert des Rheingau Musikfestivals in Kloster Eberbach mit dem gleichen Programm im August 1995, *Les Béatitudes* von César Franck im Februar 1995 gemeinsam mit dem Würzburger Bachchor. Darüber hinaus wurden eine weitere große Konzertreise in die USA im November 1996 sowie Konzerte in Wachenheim in der Pfalz, die durch den Kontakt zum Weingut Bürklin-Wolf möglich wurden, durchgeführt. Wir erinnern uns an Aufführungen mit Carl Orffs *Carmina burana* und Brahms' *Liebesliederwalzer* im Juli 1993, an die heißeste *Schöpfung*, die im kollektiven Gedächtnis des Chors zu finden ist, und zwar im August 1998 (nur übertroffen von dem heißesten Brahms-*Requiem* in der Heiliggeistkirche in Frankfurt im Sommer 2006). Dabei besonders bemerkenswert war das anschließende Picknick im Park mit einer spontanen und auswendig gesungenen Gesangseinlage. Die Liste wäre problemlos fortzusetzen, und sie macht deutlich: Das Repertoire des Chores war nach zehn Jahren Kabitz bereits deutlich erweitert.

Auch nach der Jahrtausendwende gab es wieder Impulse, die den Chor weiter entwickelten. Im Jahr 2000 erhielt der Cäcilienchor gemeinsam mit der Frankfurter Singakademie und der Frankfurter Kantorei den Binding-Kulturpreis, eine eigene Website ging online, neue Sängerinnen und Sänger wurden aufgenommen.

Kurz vor der für Oktober geplanten Brückenschlag-Tournee nach Japan kam der 11. September 2001, der auf einen Dienstag fiel, den wöchentlichen Probentag. Im damals sehr spartanischen Probenlokal des Saalbaus Gallus mit seinem Neonlicht und den niedrigen Decken wurde allen klar, und Christian Kabitz sprach es aus, dass die Welt nicht mehr dieselbe sein würde. Wie eine Mahnung an Zusammenhalt, Freundlichkeit und Besinnung auf die eigenen Wurzeln

Singen macht glücklich. Das kann man hier an den Gesichtern der Sängerinnen und Sänger sehen. Diese Aufnahme entstand in der evangelischen Johanneskirche in Kronberg kurz vor einem Konzert mit Magnificat-Variationen 2005.

Jauchzet, frohlocket. Für viele fängt mit dem Konzert des Cäcilienchores in der Dreikönigskirche die Weihnachtszeit erst richtig an.
Hier musizieren der Cäcilienchor mit den Münchner Bachsolisten Bachs *Weihnachtsoratorium* im Dezember 2010. Foto: Frank Nagel

wirkte diese auch in eine neue Qualität der Neuorientierung hinein. Seit 1996 war nun Thomas Hohmann, am Anfang noch begleitet und beraten von Renato Brugger, zum 1. Vorsitzenden des Vorstands gewählt worden). Die Generationen arbeiteten zusammen und unterstützten sich gegenseitig in den verschiedensten Bereichen praktischer und künstlerischer Arbeit, indem sie Fähigkeiten aus ihrem professionellen Umfeld in die Vorstandsarbeit mit einbrachten. Das galt vor allem für Chormitglieder, die zur Wirtschaft Kontakt hatten und somit auch Türen zu finanzieller Förderung für den Chor öffnen konnten.

Eine gute Basis für gutes Singen war auch die Verlässlichkeit eines akustisch angemessenen Probenlokals. Im Jahr 2005 war die Odyssee durch diverse Frankfurter Saalbau-Lokalitäten, Schulaulen und Gemeindesäle vorbei – die Frankfurter Chöre bekamen ein eigenes Chorhaus, was die Probenarbeit zusätzlich optimierte. Die unterschiedlichste Musik haben dessen Wände bisher allein vom Cäcilienchor zu hören bekommen. Denn mittlerweile sang man neben All-Time-Favourites wie Bach, Brahms, Mendelssohn und Verdi auch Kompositionen alter Meister wie Marenzio, Monteverdi, Vecchi, Gastoldi, Rore, Gabrieli und Schütz. Das 20. Jahrhundert war mit Komponisten wie Schönberg, Strawinsky, Barber, Britten, Elgar, Jenkins, Bernstein, Hiller, Holst, Janáček, Kodály, McCartney, Nysted, Orff, Pärt, Penderecki, Poulenc, Ramirez, Vaughan Williams und Zimmermann vertreten, ohne dass dabei Repertoirewerke der Klassik und Romantik vernachlässigt wurden. Kabitz' Spezialität war es auch, Musik thematisch zu gruppieren. So sind bis heute viele interessante und unerhörte Konzertprojekte wie die *English Cathedral Music*, *Messe aus vier Jahrhunderten*, *Feste Veneziani*, *Klänge aus der Stille – Arvo Pärt und das Mittelalter* und erst kürzlich auch als CD-Einspielung die *Vespera di Natale* realisiert worden. Immer wieder auch für einen Oratorienchor neue Wege zu beschreiten, führte manchmal auf wunderbare Abwege. Hier zeigte der Cäcilienchor auf der musikalischen Spielwiese seiner Fördererkonzerte, dass er auch anders konnte. Das Dubidua-dab-dab-du von Swing und Chanson lockerten und schüttelten Chor wie Publikum gut durch und kam auch bei den Förderern gut an. In den Jahren 2005 und 2008 reiste man ins Allerheiligste der Kirchenmusik, nach Leipzig, um in der ehrwürdigen Thomaskirche Mendelssohns *Paulus* und *Elias* aufzuführen, und verband damit aufs Sinnfälligste die beiden Komponisten, die das Werden und Sein des Chors seit seiner Gründung bestimmt hatten – Felix Mendelssohn Bartholdy und Johann Sebastian Bach.

Streitbar, aber seit 30 Jahren eine Konstante: Christian Kabitz gut gelaunt bei der Arbeit mit seinen »Cäcilien« in Kloster Schöntal im Herbst 2017.

Foto: Christiane Grün

Auch wenn der Cäcilienchor vor 20 Jahren eine Semiprofessionalisierung durch Verkleinerung ablehnte, hat sich doch unmerklich eine andere Grundhaltung durchgesetzt, die mit mehr Eigenverantwortung und einem neuen Selbstverständnis einhergeht. Man ist zwar per definitionem ein Laienchor, aber man will so gut wie möglich singen.

Um diese Möglichkeiten zu erweitern, arbeiten viele auch außerhalb der regulären Proben am Repertoire sowie an Neueinstudierungen, bereiten sich vor, machen Stimmbildung, nehmen Gesangsstunden oder besuchen Workshops. Intensive Probenwochenenden weitab von der Großstadt, wie zum Beispiel im Tagungshaus Maria Rosenberg und Kloster Schöntal, erlauben eine weitere Vertiefung der Probenarbeit. Dank YouTube, Cyberbass und Carus App kann diese Vorbereitung auch zuhause oder unterwegs erfolgen. Wie viele autofahrende und dabei singende Cäcilien sich bis heute an der Ampel irritierten Blicken aus dem Nachbarauto ausgesetzt sahen, kann nicht ermittelt werden. Der Einzelne sieht sich als wichtigen Teil der Gemeinschaft, auch in dem Gefühl, mitgestalten zu können. Singen auf hohem Niveau und Singen als Freizeitbeschäftigung schließt sich nicht mehr aus. Vielen Chormitgliedern ist gerade diese Herausforderung wichtig. Man kann sagen, dass sich diese Haltung bis zum heutigen Tag weiter entwickelt und verfestigt hat.

Im Herbst 2011 entschloss man sich, 15 Jahre nach der letzten USA-Reise, wieder eine Tournee in die Staaten vorzubereiten. Das Netzwerk des Cäcilienchores spannte sich zu diesem Zeitpunkt über den Atlantik bis nach Morristown, New Jersey, wo der Masterwork Chorus beheimatet ist. Dort hatte ein Cäciliensopran nach Wegzug aus Frankfurt eine neue musikalische Heimat gefunden. Unter dem Titel »Voices Unite« wurde nicht nur für das Frühjahr 2013 eine Konzertreise, sondern auch gleich für 2014 der Gegenbesuch des amerikanischen Chores geplant. Das Beglückende einer solchen Reise hatte die Gemeinschaft ja schon des Öfteren erfahren. Doch hier waren auch im Vorfeld alle Mitglieder gefragt. Neben der Reiseorganisation, die für eine solch große Truppe immens ist, beteiligten sich deshalb auch viele Cäcilien an der Beschaffung zusätzlicher finanzieller Mittel. So trotzte man zum Beispiel Wind und Wetter, um auf dem Frankfurter Flohmarkt Trödel zu verkaufen, außerdem widmeten Sängerinnen und Sängern ihre Geburtstage dem Chor, indem sie sich statt Geschenken Geldspenden wünschten. Ein romantisches A-capella-Programm mit Motetten von Brahms, Bruckner, Rheinberger und Mendelssohn sang der Chor in Princeton, Newark und Summit, sowie gemeinsam mit den Gastgebern Rheinbergers *Messe in a-moll* und Leonard Bernsteins *Chichester Psalms* und eine amerikanische Uraufführung von Matthias Schmitts *Agnus Dei* in New York. Persönliche Freundschaften zwischen den Mitgliedern aus beiden Chören dauern bis heute an, womit das Motto dieser Konzertreihe »Voices Unite« ins wahre Leben überführt worden ist.

Nicht nur die Chorreisen haben seither die Gemeinschaft gestärkt, sondern auch Chorfeste im privaten Rahmen ebenso wie das Schneeschippen vor der Dreikönigskirche für die Konzertbesucher des *Weihnachtsoratoriums* im Dezember 2011. Ehen wurden durch den Chor angebahnt und auch geschlossen, Kinder und mittlerweile Kindeskinder getauft, oftmals unter Mitwirkung der Sänger und des Chorleiters. Aber auch der meist viel zu frühe Tod einiger Chormitglieder und die gemeinsam gesungenen Konzerte, die oft auch thematisch, die Endlichkeit des Lebens bewusst machten, beschäftigen alle und prägen das Gedächtnis des Chors bis heute.

Die Zeit, die vergangen ist, geht nicht verloren, wird nicht vergessen und bleibt bei einem. Das nennt man wohl Erinnerung, und das sollte auf diesen Seiten geschehen. Wenn wir uns erinnern, spüren wir die Zeit besonders. Wie singt es die Marschallin im Rosenkavalier: »Die Zeit, die ist ein sonderbar Ding. Wenn man so hinlebt, ist sie rein gar nichts. Aber dann auf einmal, spürt man nichts als sie«, und später: »Wie kann denn das geschehen? Wie macht denn das der liebe Gott? Wo ich doch immer die gleiche bin«.

Der Cäcilienchor hat sich innerlich und äußerlich verändert, ohne zu vergessen, woher er kommt. Aus seiner lebendigen Gemeinschaft entsteht immer wieder die Kraft zur Veränderung, entfacht von seinen künstlerischen Leitern, die sich wiederum auf lebendige Tradition stützen konnten und können. In diesem Zusammenspiel liegt vielleicht der Zauber, der diesem Chor einen besonderen, einige sagen sogar unverwechselbaren Klang schenkt und der in seiner DNA verankert zu sein scheint. Das hat vielleicht auch Mendelssohn in Bezug auf den Chor mit seinem berühmten Feuer-und-zusammen-Zitat gemeint. Doch am stärksten kommt es in den beglückenden Momenten nach einem gelungenen

Singen, sangen, singen, sangen, sungen.
Bis nächsten Dienstag!

Konzert zum Tragen, zwischen dem letzten verklungenen Ton und dem ersten Applaus, wenn der Dirigent noch die Arme erhoben hat, wenn die Zeit und mit ihr die Welt stillzustehen scheint und alle gemeinsam ausatmen und das Lächeln der Zuschauer das Glück unseres Singens widerspiegelt.

1 Renato Brugger, »Wahlen zu neuen musikalischen Leitern heute und in der Vergangenheit«, Frankfurt/M. 2008, S. 1.

2 Da wir uns damit immer mehr auf die Gegenwart zubewegen, stütze ich mich neben Dokumenten aus dem Chor-Archiv und eigenen Erinnerungen auf die Berichte und Erinnerungen von langjährigen Chormitgliedern. Namentlich: Silvia Bartholl, Almut Haas, Pia Hartmann, Mathilde Herzig, Thomas Hohmann, Gabriele Hohmann, Isa Jantzen, Christian Kabitz, Brigitte Peterka, Martina Stiebing, Judith Wilke-Primavesi, Klaus Weber, Eva Zander und Monica Zieler.

3 Vgl. Renato Brugger, ebd., S. 3.

4 Vgl. Christian Kabitz, »Enoch, die Cäcilie und ich«, Heidelberg 2018. Enoch zu Guttenberg: »Der verkündete Prozessbericht«, in: SZ Nr. 71, 26./27.3.1983.

5 E-Mail vom 1.5.18: Dies schrieb mir E. z. Guttenberg zur Erläuterung seines Verständnisses der Bach-Vermittlung, und ihn an dieser Stelle zu Wort kommen zu lassen, gibt dem Thema eine angemessene Mehrstimmigkeit.

6 SZ, 4.1.1982.

7 FAZ, 1.11.1982.

8 FR, 3.11.1982.

9 FR, 6.4.1983.

10 Vgl. Brugger, ebd., S. 4.

11 Enoch zu Guttenberg, Brief vom 28.3.1988.

12 Irene Wilhelm, »Kleine Laudatio auf einen Bildermacher«, Frankfurt/M., 26.4.1988.

13 Heribert Ambré, »Reminiszenz an die Tournee, in Vers gebracht von H. Ambré«, Frankfurt/M. 1988. Heribert Ambré, »Anders als ich dachte – Nachlese zu einer Konzertreise«, in: Hauszeitschrift der Deutschen Bundesbank, September 1989, keine Seitenangabe.

14 Rolfe Heron, FAZ, ohne genaues Datum, vermutlich Dezember 1988.

15 Frankfurter Neue Presse, ohne genaues Datum, 1988.

15 Renato Brugger, Frankfurt/M., 18.1.1993.

Doppelseite 230-231

Foto: Alexandra Vosding

CHRONIK DES CÄCILIENCHORES – 1818 BIS 2018

1818 Gründung des Cäcilienchores unter Johann Nepomuk Schelble, der auch Dirigent bei der Museumsgesellschaft ist; bis 1830 wechseln die Mitglieder des 1813 gegründeten Düringschen Gesangsverein zum Cäcilienchor. 1826 Gründung der Liedertafel und 1828 des Liederkranzes, von denen es Mitgliederwanderungen zum Cäcilienchor gibt.

1836 Felix Mendelssohn Bartholdy vertritt den erkrankten Schelble; hiernach übernehmen Ferdinand Hiller bis 1837 und nach ihm bis 1838 Ferdinand Ries die Leitung des Chores; Schelble stirbt 1837.

1838 Erstes deutsches Sängerfest, durchgeführt in Frankfurt unter präsidialem Vorsitz von Schnyder von Wartensee; Gründung der Mozart-Stiftung in Frankfurt, zu der auch Mitglieder des Cäcilienchores zählen. Carl Voigt leitet den Chor von 1838 bis 1840, Carl Guhr übernimmt 1839 ein Interim.

1840 Franz Josef Messer wird für 20 Jahre Leiter des Cäcilienchores, von 1848 bis 1860 ist er zudem Dirigent bei der Museumsgesellschaft. 1860, im Todesjahr von Messer, übernimmt Franz Friederich die Leitung interimistisch, er ist auch Dirigent des Rühl'schen Gesangsvereins, der 1852 von Wilhelm Rühl (Schüler Schelbles) und Schnyder von Wartensee gegründet wurde.

1860 Christan Carl Müller wird für 33 Jahre Leiter des Cäcilienchores, von 1860 bis 1891 ist er zudem Dirigent bei der Museumsgesellschaft. Die Aufführung der großen Vokalwerke von Johann Sebastian Bach bleibt in der Tradition des Chores, zudem werden sowohl zeitgenössische Werke als auch solche der älteren Musik präsentiert.

1893 August Grüters übernimmt die Leitung des Cäcilienchores bis 1908.

1908 Willem Mengelberg übernimmt die Leitung des Cäcilienchores bis 1920, von 1907 bis 1920 ist er zudem Dirigent der Museumsgesellschaft.

1918 Aufgrund des Ersten Weltkrieges wird das 100-jährige Jubiläum des Cäcilienchores nur mit einem Festkonzert am 28. Oktober begangen; es erscheint eine Jubiläumsschrift, für die Walter Melber verantwortlich zeichnet.

1921 Stefan Temesvary wird Leiter des Cäcilienchores, 1926 übernimmt Klaus Nettstraeter bis 1930 diese Funktion. Nach Vereinbarungsverhandlungen seit 1925 wird der Rühl'sche Gesangverein 1926 unter separater Nennung mit in den Cäcilienchor übernommen. Der neue Name lautet: Cäcilien-Verein, vereinigt mit dem Rühl'schen Gesangverein. 1922 Gründung der Frankfurter Singakademie.

1930 Hermann Ritter von Schmeidel wird Leiter des Cäcilienchores.

1933 Nach der Machteroberung durch die NSDAP kommt es auch im Cäcilienchor zu gravierenden Veränderungen, wodurch zahlreiche Mitglieder nicht mehr mitwirken können. Bereits 1933 verlässt Schmeidel Frankfurt.

Die Leitung des Cäcilienchores übernehmen nacheinander von Paul Belker (1935–1937), Hugo Holle (1937–1939) und Kurt Thomas (1940–1944). Die Konzertprogramme eliminieren Komponisten wie Mendelssohn oder Mahler und bevorzugen neben den traditionellen Werken neue völkische Kompositionen. Doch trotz der Einschränkungen in Folge des Zweiten Weltkrieges finden Konzerte statt.

1944 Bombardements auf Frankfurt und Zusammenbruch des Konzertlebens.

1945 Direkt nach Kriegsende versammelt Ljubomir Romansky die in Frankfurt verbliebenen Chorsängerinnen und Chorsänger; unter Leitung von Maria Gremm-Krug werden die ersten Proben und am 5. August 1945 das erste Konzert des Chores nach dem Zweiten Weltkrieg durchgeführt. Unter Leitung von Romansky folgen hiernach ebenso im August drei Aufführungen von Joseph Haydns *Die Schöpfung*. Noch im gleichen Jahr übernimmt Bruno Vondenhoff die Leitung des Cäcilienchores und behält sie bis 1950; zudem ist er von 1945 bis 1955 Dirigent der Museumsgesellschaft. Romansky übernimmt die Leitung der von ihm 1946 wiederbelebten Frankfurter Singakademie. Von 1950 bis 1957 übernimmt erneut Kurt Thomas die Leitung des Cäcilienchores.

1957 Martin Stephani übernimmt die Leitung des Cäcilienchores bis 1959. Im Jahr 1958 erhält der Chor die von Bundespräsident Heuss gestiftete Zelter-Plakette.

1960 Theodor Egel übernimmt die Leitung des Cäcilienchores bis 1980. Zunehmend gibt der Cäcilienchor außerhalb Frankfurts sowie auch außerhalb von Deutschland Konzerte; die Chorreisen werden zu einer prägenden neuen Perspektive des chorischen und geselligen Miteinanders.

1980 Enoch Freiherr zu Guttenberg übernimmt bis 1988 die Leitung des Cäcilienchores. Die wieder aufgebaute Alte Oper Frankfurt wird 1981 als Konzertstätte eröffnet.

1988 Christian Kabitz wird Leiter des Cäcilienchores. Auslandsreisen führen u.a. nach Israel, Japan und die USA. Es kommt regelmäßig zu Kooperationen mit dem Bachchor Würzburg und dem Bachchor Heidelberg. Neben den großen Werken werden individuelle Programme aufgeführt, von *Feste Veneziani* über *Bach und seine Söhne* oder *Les Impressionnistes* bis zu *Berlin 1920*.

2018 Im Jubiläumsjahr gestaltet der Chor neben einem großen Konzertprogramm die vorliegende Publikation sowie eine Ausstellung im Frankfurter »Haus am Dom«.

Abkürzungsverzeichnis

ACV   Archiv Cäcilien-Verein

ad. lib.   ad libitum (dt. nach Belieben)

BWV   *Thematisch-systematisches Verzeichnis der musikalischen Werke von Johann Sebastian Bach:* Bach-Werke-Verzeichnis, hrsg. von Wolfgang Schmieder, 2., überarbeitete und erweiterte Ausgabe, Wiesbaden 1990.

D-F   Universitätsbibliothek Johann Christian Senckenberg, Sammlung Musik, Theater, Film, Frankfurt am Main

D-Ff   Frankfurter Goethe-Haus, Freies Deutsches Hochstift, Bibliothek, Frankfurt am Main

D-Fmg   Frankfurter Museums-Gesellschaft e.V., Frankfurt am Main

D-Fsa   Institut für Stadtgeschichte, Frankfurt am Main

D-FWGm   Stiftung Dokumentations- und Forschungszentrum des Deutschen Chorwesens

Dig.   Digitalisat

DAS   Deutscher-Arbeiter-Sängerbund; ab 1947: Deutscher Allgemeiner Sängerbund

DSB   Deutscher Sängerbund

FAZ   Frankfurter Allgemeine Zeitung

FNP   Frankfurter Neue Presse

Fol.   Folio, Folia

FR   Frankfurter Rundschau

GB-Ob   Bodleian Library, University of Oxford

GMD   Generalmusikdirektor

HMF   Historisches Museum Frankfurt

K.D.St.V.   Katholische Deutsche Studentenverbindung

KV   Ludwig Ritter von Köchel, *Chronologisch-thematisches Verzeichnis sämtlicher Tonwerke Wolfgang Amadé Mozarts*, 6. Auflage, bearbeitet von Franz Giegling, Gerd Sievers und Alexander Weinmann, Wiesbaden 1964.

MGG2   Ludwig Finscher (Hrsg.), *Die Musik in Geschichte und Gegenwart*, 26 Bände in zwei Teilen, 2., neubearbeitete Auflage, Kassel usw. / Stuttgart, Weimar 1994-2008.

MSB   *Felix Mendelssohn Bartholdy. Sämtliche Briefe*, hrsg. von Helmut Loos und Wilhelm Seidel, 12 Bde., Kassel 2008-2017.

MWV   Ralf Wehner, *Felix Mendelssohn Bartholdy – Thematisch-systematisches Verzeichnis der musikalischen Werke* (= Leipziger Ausgabe der Werke von Felix Mendelssohn Bartholdy, Serie XIII, Bd. 1A), Studien-Ausgabe, Wiesbaden usw. 2009.

NSV   Nationalsozialistische Volkswohlfahrt

o.O. u. J.   Ohne Ort und Jahr

r   recto

Rai   *Radiotelevisione Italiana S.p.A.* (= öffentlich-rechtliche Rundfunkanstalt Italiens)

RM   Reichsmark

SZ   Süddeutsche Zeitung

v   verso

Die Vorlagen der Abbildungen, die keinen Fundortnachweis haben, gehören zum Archiv-Bestand des Cäcilien-Vereins, der in Neu Isenburg an einem privaten Lagerungsort aufbewahrt wird.

Abkürzungen, Literatur

Bartholomäi, *Museum* Paul Bartholomäi, *Das Frankfurter Museums-Orchester - zwei Jahrhunderte Musik für Frankfurt*, Frankfurt am Main 2002.

Bormann, *Schelble* Oskar Bormann, *Johann Nepomuk Schelble. 1789-1837. Sein Leben, sein Wirken und seine Werke. Ein Beitrag zur Musikgeschichte in Frankfurt*, Diss. Frankfurt 1926.

Pfeiffer/Nägeli, *Gesangsbildungslehre* [Michael Traugott] Pfeiffer/[Hans Georg] Nägeli, *Gesangbildungslehre für den Männerchor. Beylage A zur zweyten Hauptabtheilung der vollständigen und ausführlichen Gesangschule. In zwey Heften.* (Der zweyte enthält Männerchöre mit untermischten vierstimmigen Solosätzen.), Zürich 1817.

Rebentisch, *Musiktheater* Dieter Rebentisch, *Das Musiktheater der ,Moderne' und die NS-Diktatur: Die Frankfurter Oper 1933-1945*, in: *Musik in Frankfurt am Main* (= Archiv für Frankfurts Geschichte und Kunst 71), hrsg. von Evelyn Brockhoff, Frankfurt am Main 2008, S. 137-163.

Roth, *Herausbildung* Ralf Roth, *Die Herausbildung einer modernen bürgerlichen Gesellschaft. Geschichte der Stadt Frankfurt am Main 1789-1866*, Ostfildern 2013.

Roth, *Stadt und Bürgertum* Ralf Roth, *Stadt und Bürgertum in Frankfurt am Main. Ein besonderer Weg von der ständischen zur modernen Bürgerschaft 1760-1914*, Berlin 1996.

Schembs, *Saalbau* Hans-Otto Schembs, *Vom Saalbau zu den Bürgerhäusern. Die Geschichte der Saalbau-Aktiengesellschaft und der Saalbau GmbH in Frankfurt am Main*, Frankfurt am Main 1989.

Stichtenoth, *Cäcilien-Verein* Friedrich Stichtenoth, *Der Frankfurter Cäcilien-Verein 1818-1968. Blätter zur Erinnerung an seine 150jährige Geschichte*, Frankfurt am Main 1968.

Valentin, *Geschichte der Musik* Caroline Valentin, *Geschichte der Musik in Frankfurt am Main. Vom Anfange des XIV. bis zum Anfange des XVIII. Jahrhunderts*, Frankfurt am Main 1906.

Zander, *Rhythmus* Eva Zander, *Im Rhythmus der verwirrten Welt. Der Dirigent Bruno Vondenhoff*, Mainz 2005.

AUTORINNEN UND AUTOREN

Dr. Andreas Bomba

ist in Frankfurt als Musikkritiker und Autor für Tageszeitungen und den Hessischen Rundfunk bekannt. Er studierte Geschichte und Romanistik und war über dreißig Jahre auch als professioneller Chorsänger aktiv. Chormusik, Chorgesang und dem Chorwesen an sich gilt sein besonderes Interesse. So verfasste er die Festschriften zum 175. Geburtstag des Frankfurter Cäcilienchores und zum 75. Jubiläum der Frankfurter Singakademie. Er ist Mitglied verschiedener Beiräte und Kuratorien, so bei der Frankfurter Dommusik, im Windsbacher Knabenchor und beim Binding-Kulturpreis. Viele Jahre arbeitete er in verschiedenen Bereichen (u.a. Programm, Medienproduktion) für die Internationale Bachakademie Stuttgart. Seit 2006 leitet er als Intendant und Geschäftsführer die renommierte Bachwoche Ansbach.

Prof. Dr. Friedhelm Brusniak

geboren 1952, studierte in Frankfurt am Main Schulmusik, Geschichte und Musikwissenschaft. Seit 1999 lehrt er als Professor und seit 2004 als Inhaber des Lehrstuhls für Musikpädagogik an der Universität Würzburg. Er baute nach dem Vorbild des ehemaligen Deutschen Sängermuseums in Nürnberg in Feuchtwangen das Sängermuseum des Fränkischen Sängerbundes auf und wurde 2010 erneut zum ersten Wissenschaftlichen Leiter der inzwischen in »Stiftung Dokumentations- und Forschungszentrum des Deutschen Chorwesens« umbenannten Institution sowie 2018 des neu eingerichteten »Forschungszentrums des Deutschen Chorwesens an der Universität Würzburg« berufen. Zu seinen Forschungsschwerpunkten zählt u.a. die Entwicklung des chorischen Singens im deutschsprachigen Raum.

Prof. Dr. med. Eric Derom

geboren 1957, Internist/Pneumologe an der Universitätsklinik und Universität Gent, über 50 Fachpublikationen, zeitweise Mitherausgeber des »European Respiratory Journal«, gelangte als Musikliebhaber über Oper und Konzert zu privaten Forschungen über Mengelberg und die Musikpflege im Zweiten Weltkrieg. Ergebnisse seiner Recherchen fanden Niederschlag in belgischen und niederländischen Musikzeitschriften. Unterstützung von Fritz Zwart bei der Erstellung einer Konzertstatistik Mengelbergs und der Mengelbergstiftung, die seine Interviews mit Zeitgenossen Mengelbergs publizierte.

Christiane Grün

Jahrgang 1962, singt seit ihrem fünften Lebensjahr in Chören. Ihr Studium der Germanistik und Anglistik absolvierte sie in Gießen, Irland und den USA.

Heute arbeitet sie als freie Lektorin unter anderem für das ZDF. 1988 besuchte sie zum ersten Mal eine Probe des Cäcilienchors, trat als Sängerin in den Sopran ein und ist dem Chor seitdem eng verbunden.

Prof. Dr. Daniela Philippi

Inhaberin der Akademie-Professur am Institut für Musikwissenschaft der Goethe-Universität Frankfurt a. M. (seit April 2011). Im WS 2009/10 und SS 2010 Vertretungsprofessorin an diesem Institut. 2006–2010 Research Fellow bei der New Dvořák Edition (NDE) der Akademie der Wissenschaften der Tschechischen Republik, Prag; Lehraufträge in Düsseldorf (Musikhochschule) und Heidelberg (Universität). 2006–2011 außerplanmäßige Professorin an der Johannes Gutenberg-Universität Mainz und 1993ff. wissenschaftliche Mitarbeiterin im Projekt »Gluck-Gesamtausgabe« an der Akademie der Wissenschaften und der Literatur, Mainz. – Zahlreiche Publikationen zur Musikgeschichte des 18. bis 20. Jahrhunderts sowie mehrere Musikeditionen.

Prof. Dr. Ralf Roth

Studium der Geschichte, Germanistik und Philosophie in Frankfurt am Main, lehrt außerplanmäßig »Neuere Geschichte« am Historischen Seminar der Goethe-Universität in Frankfurt am Main. Nach seiner Promotion über das Bürgertum der Stadt Frankfurt baute er das Unternehmensarchiv der Deutschen Bahn AG auf, habilitierte sich mit einer Studie zu den gesellschaftlichen Folgen des Eisenbahnbaus im 19. Jahrhundert und initiierte zahlreiche Forschungen zur Verkehrs- und Kommunikationsgeschichte, zur Weltgeschichte und zur Sozial- und Kulturgeschichte der Stadt im Allgemeinen und Frankfurts im Besonderen, woraus diverse Monographien hervorgegangen sind. Zurzeit arbeitet er an einem Forschungsprojekt zur Digitalisierung der Arbeitswelt in den letzten sieben Jahrzehnten. Ralf Roth ist Mitherausgeber der Zeitschrift für Weltgeschichte (ZWG) und der Modernen Stadtgeschichte (MSG).

UMD Jan Schumacher

geboren 1980, ist Universitätsmusikdirektor der Goethe-Universität in Frankfurt am Main und Dirigent der Camerata Musica Limburg sowie des Chores der TU Darmstadt. Zuvor war er Professor für Chorleitung an der Hochschule für Kirchenmusik in Rottenburg. Studium der Schulmusik und Germanistik in Mainz sowie Dirigieren bei Wolfgang Schäfer in Frankfurt. Mit seinen Ensembles erarbeitet er ein breites Repertoire von Gregorianik bis zu Uraufführungen und Jazz, von sinfonischem Orchester bis Big Band und vokaler oder elektronischer Improvisation und leitet weltweit Seminare für Chöre, Orchester und Dirigenten. Er ist Mitherausgeber zahlreicher Chorbücher bei wichtigen Musikverlagen wie Edition Peters, Helbling, Carus und Bärenreiter.

Dr. Ralf Olivier-Schwarz

Studium an der Frankfurter Hochschule für Musik und Darstellende Kunst sowie an den Universitäten Frankfurt am Main und Paris-Sorbonne. 2003–2006 Wissenschaftlicher Mitarbeiter am Musikwissenschaftlichen Seminar der Hochschule für Musik und Darstellende Kunst Frankfurt am Main sowie Forschungsstipendiat des Deutschen Historischen Instituts Paris. Seit 2015 an der Hochschule für Musik und Darstellende Kunst Frankfurt am Main als abgeordneter Studienrat, dort lehrend in den Fächern Musikwissenschaft und Musikpädagogik. Forschungsarbeiten u.a. zu Jacques Offenbach, zur Frankfurter Musikgeschichte, zur Geschichte der musikalischen Bildung sowie zur Theorie und Didaktik der Musikgeschichte.

Klaus Weber

geboren 1948, studierte evangelische Theologie und im Zweitstudium Grundschuldidaktik. Von 1974 bis 2010 war er Grundschullehrer mit Schwerpunkt Projektunterricht und Inklusion. Nach vielen Jahren als Chorsänger in der Frankfurter Singakademie wechselte er 2004 in den Cäcilienchor und singt dort seitdem als Bass. Er ist ehrenamtlicher Gemeindearchivar in Hesseneck (Oberzent) und veröffentlichte eine Reihe theologischer und pädagogischer Artikel, darunter »Jüdisches Leben und Holocaust in der Grundschule«.

Dr. phil. Ralf Wehner

geboren 1964, Studium der Musik- und Editionswissenschaft in Leipzig. Seit 1992 Tätigkeit in der Forschungsstelle »Leipziger Ausgabe der Werke von Felix Mendelssohn Bartholdy« an der Sächsischen Akademie der Wissenschaften zu Leipzig. Erschienen sind neun von ihm herausgegebene Bände dieser historisch-kritischen Gesamtausgabe. Autor der Studien-Ausgabe des Werkverzeichnisses: *Felix Mendelssohn Bartholdy. Thematisch-systematisches Verzeichnis der musikalischen Werke* (MWV).

Eva Zander

geboren 1929 und bis 2009 wohnhaft in Frankfurt a. M., Oberstudienrätin i. R. (D, Gesch., Frz., Russ., in AGs Ital.), 36 Jahre tätig am Gymnasium Usingen. Seit 1945 Mitglied des Cäcilien-Vereins, 11 Jahre auch Aushilfschoristin und Statistin an den Städtischen Bühnen Frankfurt am Main. Von 1992 bis 2008 archivarische Tätigkeit für den Cäcilien-Verein; Erarbeitung des Aufführungsverzeichnisses 1918-1993, Redaktion »Hohes His«, und Gestaltung der Ausstellung zur Geschichte des Cäcilien-Vereins 1818-1993. 2005 Gestaltung der Ausstellung »Applaus für die Notbühne« 1945-1951 in der UB Frankfurt; gleichnamige Publikation in AFGK, Bd.71. Monographie über Bruno Vondenhoff, Are-Verlag Mainz 2005. Vorträge u. Aufsätze.

Wir danken der Adolf und Luisa-Haeuser-Stiftung, die diese
Publikation mit ihrer großzügigen Unterstützung ermöglicht hat.

ADOLF UND LUISA
HAEUSER-STIFTUNG FÜR
KUNST UND KULTURPFLEGE

Besuchen Sie den Cäcilienchor unter: www.caecilien-chor.de

Redaktion: Dr. Judith Wilke-Primavesi, Silvia Bartholl
Mit besonderer Unterstützung von Christiane Grün,
Pia Hartmann, Mathilde Herzig, Thomas Hohmann,
Martina Stiebing, Klaus Weber und Monica Zieler
Gestaltung: Max Bartholl
Druck und Vertrieb: Henrich Druck + Medien GmbH,
Frankfurt am Main
ISBN 978-3-96320-007-6